本教材由陕西学前师范学院资助出版

高等学校学前教育专业系列教材

U0687804

学前教育
研究方法与教研指导

主　编　江玉印　刘　洁
副主编　郭　威　屈艳峰　胡金玉
参　编　郭　迪　方　昭　唐海朋
　　　　于丽莹

南京大学出版社

图书在版编目(CIP)数据

学前教育研究方法与教研指导 / 江玉印，刘洁主编.
南京：南京大学出版社，2024. 7. — ISBN 978 - 7 - 305
- 28187 - 7

Ⅰ. G612

中国国家版本馆 CIP 数据核字第 2024SA2162 号

出版发行　南京大学出版社
社　　址　南京市汉口路 22 号　　　　邮　编　210093
书　　名　**学前教育研究方法与教研指导**
　　　　　XUEQIAN JIAOYU YANJIU FANGFA YU JIAOYAN ZHIDAO
主　　编　江玉印　刘　洁
责任编辑　丁　群　　　　　　　编辑热线　025 - 83686756
照　　排　南京南琳图文制作有限公司
印　　刷　盐城市华光印刷厂
开　　本　787 mm×1092 mm　1/16　印张 13.75　字数 320 千
版　　次　2024 年 7 月第 1 版　2024 年 7 月第 1 次印刷
ISBN 978 - 7 - 305 - 28187 - 7
定　　价　42.00 元

网址：http://www.njupco.com
官方微博：http://weibo.com/njupco
官方微信号：njupress
销售咨询热线：(025) 83594756

教学资源

前　言

学前教育研究方法课程是学前教育专业开设的专业必修课,主要讲授学前教育研究的常用方法,让学生学会科学地提出问题、阅读研究文献,形成假设、设计研究方案,编制和使用收集资料的工具与方法,使用统计工具和程序分析资料、撰写规范的科研论文等,从而形成研究兴教的意识和能力,为学前教育专业学生将来从事学前教育研究奠定理论和能力基础。本教材适用于学前教育研究方法、儿童行为观察与技术等课程,帮助学生为撰写毕业论文和未来工作塑造研究意识,锤炼研究方法,形成研究能力,也有助于幼儿园教师的研究能力提升。

教材是知识的载体,教材的内容是时代文化的烙印,所以教材的新编和修订能够体现研究前沿动态和当代新视野、新观点、新见解。作为学校一流课程学前教育研究方法课程的配套教材,我们在编写时力争使内容体现基础性、实用性、易操作性和应用性,努力契合学前教育专业人才培养目标定位,使学生在教材学习和课程学习的过程中,经历理论和实践的双重磨砺和积淀。

本教材针对学前教育专业学生和幼儿园教师在教育教学中的实际需要,围绕理论阐述和实践指导,注重理论与实践整合,突出基础性、实操性、应用性、创新性和整体性,追求结构新颖、内容系统、方法实用。主要介绍学前教育研究的基本理论、一般过程、常用研究方法以及研究资料的整理与分析、研究成果的呈现、园本教研等,并附有微课视频、项目实训、案例导引、拓展资料等内容。

一、主要模块

本教材在设计时构建了"三大模块",融于各章节之中:

1. 基础知识模块

内容涉及学前教育研究的内涵、特征、意义、类型,以及从选题到成果表述的基本过程、学前教育研究的基础知识等。旨在帮助读者在学习具体研究方法之前,从整体上把握学前教育研究的全貌。

2. 操作原理模块

主要阐述学前教育研究各种具体方法的含义与特点、优点与局限、具体类型、适用范围、操作步骤等。旨在帮助读者理解和掌握各种具体研究方法的原理性知识和实用的操作技术。

3. 实践与应用模块

该内容涉及幼儿园的实践,渗透在整个课程内容体系中,主要包括研究方案设计、文献查阅、园本教研、各种研究方法的模拟实操。旨在帮助读者完成从研究方法知识到研究操作技能的转化。

二、主要特点

本教材在编写中坚持"实用、够用、应用"原则,体现以下几个特点:

1. 基础性

以理论知识"够用"为度,以能力培养为核心,针对学前教育专业学生实际情况和需求,注重对基础概念、基本原理和基本程序等的介绍,紧密结合当前学前教育教学改革的新理念,比较全面、系统地介绍适宜于学前教育研究的各种主要研究方法。意在简单、易懂、实用,夯实学习者的科研理论基础。

2. 实操性

坚持实用导向,在理论介绍的同时,注意研究方法的基本步骤、环节、程序和技术的"傻瓜性能",易学、易懂、易操作。结合每章正文内容,设置相应的"技能训练",使所学内容能够得到检验和练习,提高实操性。

3. 应用性

注重理论与实践结合,线上线下结合,坚持应用导向,匹配线上课程教学资源,适用于混合式教学,重视学生研究意识的增强和研究能力的提升,对学生开展学年论文、毕业论文和毕业后从事学前教育研究工作有重要帮助。

4. 创新性

强调以学生为本,注重体例创新。在内容框架的编排上,突出模块化,在正文的基础上,每章设有"本章概要""案例导引""拓展阅读""技能训练""微课视频""内容导图""思考与练习"等,增加可读性、趣味性和立体化,注重资料延伸。

5. 整体性

坚持知行结合,注重理论学习和科研实训,实施教、学、做、评一体化,理论、实践一体化。通过理论学习、相关链接、研究案例、课堂活动、思考与练习、技能训练等环节使学生进一步内化和建构知识,学以致用,沉淀专业素养。

本教材为"陕西学前师范学院规划教材建设项目"结题成果,也是编者团队多年一线教学及研究的经验积累结晶。本团队十多年来,一直承担学前教育研究方法及相关课程的教学任务,主持开展了教育部未来学校创新发展课题——学前教育智能课程建设专题研究课题"新媒体技术环境下'学前教育研究方法'课程资源平台建设研究""基于'金课'标准的学前教育研究方法课程线上线下混合式教学模式改革研究";《学前教育研究方法》教学研训'四位一体'的教学改革与实践""基于任务驱动的学前教育科研方法课程改革研究与实践""混合式教学背景下对分课程开展学前儿童行为观察与分析教学模式创新研究"等,为本教材的编写提供了坚实的实践和研究基础。

本教材编写工作采取协同创新的方式进行,来自三个省(自治区)三所高校、一所幼儿园的 9 位专业教师参与了编写工作。江玉印老师、刘洁老师担任主编,负责统稿;郭威老师、屈艳峰老师、胡金玉老师担任副主编,各章节内容撰写分工如下:

第一章由陕西学前师范学院的江玉印老师编写;

第二章、第三章、第四章由陕西学前师范学院的刘洁老师编写;

第五章由陕西学前师范学院的方昭老师、郭迪老师,乌兰察布职业学院于丽莹老师编写;

第六章由陕西学前师范学院的方昭老师、唐海朋老师编写;

第七章、第八章由陕西学前师范学院的郭威老师、江玉印老师,钦州幼儿师范高等专科学校胡金玉老师编写;

第九章由陕西学前师范学院的郭威老师、江玉印老师编写;

第十章由西北大学幼儿园的屈艳峰老师编写。

江玉印、刘洁、屈艳峰、方昭、郭云红、李寒蕊、刘海荣、张月圆、王瑾等老师分别编制脚本,参与视频录制,主讲了 27 节配套微课。

本教材反映了编者的教学经验、研究收获和心得体会,在编写过程中也借鉴、参考了国内外有关文献、资料和许多专家、名师和广大一线教师的研究成果,在此向他们表示诚挚的谢意!本教材的编写和出版得到了陕西学前师范学院各方面的大力支持和帮助,得到了南京大学出版社提茗、丁群两位编辑的大力协助,特此表达感谢!也衷心感谢诸位编者和微课主讲教师对于本书的付出。

由于时间仓促,限于编者的能力水平,书中仍存在许多不足之处和亟待完善的地方,欢迎广大读者及学前教育工作者不吝赐教,给予宝贵建议和意见。

编　者

2024 年 6 月

目　录

微课目录

第一章　学前教育研究概述

本 章 概 要

　　本章主要介绍学前教育研究的基本问题,包括学前教育研究的概念、特点与意义,学前教育研究的基本类型和常用方法,学前教育研究的基本步骤、环节与过程,以及开展学前教育研究应当遵循的基本原则等。

案例导引

　　以下是学前教育专业两位学生对学习《学前教育研究方法》课程的认识。学生1说:"这门课很重要,能够帮助我们在职前、职后开展学前教育研究,促进工作和自身专业成长。"学生2说:"跟其他课程一样,上课听听、记记,考前背背,能考过关就行呗,工作后就忘掉了"。

　　案例中学生2的观点对吗?为什么?作为学前教育专业的学生,应当怎样正确认识本课程的地位、性质和意义呢?以上问题可从本章中找到答案。

第一节　学前教育研究的概念、特点与意义

微课

学前教育研究的
概念、特点与意义

一、学前教育研究的概念

　　科学研究是指人们在科学理论的指导下,采用科学的方法,遵循一定的研究规范,探究客观事物的现象和规律,以获取科学知识和解决问题的实践过程。其核心是知识的拓展和问题的解决。教育研究就是人们在教育科学理论和其他相关科学理论的指导下,通过对教育领域内的各种现象和问题的解释、预测和控制,以促进教育科学理论体系的建立和发展,并且着眼于解决实际问题的实践过程。教育研究遵循的原则包括客观性、教育性、伦理性、实用性、可行性、准确性和发展性原则。

　　学前教育研究是教育研究的一个分支。在我国,学前教育通常是指针对0—6岁幼儿所实施的教育。根据教育场所的不同,可以划分为家庭教育、社区教育、托儿所教育(3 岁前)和幼儿园教育(3—6 岁)等。不论广义或狭义,学前教育研究都可以被理解为研究者在学前教育科学理论和其他相关科学理论的指导下,采用科学的研究方法,去探讨该年龄阶段教育的各种现象和问题,揭示其规律,进而有效地提高学前教育质量、促进幼儿健康和谐发展的一种实践过程。也就是说,学前教育研究必须遵循科学的态度,运用科学的原理和方法进行研究;学前教育研究是有目的、有计划的认识活动和实践活动,是一种发现、探索学前教育规律的过程;学前教育研究的目的在于发现和认识学前教育现象的本质和规律,从而更好地指导教育实践,提高学前教育质量;学前教育研究具有研究对象特殊性、研究过程针对性、研究内容丰富性、研究学科性质复杂性等特点。

第一,从研究对象看,学前教育研究的对象跟学前儿童紧密相关。学前儿童并非小大人,而是有着自身的身心发展规律与特点的个体,如身心未完全成熟,正处于迅速发展之中,心理由不随意性向有意性发展,思维具有直觉行动性和具体形象性特征,幼儿晚期则开始出现抽象逻辑思维的萌芽。学前阶段,儿童有好动、情绪冲动性大、易受外界影响、自制力差等特点,还有语言表达和理解力低等特点。学前教育研究要适合幼儿这一研究对象的特点,采用适宜方法,才能获得真实客观的结论。

第二,从研究过程看,学前教育研究是探索学前教育科学的认识过程,以揭示和发现学前教育领域内各种现象的客观规律,研究学前教育科学的知识体系为目的,进而用于指导学前教育实践,改进学前教育内容和方法,提高学前教育质量,更好地完成学前教育的任务。

第三,从研究内容看,最狭义的学前教育研究视野是幼儿园里幼儿的行为活动和幼儿园教师的行为活动。幼儿园里的教学与一般学校里教学的最大区别在于:幼儿园里的教学不能以系统地传授科学文化知识为目的,而是以儿童生活经验的获得与提升为目的。幼儿园教师应当如何将人类生活的经验转化为能被幼儿理解和同化的个人生活经验,是一个普遍性的难题。为应对这一难题,幼儿园教师既需要掌握多学科的综合知识,同时更需要了解现实中每个幼儿的自身特征与经验水平,这对幼儿园教师的综合素质做出了极高的要求。广义的学前教育研究视野除了包括幼儿园或托育机构中的所有教育现象外,还应包括家庭、社区、社会、国家关涉学前教育的经济、政治、文化、制度、思想、观念、行为方式等方面,包括 3 岁以前婴幼儿、新生儿、胎儿等所有的教育问题。因此学前教育研究的内容广泛而深刻,既有宏观又有微观,既有基础性又有应用性,既有社会性又有个体性。

第四,从研究的学科性质看,学前教育研究具有多因素、实践性、持久性和有条件的控制等特点。这些特性体现了学前教育研究的复杂性和深度。这门学科在研究过程中需要综合运用多种方法和理论框架,不仅具有理论探究的价值,更在实际教育实践中发挥重要作用。它通过对学前阶段儿童成长规律的探索,为实际教育工作提供科学依据和理论指导。当然,进行学前教育研究要厘清学前教育与儿童发展科学的关系。应当认识到,学前教育与儿童发展科学是两门既相对独立又密切联系的学科,相对孤立体现在二者各自有其学科特点,前者属社会科学,研究作为社会现象的学前教育问题;后者则更多属自然科学,研究个体生理心理现象,研究儿童生理心理发生发展的特点与规律。在研究实践中,二者的紧密关联表现为:① 学前教育研究要依据儿童发展学科提供的规律,探讨如何促进幼儿发展的问题,同时现代社会的儿童发展总是在教育条件下的发展;② 学前教育研究需要探索学前教育过程中的知识和价值观念等教育现象,这些教育现象常常需通过人的心理行为现象的观察分析来研究其发展变化,或检验其效果,因而需借鉴吸收有关的儿童研究理论和方法;③ 有时在一项研究课题中,既有研究儿童发展的成分,又有研究教育的成分,如有关儿童数概念的发展与数学教育问题的研究。由上可以看出,儿童总是在教育中发展、在发展中接受教育。学前教育研究在重视其理论价值的同时,更应重视其应用价值,解决学前教育实践中迫切需要解决的问题。学前教育研究特别需要注重对各种教育条件、影响因素等方面的考察,回答教育应当"怎么做"的问题,即通过研究提供有效的教育措施和环境条件,注重研究如何对幼儿实施有效的教育教学,促进其各方面协调发展,促进幼儿教育质量的全面提高。

二、学前教育研究的特点

学前教育研究属于社会科学研究,但与社会科学研究中的其他领域相比,有着自身的特点。从研究对象来看具有人文性;从研究过程来看具有系统性;从研究方法来看具有科学性;从研究目的来看具有成果的创造性;从研究结论来看具有客观性;从研究质量来看具有可靠性。

1. 人文性

学前教育研究的对象主要是婴幼儿,学前教育研究探讨的是如何教育学前儿童的活动。学前教育研究是以人为对象的研究,必须掌握人的特征。研究者需坚持以人为本,以此来选择研究题材、决定研究目标、安排研究设计、选择研究工具。

2. 系统性

系统性是指学前教育研究思路和行动前后连贯、互相沟通,研究的每一步骤、每一环节互相衔接、密切配合。研究是一个系统过程,是一个从确定问题到解决问题的过程。研究也是一种认识活动,是人们有目的、有计划,系统地采用多种方法去探索、去发现的过程。

3. 科学性

科学性是指学前教育研究方法必须是科学的,要有严密的控制和科学的程序,减少研究中可能会产生的误差,保证研究结果的可靠。要尽可能采用定量的分析,用事实或数据来说明和解释问题。每一项研究都要顾全大局,有完整的思路。

4. 创造性

学前教育研究是一种创造性活动,是在前人研究的基础上解决前人没有解决或尚未完全解决的问题。任何研究的目的都在于探索未知、创造新知。创造性是衡量学前教育研究水平高低、成果价值大小的一个重要标志。

5. 客观性

客观性是指学前教育研究过程和结论不受主观因素的影响。研究不能凭空臆造,也不能仅靠想象、推理进行思辨,它需要有事实依据或理论支撑,越严谨的研究越能揭示事实真相,所得结论越确切真实。

6. 可靠性

可靠性是指学前教育研究方法、研究条件和研究结果的可重复性。可靠性是对研究结果准确性和有效性的要求。一般来说,研究要求重复的结果尽可能相似。一项研究重复的结果相似程度较高,那么这项研究的质量也较高;反之,则较低。

三、学前教育研究的意义与任务

(一) 学前教育研究的意义

1. 推动学前教育事业的改革和发展,提高学前教育教学质量

教育研究对促进教育发展具有重要价值,重视教育研究是当今世界各国教育发展的重要趋势之一。纵观学前教育发展的历史,人们可以得出这样一个结论:学前教育研究是学前教育理论发展的源泉,是学前教育实践改革的动力,是成就学前教育家的平台,是提升学前教育质量、促进社会发展的根基。

2. 完善学前教育体系,为教育决策科学化提供依据

通过开展学前教育研究,可以系统地总结我国广大幼教工作者多年来积累的大量实践经验,借鉴国内外优秀的学前教育思想,不断丰富和完善学前教育的理论和实践体系。此外,教育研究是教育决策的基础,开展学前教育研究,可以为教育决策的科学化提供信息、理论和依据。

3. 提升幼儿园教师专业素养,促进其专业发展

目前,教师作为研究者,已经成为教师专业化非常重要的内容,被认为是教师提高自身素质和专业素养的一个十分有效的途径。幼儿园教师参与学前教育研究可以更好地认识和把握学前教育的规律和特点,提升自我反思的意识和能力,提高教育教学质量;可以更准确地理解学前儿童身心发展特点和规律,各种学习活动中的学习方式、特点和规律,各种有关发展与教育的现象和问题,从而研究儿童→准确理解儿童→正确、适宜地引导和指导儿童;可以探询科学的教育理论和方法,及时纠正教育实践中的偏差。幼儿园教师参与学前教育研究是积累教育经验的需要,是研究、探询、验证的需要。

(二) 学前教育研究的任务

学前教育研究的基本任务是总结教育的历史经验,研究学前教育领域中存在的理论与现实问题,预测学前教育的发展趋势,进行国内外学前教育的比较,从而揭示学前教育发展的规律,构建学前教育理论体系,更好地指导学前教育实践。

1. 总结学前教育的历史经验

学前教育研究重要的任务之一就是分析研究不同历史时期学前教育发展状况、历代学前教育家的教育思想和教育实践,用来指导当前学前教育的发展。同时,人们在学前教育实践中形成了很多成功的经验与失败的教训,学前教育研究者也要对此进行反思与总结。

2. 研究学前教育的现状

学前教育研究的重要价值之一是指导学前教育实践、提高学前教育质量。对学前教育现状的研究是学前教育研究的重点之一。凡是学前教育现实中遇到的理论与实践问题都应是学前教育研究的对象。

3. 预测学前教育的发展趋势

教育是培养人的社会活动，学前教育研究应有一定的超前性，能根据社会发展的趋势和现实教育发展的情况来预测学前教育的未来，为教育领导机构制定学前教育发展规划和政策服务，并从理论的高度对学前教育实践进行具体指导，使学前教育更好地适应未来社会发展的需要。

4. 开展学前教育改革的实验

社会的不断发展对学前教育提出了新的要求，通过学前教育改革的实验，可以探索学前教育改革的思路和途径，为学前教育改革提供科学的依据或理论，揭示学前教育活动中的客观规律，指导广大教师更好地开展学前教育实践活动。

5. 进行跨文化比较教育研究

对不同国家的学前教育理论和实践进行比较分析，可以发现学前教育发展的共同规律和发展趋势，汲取他国的长处，为我国学前教育决策和教育改革提供借鉴。同时，研究不同文化背景下学前教育的共同规律和差异性，也可以开阔视野，形成新的学前教育观念，激发基于现实的改革与创新。

第二节　学前教育研究的类型、方法、过程与原则

一、学前教育研究的基本类型

微课

学前教育研究的
类型、过程与原则

(一)根据研究目的划分

按照研究目的，学前教育研究可分为基础研究和应用研究。基础研究的主要目的在于发展和完善理论，回答"是什么"与"为什么"的问题；应用研究的主要目的是应用或检验理论，解决教育实践中的问题，提高教育质量和效益，回答"怎么办"的问题。一般来说，理论工作者更擅长基础研究，实践工作者则更适合开展应用研究。

1. 基础研究

基础研究属于纯科学研究或学术研究，基础研究的特点包括以揭示教育现象的规律、形成教育理论为目的；一般不考虑眼前的实际教育问题，其成果也不一定能为解决实际问题所采用；一般由专家、学者承担；研究结果注重一般知识、普遍原理原则的建立，通常具有一般的或普遍的正确性。基础研究虽然不解决具体问题或特定问题，不能够"拿来就用"，但它能够对教育实际工作提供带有普遍性的指导，如儿童观、教育观的研究，幼儿园课程理论的研究，等等。

2. 应用研究

应用研究是运用基础研究得出的一般原理、原则,针对具体的领域、问题或情况,深入考察某一局部领域的特殊规律,如开发研究、评价研究和行动研究等。其特点是将一般原理情境化、具体化,提出较强针对性的应用理论和方法,其研究目的在于解决当前的实际教育问题,提高教育质量和效益,如关于幼儿园区域活动环境的创设研究、关于培养学前儿童亲社会行为的研究,等等。

(1) 开发性研究

开发性研究是根据学前基础研究和应用研究的成果,为学前教育实际工作者提供能够直接运用的教育产品,是学前教育研究的重要内容,具有现成操作的特点,即"拿来就用",此类研究对研究结果的使用做出了具体明确的规定——提供操作化的产品、方法或技术。开发性研究可以使产品广泛而普遍地得到推广,并且能够方便地运用到学前教育实践之中。

(2) 评价性研究

评价性研究是对学前教育机构、课程、教育计划方案等的价值做出评定判断而展开的研究,是为政策分析和决策提供依据的一种重要研究手段。研究的目的在于收集能够帮助做好决策的资料信息,研究包括获取信息——赋值判断——制定决策三个要素。评价性研究可以分为形成性评价研究和终结性评价研究。前者是对过程的评价,常常是当事人通过自我评价从而促进其各方面的改善,后者主要是依靠其他有关人员对评价对象的某一方面做出考核鉴定。将评价性研究作为一种研究类型来看待,是当前学前教育研究发展的需要。

(3) 行动性研究

行动性研究是学前教育研究者深入幼儿园或其他社会托育机构,以改进实际工作的一种研究方式。行动性研究通常是幼儿园教师及管理人员针对自己工作中遇到的实际问题而进行的研究,其目的不在于建立理论,而在于系统地、科学地解决实际问题。行动性研究的特点体现在三方面:第一,研究主体为幼儿园教师或其他学前教育实践工作者,研究方式适合其工作实际;第二,研究的问题具有直接针对性,而且可以即时运用于实践工作的改进;第三,通过研究可以促进幼儿园教师教育观念的转变和教育技能的提高,增强科学育儿的自觉性。行动研究作为教育科学研究的一种类型,具有非正规性特点,是将改革行动与研究工作相结合,"为了改进工作,在行动中研究,在研究中提高",重在为学前教育教学改革服务。

(二) 根据研究时间和对象取向划分

按照研究的时间和对象取向不同,学前教育研究可分为纵向研究和横向研究。纵向研究也被称为追踪研究,在相对较长时间内,就某个教育现象或问题开展系统定期研究,注重从事物发生、变化和发展全过程进行系统考察,强调特定的时间内研究活动的连续性,如陈鹤琴先生通过对儿子陈一鸣为期八百多天的追踪观察研究,撰写了我国第一本儿童心理学专著《儿童心理之研究》。横向研究也被称为横断研究,指就某一教育现象或问题,在同一时间内对某一年龄组或几个年龄组的儿童行为进行考察和比较的研究,注重考察、分析特定年龄阶段儿童的行为性质、特点和变化。

（三）根据研究方法划分

根据研究方法的性质,学前教育研究可分为两大类型,即质性研究与量化研究。质性研究也被称为定性研究,是指以文字、图片对学前教育现象做描述的研究;量化研究也被称为定量研究,是指用数字对学前教育现象加以量的表示的研究。

质性研究主要运用文字来描述教育现象,强调研究的自然情境,强调整体探究,注重的是不同教育现象的意义及其特性,而不是它们的数量关系。质性研究本质上是归纳的过程,即从特殊事例中归纳出一般的原理,如"独生子女教育之我见",等等。

量化研究是运用数字和量度来描述研究对象,通过对数据进行量化处理、检验和分析,以判定事物性质和变化,得出有意义的结论的研究。量化研究本质上是演绎的过程,即从一般原理推广到特殊事例。如"幼儿园小班独生子女身高体重现状研究""父母离异幼儿与同伴交往行为的观察研究",等等。

质性研究与量化研究是社会科学领域中两种不同的研究范式,两者在研究目标、研究对象及研究方法上都存在着明显的差异。教育现象和问题大都比较复杂,单一的研究方法往往不足以揭示其原因和发展变化的规律,因此,学前教育研究应把质性研究与量化研究有机结合起来。

拓展阅读 👉

质性研究与量化研究的理论基础

1. 质性研究的理论基础是解释主义

解释主义认为,人们看待事物的方式决定事物的性质。主体和客体不是截然分离的,主体对客体的认识实际上是主体在和客体的互动关系中对客体的重新构建。因此解释主义强调研究者深入到研究现场,和被研究者一起生活、工作,了解和关心他们,同时对自己所使用的方法进行反省,注意自己和被研究者的关系对研究的影响。质性研究的基本过程包括:确定研究现象、陈述研究目的、提出研究问题、了解研究背景、构建概念框架、收集材料、分析材料、做出结论、建立理论、撰写研究成果等。

2. 量化研究的理论基础是实证主义

实证主义认为社会现象是客观存在,不受主观价值因素影响;主体可以通过对一套工具的操作而获得对客体的认识;事物内部和事物之间必然存在着逻辑关系,对事物的研究就是要找到这些关系。

（四）其他研究类型

根据不同标准和维度,学前教育研究分类不同,除了以上分类,还可以有不同的分法：

如按研究对象数量的多少可划分为个案研究和成组研究。个案研究是选取一个或少许几个研究对象进行系统考察；成组研究是有代表性地选取较多的、一定量的研究对象，逐一全面考察的研究。

如按研究要掌握的情况可划分为现状研究、相关研究和比较研究。现状研究是对当前学前教育某一方面的情况进行研究，如"××地区幼儿园教师基本素质的调查研究"；相关研究是就某一学前教育问题中两种以上因素之间的联系情况进行研究，如"家庭儿童读物拥有和使用情况与幼儿语言发展的相关研究"；比较研究是对不同组别或条件下的对象进行对比分析探究，如"城乡幼儿自我服务能力的比较研究"。

如按研究的范围可划分为宏观研究、微观研究和中观研究。宏观研究是对较大范围的问题进行综合性、系统性的研究，往往涉及教育整体性的、全局性的理论问题，如学前教育与政治、经济、文化、自然等方面关系的研究；微观研究是就某个局部的、具体的、单独的实际问题的研究，如"小班幼儿入园适应能力的培养"；中观研究的范围和层次介于二者之间，如"学前教育机构、家庭、社区共育儿童的研究"。

如从时间上展开，可分为历史研究、现状研究和未来研究；从空间上展开（主要是地区不同），可分为中国学前教育研究、外国学前教育研究或城市学前教育研究、农村学前教育研究，等等。如按研究的一般方法，可分为观察研究、调查研究、实验研究、经验研究，等等。

学前教育研究的以上分类具有相对性，又有一定的交叉和重复。研究者应当了解学前教育研究的具体分类，明确各种研究类型的基本特点、条件和适用范围。

二、学前教育研究的基本方法

教育研究方法是按照某种程序和路径，有组织、有计划，系统地研究教育现象和构建教育理论的方式，是解决教育实践问题和发展教育理论的重要工具。研究的基本程序与路径有三：一是思辨的程序与路径，指通过叙述、争论、辨析，用逻辑推理来解释和认识事物的方法。在用历史法、文献法、总结经验法、个案研究法等方法研究教育问题时都会用到思辨的方法；二是实证的程序与路径，包括观察、问卷、访谈、测量等方法，是通过问卷、调查、访谈、观察及测验等手段收集资料以验证假设或回答有关现实研究的问题；三是数学的程序与路径，指通过数学手段，用符号、模型等来表达和认识事物的方法。运用数学手段是科学研究的更高层次，目前较少运用于教育研究当中。这三种研究的基本路径是有层次的，总的趋势是从思辨向实证，从实证向数学发展。在漫长的教育研究实践中形成了很多适合学前教育领域研究的具体方法。

（一）历史法或文献法

历史法或文献法亦称资料研究法，就是通过分析研究人类过去丰富的教育实践和教育思想，从而认识教育以及教育思想发展的规律性。它是以研究过去的历史事实为对象，即以前人或同代人已经发生的并已取得一定研究成果，形成文字的教育现象为对象，主要手段是查阅文献资料。这种方法可用于研究某一历史阶段的教育发展状况，或研究某个教育家、教育流派的思想、理论观点等。历史法需在广泛吸取前人(或同代人)已有的知识的基础之上,加以吸收消化,进而利用和创新,研究目的在于对当前的教育实践和研究提供有益的启示和指导。它既是一种独特的教育研究方法,同时又是任何科研所必需的步骤和条件。正是通过对资料的研究分析,研究者才得以确定研究课题与方向。例如,关于对老解放区保教工作的研究,又如有关陶行知先生学前教育思想的研究等都需要用历史法或文献法展开研究。

(二) 观察法

观察法是学前教育研究的基本方法,指的是研究者有目的、有计划地对所要研究的对象做周密的观察,同时要求客观、详细地记录,根据对观察结果的分析,找出内在规律。科学观察不同于日常生活中的一般观察,后者是自发和偶然的,而科学观察则有一定的研究目的或研究方向。科学观察的优点在于:占有第一手材料,研究者要亲身深入研究现场,对所要研究的对象或现象做实地观察,直接地客观地了解其现状,特别是显露于外的行为表现;研究对象或现象处于自然状态中,表现较真实,研究方法比较便利易行。观察法的特征是以教育现象的自然发展过程为对象,通过直接的观察来收集实际情况的材料,感性认识强。

学前教育研究中的观察也存在着不足,即研究者需等待所要研究的现象的出现,比较被动;因不能改变对象的活动条件,所以往往只能观察到表面现象,不易深入事物的本质,探明因果关系,另外运用观察法时研究范围和规模通常比较小。

(三) 调查法

调查法是通过各种方式和手段,有目的、有计划地,周密地了解教育工作中某一方面的现实状况,弄清存在的问题及其可能的原因,通过调查得到的大量事实,概括出教育的规律性,探求发展趋向的一种研究方法。调查法亦称间接观察,是学前教育研究中运用最为广泛的一种研究方法。

当前,学前教育研究中运用调查法的例子比比皆是,如"4岁幼儿自我服务能力的调查""家长教养观念与教育行为的调查""幼儿园教师职业价值观的调查",等等。

(四) 实验法

实验法是根据研究目的,有计划地改变或创造一定的条件,观察、记录、测定与此相伴随的现象的变化,从而进行分析研究,确定条件与现象之间因果关系的方法。

例如,有教师研究"音乐对幼儿午睡作用的探索",其实验设计是:① 幼儿午睡时不播放音乐14天,观察记录幼儿睡眠情况;② 幼儿午睡时播放摇篮曲14天,同时做观察记录;③ 对比前后两个阶段幼儿的睡眠状况。这里的实验因素是是否播放摇篮曲。在实验过程中,对前后两个阶段的其他睡眠环境条件做严格控制,教师的语言、态度等也要做到基本一致,从而排除无关因素的干扰。即在其他条件基本一致的情况下,观察播放摇篮曲对幼儿睡眠的影响。确定随着这一条件的变化,是否会引起现象的变化。又如,有人根据幼儿园实践的需要,提出"坚持每天2小时户外活动是否会提高幼儿体质"的研究课题,通过实验,得到结果。

以下表格对于四种研究方法做了简单比较和总结(见表1-1)。

表1-1　四种具体研究方法比较

方法	对象	手段	特点	价值	局限
文献法（历史法）	过去的历史事实。	查阅文献，研究文献资料。	反顾历史。以继承为主，在前人研究的基础上创新。	不受时间地点限制。可揭示事物现象随时间变化发展的规律。	局限于历史及书面材料。
观察法	自然状态下所发生的情况。	亲身深入研究现场或实地，直接观察，现场记录。随访。	现场直接观察。在自然状态下操作。	为学前教育研究最基本的方法。获取直观、生动的第一手资料。操作方便。	只能抓住现象，不易揭示本质。
调查法	当前的事实。	问卷、访谈、开座谈会。分析资料，测查评价。	对现状做间接考察。在自然状态下进行。取样相对广泛。	运用广泛。可以事前或事后进行。比较方便。	揭示"联系""相关"关系，难以确定因果关系。
实验法	人工控制研究条件。	实验室试验。	在人工环境下观察。有精确的逻辑关系。可多次重复。	有益于揭示因果关系。可简化或"浓缩"自然条件。可改变条件以查明事件的变异情况。	控制条件复杂，一般采用准实验，不宜保证结果的准确性。过于人为化则不真实，不易推广。

　　此外，在学前教育研究中，还会常用到作品分析法、行动研究法、个案研究法等。作品分析法又称活动作品分析法，通过分析儿童的活动产品，以了解儿童的能力、倾向、技能、情感状态和知识范围，如"房—树—人"投射测试、笔迹心理分析等。行动研究法指的是研究人员与教育实践工作者针对实际的教育活动或教育实践中的问题，不断提出改进教育的方案或计划，用以指导教育实践或教育活动，同时又依据教改研究计划实施进程中不断出现的新问题，进一步充实和修正、完善计划或方案，不断提出新的目标的方法。一方面以研究指导行动，以改革方案作为指南，另一方面，教改行动又反过来成为研究的向导，促进研究的进展，两者相互反馈。行动研究法突出行动研究的科学性——用科学的方法对自己的行动进行研究；突出研究对实践的改进功能——行动者为解决自实践中的问题而进行研究；突出研究的批判性——行动者对自己的实践进行批判性思考，以"理论的批判""意识的启蒙"来引起和改进行动。个案研究法是针对单一个体在某种情境下的特殊事件，广泛系统地收集有关资料，从而进行系统的分析、解释、推理的过程。狭义的个案研究法是指对单一特定的人、事、物所作的描述、分析及报告的方法。研究对象可以是一个人、一个机构、一个社会团体，常用于儿童心理及行为方面的研究。

三、学前教育研究的基本过程

　　在学前教育研究中，由于研究的目的、内容、思路不同，研究者采用的研究路径与方法也不尽相同,但一般都包括以下基本的研究步骤。

(一) 选择与确定课题

课题的选择与确定是一个由初步意愿到思路明晰的过程。研究者可以从理论或实践入手,结合自己的兴趣,通过研读各级科研主管部门发布的课题指南、学习教育理论或对教育实践进行观察与思考等途径初步选择确定课题的研究范围,提出研究问题,明确认识所研究的现象,并反复酝酿、筛选、论证、聚焦形成研究课题,并逐步缩小课题范围,确定出有研究价值、有一定的实践和理论基础、有研究可行性的课题。

(二) 查阅文献

通过查阅文献可以全面了解该课题国内外研究现状及发展趋势,明确研究课题的依据,确立研究的范围、思路和方法,避免不必要的重复,保证研究成果有更新的高度。查阅文献有多种方法,研究者可首先查索引、看文摘、阅读文献综述,然后再查找与自己研究有关的重要资料,并于查阅后做出摘要或记录,最后写出文献综述。

(三) 制订研究计划(方案)

研究计划是在对教育研究进行设计的基础上对整个研究过程的全面规划和对各项工作的总体安排。它是指导实施教育研究的蓝图,对课题研究起着导向、调控与激励的作用。拟订研究计划或方案是一个系统性的过程,需要清晰地定义该课题研究题目、研究目的和意义、研究对象的选择、研究假设、研究内容、研究方法、研究思路、研究步骤、时间和进程的安排、研究人员的分工和组织形式、研究成果的呈现方式,等等。

(四) 收集、整理资料

资料是学前教育研究的基本材料,是获得研究结果的原始资料。收集资料是指获取本研究项目最终结论所需要的事实材料或数据,即按研究计划的规定,有组织、有系统地收集研究所需的资料和信息。收集资料要严格遵守操作规程,做到客观、准确、规范,保证资料的客观性、有效性和系统性。

(五) 综合分析、形成结论

学前教育研究的主要任务是从表面上杂乱无章的现象中发现和研究被掩盖的规律。综合分析是在收集整理的基础上对研究资料进行进一步的加工,以揭示内在规律,指导教育实践。学前教育研究中,文献资料主要用逻辑方法进行分析;数据资料主要用统计方法进行分析。该阶段的主要步骤是整理分析各种资料,以便说明问题;分析、判断资料的客观性、可靠性,删除不客观、不可靠的,补充有用的资料;汇总、归类资料;具体分析资料的性质、特点之间的相互关系,使资料系统化、条理化;对数据资料统计处理,从而揭示学前教育现象之间关系,探索出规律性特征。

(六) 撰写、鉴定评价研究成果

撰写研究成果是指研究者把研究的过程及取得的研究成果以书面形式合理地表达出来,把研究的指导思想、整个研究过程中有价值的信息、学术观点以书面的形式向众人公布,供他人借鉴与探讨。学前教育研究成果的主要表现形式有多种,主要是研究报告、研究论文等，有的可同时形成教育案例集、教育音像资料、教材等。鉴定评价研究成果是指对研究成果的学术规范、研究内容、研究质量等进行鉴定评价。

（七）推广运用研究成果

学前教育科研成果的推广运用对于丰富发展学前教育研究成果、推动学前教育教学改革、提高学前教育质量、提升幼儿园办学层次、提高幼儿园教师专业素养等都具有重要的意义。当然，在推广运用研究成果的过程中，也应筛选优秀成果，针对成果的特点和应用范围，明确成果推广的目标受众，如一线教师、学校管理者、政策制定者等。然后选择合适的推广方式，如通过学术交流或论文、专著等文字资料，以期在学术探讨、政策引领、实践借鉴、持续改进等方面发挥积极作用，从而促进学前教育事业的发展和进步。

拓展阅读

学前教育研究与教育研究的主要区别？

学前教育研究主要聚焦于学前年龄阶段儿童的教育规律，是教育学的一个分支学科。而教育研究不仅关注学前教育，还涉及基础教育、高等教育等各个教育阶段。两者的区别如下：

研究对象：学前教育研究的对象主要是0至6岁的儿童及其教育环境，包括幼儿园教育、家庭教育等。而教育研究则关注所有年龄段的学习者，以及各级各类教育体系和教育政策。

研究内容：学前教育研究的内容聚焦于儿童心理发展与教育、学前课程、艺术教育等多个方面，旨在促进儿童早期全面发展。教育研究则包含更广泛的课题，如教育心理学、课程与教学论、教育管理、比较教育学等。

研究目的：学前教育研究的目的通常是为了优化幼儿教育实践，支持儿童在关键成长期的健康发展。教育研究的目的更为宽泛，旨在提升整体教育质量，解决教育过程中的各种问题，为制定教育政策提供理论依据。

研究方法：虽然两者的研究方法可能相互重叠，但学前教育研究往往更注重儿童发展和学习方式的实证研究，包括观察、实验、案例分析等。教育研究则更多采用比较研究、调查研究、历史研究等多种研究方法来探讨不同教育阶段和类型的问题。

研究成果应用：学前教育研究成果主要应用于幼儿园教育、家庭早教等领域，直接影响儿童早期教育质量和家长的教育行为。教育研究的成果则广泛应用于整个教育系统和社会教育政策的制定。

综上所述，学前教育研究和教育研究在研究对象、内容、目的、方法和成果应用等方面存在明显差异。前者聚焦于幼儿教育领域,更侧重于学前儿童教育的具体实践和策略,后者则具有更广泛的范围和深度,涵盖教育的各个领域和层面,但都致力于推动教育的进步和发展,为儿童创造更好的学习环境。

四、学前教育研究的基本原则

(一)价值性原则和教育性原则

学前教育研究的价值性原则和教育性原则指的是研究活动应关注儿童发展的实际需求,强调研究成果对提升学前教育实践质量的实际应用价值。在进行学前教育研究时,必须以促进儿童的全面发展为根本目的,确保研究内容、过程和结果对儿童的教育具有积极的影响。价值性和教育性原则要求研究不仅要遵循科学的研究范式,还要关注教育活动的实际效果,以及这些活动如何促进儿童在身体、认知、情感、社会等各个方面的成长,体现了学前教育研究的实用性和实践导向。以下是价值性和教育性原则在学前教育研究中的具体体现。

第一,关注儿童全面发展:研究应基于儿童的年龄特点和发展水平,致力于探索促进儿童身心全面发展的有效途径,包括社会情感、认知能力、身体健康等各个方面。

第二,提升学前教育质量:研究应致力于提高学前教育的质量,应探讨如何激发儿童的学习兴趣,培养他们的求知欲和良好的学习习惯,确保教育活动能够满足儿童成长的需求,并为他们未来的学习和生活打下坚实的基础。

第三,实践应用:研究成果应当具有可操作性,能够被学前教育工作者理解、接受并应用于实际的教育场景中,从而改善教育实践,提高教育效果。

第四,科学性与实用性相结合:在遵循科学性要求的基础上,研究还应确保成果具有实用价值,即研究方法和结论都应当经得起实践的检验。

第五,促进教育公平:研究应关注不同背景和条件下儿童接受的教育机会,努力发现和解决教育不平等问题,推动学前教育资源的均衡分配。

第六,持续改进:价值性原则还要求研究是一个动态的过程,随着社会的发展和学前教育实践的深入,研究也应不断更新,以适应新的学前教育需求和挑战。

第七,多学科交叉:学前教育研究应借鉴和融合心理学、社会学、医学等多个学科的研究成果,以全面理解和支持儿童的发展,促进学前教育质量提升。

综上所述,价值性原则和教育性原则是学前教育研究的核心,它要求研究者在进行研究时,应始终以提高教育质量和促进儿童全面发展为最终目标,确保研究活动具有实际的应用价值和积极的社会影响。

(二)客观性原则和伦理性原则

1. 客观性原则

学前教育研究的客观性原则是指在进行学前教育研究时,研究者应保持客观、公正的态度,避免主观偏见对研究结果的影响。这一原则要求研究者在选题、设计研究方法、收集和分析数据以及解释研究结果的全过程中都应保持客观性。

具体来说,客观性原则涉及以下几个方面:

第一,研究问题的客观性:选择研究问题时应基于实际的教育现象和问题,而不是个人的主观偏好或预设立场。

第二,研究方法的客观性:研究设计应遵循科学的研究程序和方法,确保研究过程的规范性和可重复性。

第三,数据收集的客观性:在收集数据时,应采用可靠的工具和技术,避免因研究者的主观因素而影响数据的客观性。

第四,数据分析的客观性:数据分析应基于事实和证据,避免主观臆断和推断。

第五,研究结论的客观性:研究结论应基于数据分析的结果,不应受到研究者个人期望或偏好的影响。

第六,研究报告的客观性:在撰写研究报告时,应真实、准确地呈现研究的过程和结果,不应夸大或忽略重要的发现。

总的来说,客观性原则是学前教育研究的基础,它要求研究者在进行研究时始终保持科学、客观的态度,确保研究的可信度和有效性。

2. 伦理性原则

学前教育研究的伦理性原则是指在进行学前教育研究时,研究者必须遵守伦理标准和道德准则,确保研究过程中尊重参与者(尤其是儿童)的权利和福祉。这一原则强调对参与者的公正对待、对相关人员及其研究资料的保密,以及参与者自愿参与研究等。

具体来说,伦理性原则涉及以下几个方面:

第一,保护儿童权益:确保研究不会对儿童造成伤害或不适,保护儿童的安全和隐私。

第二,自愿参与:研究应基于参与者(包括儿童的家长或监护人)的明确同意,他们有权随时退出研究而不会受到任何不利影响。

第三,信息披露:向参与者充分披露研究的目的、过程、潜在风险和好处,确保他们对研究有充分的理解。

第四,避免欺骗:在不影响研究目的和科学性的前提下,尽量避免使用可能误导参与者的手段。

第五,保密性:对收集到的个人数据和信息进行严格保密,除非得到明确的授权,否则不得泄露给无关人员。

第六,公平对待:确保所有参与者都受到公平对待,不因性别、种族、宗教、社会经济地位等因素而受到歧视或不公平待遇。

第七,审慎解释:对研究结果的解释应谨慎进行,避免过度推广或对特定群体产生标签效应。

第八,研究监督:研究应接受适当的伦理审查和监督,确保研究过程中遵循伦理准则。

总的来说,伦理性原则是学前教育研究的重要组成部分,它要求研究者在进行研究时始终将参与者的权益放在首位,确保研究的合法性和道德性。

(三)创新性原则和可行性原则

1. 创新性原则

创新性原则是指学前教育研究要有一定的原创性,应能紧跟时代脉搏,聚焦学前教育现实问题,从研究对象、学科视角、研究方法思路等方面开展,研究前人未曾解决、尚未完全解决的问题,得到新认知、新见解和新突破。

具体来说,要求在以下几个方面体现创新:

第一,探索未解决问题:研究应当在前人的基础上进一步探索那些尚未解决或未完全解决的问题,以填补理论上的空白。

第二,研究方法创新:研究方法的革新和突破对于科学研究至关重要,因此,研究者应不断尝试和采用新的研究方法和技术。

第三,研究成果创新:作为认识过程的结果,研究成果应具有一定的创新性,这不仅包括新的理论构建,还包括对现有理论的新解释和新应用。

第四,理论创新与教育实践结合:研究应将理论目的与实践目的相结合,不仅追求理论的创新和发展,也要关注研究成果如何有效指导学前教育实践。

第五,跨领域研究:将其他领域的先进研究成果引入学前教育研究领域,以此丰富学前教育研究的内容和方法,也是创新性原则的一个重要方面。

第六,本土化研究:对国外研究课题进行中国化研究,使之更符合国内实际情况,这也是创新的一种体现。

总的来说,创新性原则是学前教育研究不可或缺的一部分,它鼓励研究者不断探索未知,更新研究方法,并创造具有实际应用价值的新知识。这不仅有助于推动学前教育科学的发展,也对提升学前教育质量和效果具有重要意义。

2. 可行性原则

学前教育研究的可行性原则是指在选择和开展研究时,必须确保研究的可操作性、实用性和有效性。这一原则要求研究者在设计和实施研究时,充分考虑研究的实际条件和资源,以及研究成果在实践中的应用前景。

具体来说,可行性原则涉及以下几个方面:

第一,资源的可获取性:在开始研究之前,研究者应确保有足够的资源(如时间、资金、设备、人员等)来完成研究。

第二,研究方法的适用性:研究方法应与研究问题相匹配,并适合研究者的能力和背景。

第三,数据收集的可行性:数据来源应可靠、稳定,数据收集方法应切实可行,不超出研究者的能力范围。

第四,数据分析的可操作性:所选用的数据分析工具和技术应与研究数据的性质和复杂程度相适应。

第五,结果解释的合理性:对研究结果的解释应基于数据分析,避免过度推断或主观臆断。

第六,实际应用的可行性:研究成果应能够在实际教育实践中得到应用,对改善学前教育过程和提高学前教育质量有实际帮助。

总的来说,可行性原则是学前教育研究的重要考虑因素,它要求研究者在进行研究时始终保持现实和务实的态度,尊重客观条件和主观条件的可行,确保研究的顺利进行和有效实施。

本章主要内容导图

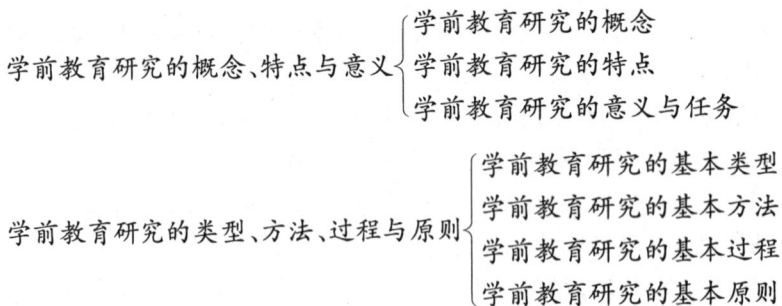

学前教育研究的概念、特点与意义
{
学前教育研究的概念
学前教育研究的特点
学前教育研究的意义与任务
}

学前教育研究的类型、方法、过程与原则
{
学前教育研究的基本类型
学前教育研究的基本方法
学前教育研究的基本过程
学前教育研究的基本原则
}

思考与练习

1. 什么是学前教育研究? 学前教育研究有什么特点?
2. 学前教育研究有哪些类型?
3. 学前教育研究的基本步骤有哪些?
4. 学前教育研究应当遵循的基本原则有哪些?

第二章　学前教育研究的选题

本章概要

　　一般来说,学前教育研究的整个过程包括六个环节,其顺序依次为:选题—查阅文献—制订计划—收集资料—整理分析资料—表述研究结果。本章主要对研究课题的选择与确立进行介绍。

案例导引

　　L老师在保教实践中发现某幼儿每次吃完午餐后,桌椅东倒西歪;区角活动后的东西摆放得乱七八糟,幼儿不会收拾整理。她想可否将这一个别问题转化为研究课题?于是进一步对大班幼儿进行现场观察,她发现有的幼儿没有时间观念,做事情拖拖拉拉;有的幼儿不清楚在每个生活环节自己该做什么,不清楚具体规则和要求等。通过对若干幼儿行为的观察和分析,并抽取其共性特征,发现以上问题可能是幼儿自我服务能力较弱造成的。L老师进一步探寻大班幼儿自我服务能力的影响因素,对三个班幼儿进行观察,并对70名幼儿家长进行问卷调查。L老师希望以家园共育为切入口,探寻幼儿自我服务能力提升的策略。综上,将研究题目明确为"家园共育视角下大班幼儿自我服务能力培养的支持策略研究"。

　　研究选题是衡量幼儿教师研究能力和水平的重要标志,是推动学前教育科研向更高水平、更高质量发展的重要抓手。新手教师经常会问:"我们在幼儿园实践中遇到的很多问题都可以作为研究课题吗?""我该从何入手研究?""我该研究什么问题?""我为什么选择这个课题?"等。以上问题均涉及确立选题,本章将重点介绍学前教育研究选题。

第一节　学前教育研究课题概述

一、学前教育研究课题的内涵

（一）问题

发现并提出有意义的问题是科学研究的起点。问题的存在是选题产生的根本。爱因斯坦说过"提出问题往往比解决问题更重要"。选题是研究活动的起点，也是关键步骤。一个好的选题等于研究成功了一半，但并非所有的问题都能进行学术研究。选题一旦选定，整个研究的目的、内容、对象、范围、方法以及研究可能的成果和成果的价值就基本确定。

问题是人们在理论学习和工作实践中遇到的疑难和矛盾，反映了人们对客观事物在认识上的不足。研究问题是一个可以通过研究进行回答的问题，问题必须是明确的，必须涉及两个或两个以上变量，并且有一定关系。问题必须能够被证实或证伪，具有可解答性。选题应具有"问题意识"，提出"真实的问题"。问题选准了，研究就有了基础。

（二）研究课题

研究课题就是对所分解出来的"研究问题"进行进一步分析、思考，确定研究的焦点，即要对什么问题进行重点研究，所确定下来的要研究的重点问题是什么。

教育研究课题即教育研究的题目，是依据教育研究目的，通过对研究对象的主客观条件进行分析而确立的研究问题。

学前教育研究课题是依据研究目的，通过对研究对象的主客观条件进行分析而确立的研究问题。选题恰当与否，直接关系到研究进行的快慢、成效的大小等。选题的本质是发现问题及矛盾，并对其进一步提炼的过程。选题是使研究目的、对象及内容具体化，它有指向性、概况性和限定性的特点。

研究课题的表述一般包括研究的问题、研究的对象、研究的方法三个关键要素。

（三）问题与研究课题的区别

研究课题来源于问题，问题的发现和提出是课题选择的前提条件。

人们发现和提出的问题往往反映的是对某种事物思考的大致内容、某个方向，较为笼统和概括，受到个人认识局限性的影响，可以在一个较广的范围中进行讨论。研究课题是对研究问题进一步界定、转化，形成有范围和内容的研究命题，用文字进行科学、准确、合理的表述，明确而具体，用语严谨，并符合专业规范。

（四）问题转化为研究课题

1. 化大为小，化抽象为具体

研究得越深、越细，对理论的贡献和实际的意义就越大，要将"大而无当"的问题转化成真正可以操作、可以研究的问题，由于研究时间、成本、资料的可获取性，一个人不可能在一个研究中给如此大的问题提供答案。因此,必须将大问题分解再分解,直到对问题中涉及的概念能够准确定义、操作、测量,并且能够把概念和概念之间的关系通过实际的数据加以检验为止。

2. 化问题为研究变量和研究假设

要把研究的问题转化为研究课题,还有一个重要的步骤就是要确定问题涉及的变量,以及这些变量之间可能存在的关系。其中,方法和理论不是独立的,是针对一定问题的。理论是针对一定现象的理论,方法和理论都是工具,其主要目的是澄清观念,简化程序。

3. 化问题为研究设计

在研究问题和假设基本确定下来之后,下一步就要选择合适的研究设计来检验假设。研究方法的选择主要取决于研究的问题和假设,一般而言,如果研究假设的变量之间具有因果关系,那么需要通过设计实验,控制自变量的变化程度,来观察因变量的变化,从而检验假设。相反,如果研究假设的变量关系只是相关关系的话,那么就可以通过问卷法、访谈法、个案法等非实验方法来进行检验。

研究课题是明确而具体的问题,在表述上应该是确切的;课题是研究的问题,一个课题(的名称)反映的是研究的范围、方向和内容。而论文是课题研究成果的反映形式,一篇论文题目(总标题)反映的是这篇论文所要表述的内容或是要论证的观点。研究课题和论文题目的内涵和意义不一样,但有时它们则可以用同一个题目表示。课题不仅仅是个名称,它应体现研究对象、范围,展示研究的目的、意义。课题来源于问题,课题解决问题。

二、学前教育研究课题的分类

根据不同维度,课题可以被划分成很多不同类型。陈向明认为"有意义"的研究问题主要包括如下基本类型。[①]

(一) 根据目的,分为理论性课题和应用性课题

(1) 理论性课题。又称基础性研究课题,主要指旨在探索和揭示学前教育现象的本质和学前教育过程的基本规律、丰富学前教育的基础理论、拓展新的研究领域的课题。它的目的在于认识未知,发现普遍规律,形成和发展教育的基本理论,例如皮亚杰的"儿童发展阶段论""幼儿园课程理论的研究"。

(2) 应用性课题。是指以改造学前教育实践活动为目的,在基础理论的指导下,探索具体的各种学前教育活动的途径和方法的课题。针对某个具体的实际问题深入考察某一局部领域的特殊规律,将一般原理情境化、具体化,然后提出具有较强针对性的应用理论和方法,着重探讨运用科学的理论和一般的原则来解决教育工作中具体的实际问题。其关注焦点是检验和评价理论,解决现实的学前教育问题。如"培养大班幼儿自

---

① 陈向明. 质的研究方法与社会科学研究[M]. 北京:教育科学出版社,2000.

理能力的教育策略研究""幼儿园区域活动环境的创设研究""培养学前儿童亲社会行为的研究"等。

（二）根据对问题探讨的深度，分为描述性课题、因果性课题和预测性课题

（1）描述性课题（是什么）。指对学前教育的某现象进行具体描述和分析的研究问题，主要回答的是"是什么""怎么样"等性质的问题。例如，"对入园初期幼儿在教育活动中行为表现的观察研究"。

（2）因果性课题（为什么）。探索和揭示学前教育中几种现象之间的因果关系的研究问题，关心的是"为什么"的问题，其研究层次较高，难度也比描述性研究要大。例如，"榜样和移情对幼儿分析行为影响的实验研究"。

（3）预测性课题（将来怎么样）。在解释学前教育现象的现状和因果联系的基础上，进一步推测学前教育现象的发展状况和趋势。例如，"我国民办幼教机构的发展前景研究"。

一般来说，质的研究通常使用描述性课题，因为这类问题可以对现象的本质和意义进行探究。应用性课题比较适宜为量化研究探讨的对象，量化研究强调对研究结果进行推论，也尝试对研究结果进行价值判断。虽然在质的研究中持批评理论范式的研究者有自己比较明确的理论倾向和价值判断，但是也需要首先了解当事人的具体情况，与对方一起进行平等的对话，使对方领悟到"真实意图"。

第二节　学前教育研究课题的选择

一、学前教育研究课题选择的意义

选题不仅仅是给研究定个题目和规定范围，同时，选题的过程也是一个创造性思维过程。在选题过程中能否创造性地发现一个对现实生活有重要意义、具有一定科学价值的课题，是学前教育研究能否达到科学性、创造性和现实性的先决条件。

（一）选题是学前教育研究的首要环节

课题的选择确定，是进行教育研究的最重要环节，是教育研究活动的开端，它是教育研究设计的心脏，因为它关系到整个研究的结果。在人力、物力和时间条件都有限的情况下，首先应该选择那些带有全局意义的规律性问题，因为研究课题的确定，意味着研究者要善于从理论本身、理论与实践、现状与社会发展需要之间的种种矛盾中透彻分析提炼出一个有意义有创见的问题。在选题的过程中，研究者总是根据实践和自身发展的需要，从中选择问题进行研究。有的人缺乏问题意识，盲目跟着"热点"走，或满足于"初探""刍议""商榷"的水平，或热衷于"创立"新学科，"构建"新体系，缺乏深入扎实的理论基础。有的人研究范围广，但涉及多个领域的内容，研究不深入透彻。可见，好课题的提出，是学前教育研究的起点和前提，整个的研究工作需围绕主题进行。

（二）选题决定研究的价值和效用

研究的选题决定着研究的价值和作用。只有研究的选题有意义，产生的研究成果才有意义。选题确定之前，要查阅和了解大量信息资料，选题确定后，更要掌握和钻研大量第一、第二手资料。在调查、了解和调研的过程中，选题起着统帅作用。有了选题的明确指向，研究成果的着眼点、论点的提炼、论证的角度、论证的方法、材料的安排以及大体的规模也才能有一个轮廓。研究选题是有研究价值的问题，是需要解决的问题，是经过了研究筛选和过滤的，不论倾向于教育理论还是教育实践，课题选择都体现着相应的应用价值和理论价值。①

（三）选题决定着研究能否顺利进行

如果研究的题目过大或过难，就难以完成；反之，题目过于容易，又会降低研究的价值。第一，大题与小题：应该"小题大做"，或"选小弃大"，切忌"大题小做"。因为题目过大，材料难找，也难以驾驭，况且时间也不允许。第二，老题与新题：要选"新不排老"，"老题新做"，"新题深做"。第三，难题与易题：要选择难易适中的选题。所谓难题，就是对这个问题根本不了解，或只知道一些皮毛，或者有关这个问题的资料太少太分散，所以选题尽可能选择能发挥自己的专长，学有所得、学有所感的题材。同时还要考虑到自己的兴趣和爱好。研究的最终成果是否有价值，当然要看研究完成后的具体结果，但这个结果来源于选题的好坏，选题决定着研究能否顺利进行。选题的好坏影响着研究对象的范围和研究方法，也限定着研究内容的结构，制约着研究的整个过程。

（四）选题有助于研究者建立和调整自己的知识结构

广博的知识是选好题的前提，丰富的知识结构能帮助研究者及时掌握科研动态，提升专业素养。人的知识结构的形成和丰富一般通过以下两条途径：

（1）非定向积累。例如，对学校课程设置安排的基础课、专业课的学习，这方面的内容侧重于共性知识的积累，有助于培养知识的适应性。就是说，无论研究者将来做什么和进行哪方面的研究，这些内容都是需要学习和掌握的。

（2）定向积累。指围绕一个研究主题，有意识地积累解决问题所需要的知识。这种定向积累知识可以使学习与运用、理论与实践结合起来。一般认为，这两种知识积累方法是相互联系的，是基础与方向的关系。

初学研究的人，可以通过选题，将两种积累知识的途径相结合，调整和建立起自己的知识结构。例如，大学生的毕业论文的选题，就既体现了非定向积累所提供的基础，又通过定向积累提供方向和思路。

总之，选题在学前教育研究中的地位极为重要。只有提出问题，才能激发我们去学习、观察、实验，去探索事物的规律。研究者必须了解在自己的专业范围内哪些问题是最值得研究的。选好题可以事半功倍，反之则易半途而废或徒劳无功。因此，是否善于选题，往往成为衡量研究者水平高低的重要标志。

---

① 杜国莉，张德启.学前教科研方法和研究性学习[M].北京：北京出版社，2014.

选择和确定研究课题是进行教育研究的第一步,并且是关键性的一步,它不仅决定研究者现在和今后研究工作的主攻方向、目标与内容,而且在一定程度上规定了研究应采取的方法与途径。因此,选定课题在所进行的研究工作中具有重要的战略意义。

二、学前教育研究课题选择应遵循的原则

选择研究课题的原则是指研究者在选择课题时必须遵循的基本要求,是对长期的学前教育研究活动中课题选择工作经验的认识和概括,在一定程度上反映着选择研究课题的规律。学前教育研究对象具有特殊性,要求必须考虑幼儿的身心健康。在这个前提下,想要正确而恰当的选择课题,就必须明确并遵守选题的原则。

(一)价值性原则

课题的价值性原则是指研究成果对丰富学前教育教学理论、完善学前教育理论体系或者对学前教育实践活动具有指导作用。一般体现在理论和实践两个层面。

(1)理论价值。课题的理论价值体现在所选择的课题应与学前教育理论的补充与丰富密切相关,如理论的构建、发展、完善,对原有理论的检验或突破等。首先,具有学术价值的课题可以是学前教育新领域的研究,也可以对已有研究进行检验、论证,或者把有关学前教育研究的不同领域的理论进行交叉研究,填补学前教育理论体系的空白。其次,密切关注学前教育实践,不断总结、提升、研究、推广学前教育教学活动中的先进经验,形成具有实践意义的理论。例如,早期教育与全面发展的关系,学前教育思想研究,以及中国学前教育的历史、现状及其发展趋势的研究等课题,都具有很高的理论价值。

(2)应用价值。课题的应用价值体现在所选择的课题应与学前教育实践密切相关,特别是学前教育活动中亟待解决的问题,能直接指导教育实践,探讨解决问题的方法,提出个人见解。选择课题时,必须考虑两点:首先,明确国家对学前教育的规划,关注当前学前教育发展状况,明确学前教育最迫切需要解决的问题。其次,研究学前教育理论的应用性,不断分析、论证新理论,在践行学前教育理论方面有所探讨。比如,幼儿园课程游戏化和生活化研究的实践意义,是开发一套有助于幼儿园教师进行课程设计的课程内容生活化、游戏化的策略系统,有助于纠正目前幼儿教育中存在的小学化的倾向和幼儿园课程中存在的过分学科化的倾向。

课题的理论价值与应用价值虽然各有侧重,但密不可分。具有理论价值的课题侧重于学前教育理论研究,重视从实践中提炼理论,而应用价值强的课题侧重把教育理论应用于学前教育实践,推动学前教育教学水平的不断提高。理论的丰富能加强对学前教育实践的指导作用,而实践活动的深入研究会进一步提升教育理论的发展。偏重于理论价值的课题,要对教育实践有指导作用,因为完全束之高阁,空洞的教育理论是无意义的。偏重于应用价值的课题,需要揭示规律,上升到理论才具有普遍意义。

(二)需要性原则

研究必须体现学前教育实践的需要。第一,从幼儿园的实际需要、本人的实际需要

出发选择和确定课题。第二，应该把对学前教育改革实际工作起指导、参谋、咨询、决策作用的课题作为研究的对象。第三，研究的课题要符合社会发展的需要，要有利于促进学前教育事业的发展，有利于提高学前教育质量。

（三）创新性原则

课题的创新性原则，指研究问题具有意义或价值，值得我们去研究。所选的课题在本研究领域里必须具有新颖性、先进性，要解决前人没有解决过的问题。通过研究有新发现、新观点或者找到学前教育教学活动中的新方法新途径。第一，从选题、观点、材料直至论证方法全是新的。这类研究价值较高，社会影响也大，但难度大。第二，以新的材料论证旧的课题，从而提出新的或部分新的观点、新的看法。第三，以新的角度或新的研究方法重做已有的课题，从而得出全部或部分新观点。第四，对已有的观点、材料、研究方法提出疑问，虽然没有提出自己新的看法，但能够启发人们重新思考问题。

要保证选题具有创新性，必须广泛、深入地查阅相关文献资料，开展多种形式的调查研究，了解研究课题在国内外或一定区域已达到的水平和取得的成果。幼儿园教师在教学第一线，了解熟悉幼儿的机会多，教育教学实践多，对实际问题了解多，容易找到创新切入点。例如，关于幼儿的进餐问题，传统的研究只重视研究幼儿进餐中的营养和身体健康问题，但忽视进餐的教育和心理问题。所以，从为幼儿创造民主、宽容的就餐环境的角度可以进行创新性研究。

（四）可行性原则

课题的可行性指课题研究完成需要的科研主体、物质条件是可行的，即在一定主客观条件下，课题研究达到预期效果的可能性。学前教育确定需充分考虑完成选题的主客观条件。主观条件，主要是指研究者的自身条件，包括研究者的能力、兴趣、专长、知识结构、精力等。客观条件，主要指幼儿园具备的条件，如设施、设备、场地、研究经费等。

（1）主观条件。即研究者自身条件的限制，包括课题研究者具备的生活经历、知识水平、研究经验、组织能力、专业特长、经验基础、兴趣爱好、理解程度等，甚至包括研究者的性别、年龄、语言、体力等纯粹生理因素方面的限制。如果是群体研究，还要考虑研究成员的配合以及团队协调等因素。选题时，尽量做到选题的方向、大小、难易程度与自己的知识、能力与经验相适应，在一定客观条件下，根据个人的知识储备与研究能力，选择与自己专业相近，有着浓厚兴趣并具有研究时机的课题。这样，才能做到"知己知彼"。例如，一位有着丰富的幼儿园管理经验的园长可以选择幼儿园管理方面的课题。

（2）客观条件。客观限制指进行一项研究时受到的外在环境或条件的限制，如研究时间、经费、文献资料、研究对象及其单位等的不支持与合作、法律政策、社会伦理、生活习俗与宗教信仰等。对任何一个研究者来说，在选择研究课题时都应充分地考虑研究的客观条件，使所选课题与具备的客观条件相适应，这样课题才有完成的可能性。某些课题尽管有着重要的研究价值，但研究者不一定具有相应的客观条件。

（3）时机。一方面指在选择研究课题时，要注意考虑学前教育研究的重点、热点和难点,发展方向与趋势,这直接关系到课题的应用前景;另一方面指与研究有关的理论、工具、技术手段的发展成熟程度。例如,有关幼儿行为的神经生理机制的问题,随着人们对大脑认识的不断深入和现代核磁共振技术的发展,研究者在这方面也可取得不错的成果。

在确定课题可行性时,应该综合考虑以上因素,不能顾此失彼。当然,任何研究条件都是相对的,大多数主客观条件都可以改变,选题的时机也在时刻发生着变化,只要不断地创造条件,当研究时机成熟时,研究活动自然就能顺利开展了。

(五)科学性原则

选题的科学性,指所选定的课题应该具有明确的指导思想和研究目的,选题的依据要充分、合理。也就是说,选题要有实践基础和理论基础。选题的实践基础和理论基础制约着选题的全过程,影响着选题的方向和水平。为了保证选题有科学的现实性,还需要对选定的课题进行充分论证。

(1)实践基础。研究课题是从实践中产生的,具有很强的针对性;实践经验同时又为课题的形成提供一定的、确定的依据。研究课题是从学前教育实践中产生的,必须具有可靠的事实依据和很强的针对性。特别要注意两个问题:一是要选择具有普遍性的问题,即透过现象揭示学前教育本质规律的问题,不要受个别或偶然现象的影响;二是要选择具体、明确的问题,研究的内容、范围、角度等都必须清楚。

(2)理论基础。选题还应以学前教育科学基本原理为基础,学前教育科学理论将对选题起到定向、规范、选择和解释的作用,没有一定的理论基础,选定的课题必然起点低、盲目性大。确定的课题的指导思想必须是正确的、科学的,所研究的问题应能够纳入学前教育科学的某个知识体系中。

以上五个选题原则是正确选题的必要条件,要选出好的课题,需要通盘考虑。

三、学前教育研究课题选择的来源

微课 学前教育研究课题的来源

(一)从学前教育实践表现出的问题中选题

1. 从现实需要选题

从学前教育实践内容来看,选题内容可包括以下:宏观上,教育事业发展的规模、速度、结构、比例与经济社会发展如何协调的问题,各级各类教育的协调发展问题,教育内容和方法的选择问题,教师的教育、培训、聘用、管理问题,学校管理运作体制问题等。微观上,包括课程、教材变革问题,以及具体教育教学问题——在实践前,很多错综复杂的问题需要研究与解决;实践中,许多问题需要及时找出解决办法;实践后,需要及时整理总结成功的经验和失败的教训。

很多幼儿园教师在教育教学实践中积累了丰富、宝贵的经验,但这些经验往往是零碎的、不系统的、未经科学检验的。如果加以科学检验与总结,并给以理论的抽象与概括,就成了课题研究的成果。由成功经验延伸出的课题,实践和研究的基础较好,容易展开。幼儿园教师在具体的保教实践中经常会遇到各种各样的带有普遍性的工作难题,例如,家、园、社区协同教育资源的开发等都是值得研究的问题。这样的选题更能体现出研究对实践的指导作用,是研究者在教育实践中观察与思考产生的课题,又如,幼儿探究式学习的特点与指导策略研究,传统文化背景下游戏资源开发及利用的研究等。

对于研究者本身而言,能否提出有质量的问题是能否进行高质量研究的关键。比如,要研究幼儿园的建构游戏,可以从教师视角、幼儿视角、实施过程视角入手;在教师视角方面,又可以从指导方式、指导时机和支持行为进一步拓展;在幼儿视角方面,可以考虑幼儿的建构水平、探索行为和合作能力维度;在实施过程视角方面,可以从材料投放、组织和指导、安全问题及对象等维度思考,从而将研究问题具体化,进一步明确研究问题。

2. 从学习的疑问处选题

研究者可在理论与实践相矛盾时选题。在专业课和专业基础知识的学习中,如果发现理论与实践脱节,极易产生困惑,为解除困惑,就可能形成选题。教育理论中原有的问题解决了,新的问题又会冒出来,科学研究就是在不断解决和不断涌现新问题的过程中发展前进,要解决的问题会越来越多。例如,在教育教学中是否只能给予幼儿以成功和愉快的情绪体验? 挫折和失败在教育教学中究竟起怎样的作用? 正强化和负强化在教育中各有哪些作用? 适用条件有哪些? 要不要对幼儿进行惩罚? 等等。

发现有争议的问题时,即对同一个问题有几种不同的解释,但目前还没有定论,就可以将这种问题作为研究的选题。因为没有定论,所以还存在进一步探索的广阔空间。发现问题的首要前提是研究人员要对自己从事的领域有深入的研究。例如,园本培训与教师专业发展研究,学前教师档案袋评价研究等。

(二) 从对专业理论的思考中选题

1. 选择前人很少研究过的问题

学前教育研究领域内尚有许多空白和盲点问题,在这些领域中进行挖掘,可以产生很多可以研究的问题。比如"幼儿游戏的心理卫生功能",平时只重视游戏的教育、发展功能,很少关注如游戏的发泄、诊断功能;比如"幼儿游戏与心理需要",平时很少考虑幼儿游戏的心理需要,幼儿不是为受教育而进行游戏的,是为了满足某方面的心理需要而进行游戏的。这些都能体现研究的创新性价值。

2. 选择争鸣的问题

对别人研究过但有争议的问题,或对别人已有结论持异议,对别人或前人研究中的不足之处或缺陷所在,理论观点分歧、矛盾之点,也可以展开争鸣,提出自己对这一问题的不同看法。比如,有无必要将男教师引进幼儿园? 当今条件下引进男教师是否也有不好的一面? 这些方面有待于进一步研究。

3. 从学术热点或空白处选题

学前教育改革与发展中有很多令人关注的急需解决并富有争议的热点问题。在这些问题中选定一个合适的课题加以研究,无疑是很有意义的。可以经常翻阅近期学术期刊,了解当前学术信息。所谓"空白处",就是在本学科领域别人尚未涉猎研究过的课题。但是,从本科生的研究能力实际出发,建议本科生在本学科领域的相对"空白处"寻找突破口,也就是寻求别人研究很少或只泛泛研究过的课题求专求细。例如,关于学前儿童学习外语是不是越早越好的问题,教师可以带领本科生对这个问题进行一些实证性研究。

当然,从对专业理论的思考中选题需要注意以下几点:

一是注意平时的知识构成。每个人感兴趣的点不同,在知识结构上有差异,选题应该选择平时下功夫较多的方面,选择平时关注度多的方面。

二是注意自己的能力特点。有的人擅长从宏观方面考虑问题,有的人擅长对某一个具体问题进行深入的研究;有的人擅长运用新的方法解决问题,有的人擅长用传统的方法做学问;有的人擅长理论思维,有的人喜欢研究比较抽象的问题,应结合自己的能力特点选题。

(三) 在研究过程中发现新的课题

1. 从阅读文献中发现选题

可从现有的教育理论体系中,去发现他人未研究或已研究但是有争论的课题,找到他人研究结论的不一致性,甚至是相矛盾的。通过查阅文献对问题进行系统评判分析,从而进一步明确课题的研究价值,找准突破点,界定研究问题。基于个人兴趣生活经验理论背景敏锐捕捉被前人忽略而又可深入研究的问题,寻找研究的新思路。通过借鉴前人获取成果所采取的方法来修正自己的研究方案,获得研究方法的指导,以避免预想不到的困难。初步论证后查阅文献,通过观点的汇合联系理论与文献,识别有关研究的建议,从而得以提炼理论以进行进一步研究,寻找新的理论支持。

2. 从边缘学科选题

在现代科学大发展的形势下,各学科之间的交叉领域涌现出大量值得开拓的新问题,只要放开思路,大胆探索,就会找到有价值的问题,就会找到所要研究的课题。所谓边缘学科,就是由原有基础学科的相互交叉和渗透所产生的新学科。其特点是运用一门学科或几门学科的概念方法研究另一门学科的对象或交叉领域对象,使不同学科的方法和对象有机结合起来。在"边缘地带"寻找未解决的问题。例如,"幼儿园与小学课程的衔接研究""多元文化视野下儿童社会化的研究"等。

总之,现实中的许多问题都需要得到新的解释。研究和回答现实中的实际问题常常成为研究选题的重要来源。由小到大,由易到难,由浅入深,从现实需要的基本问题做起,选好一个突破口,在此基础上逐渐扩展和深入。

四、学前教育研究课题选择的途径

(一) 自拟

自选课题是研究者本人在自己读书、思考、积累、研究以及实践的基础上,从自己感兴趣,有研究基础、研究价值的问题中选出来的课题。最理想的选题应该是自己提出来,在学习生活中,通过阅读启发、学习疑问、实践体会、工作需要等,都可以发现选题。

（二）课题

课题包括：第一，参与老师主持的研究课题，合作共同完成研究的课题。第二，申请到的学校为学生设立的创新课题，如大学生创新创业训练计划项目等。研究者需要确定方向中有哪些课题；课题目前研究到什么程度；有无进一步研究的问题；资料是否好搜集；自己知识和能力是否可以把握。

（三）指定

指定是指学生自己提不出选题，由老师指定。幼儿园教师如果自己提不出来选题，可由专家教师或团队带头人指定。在选择指定选题时，要考虑自己的接受程度，看自己能否胜任别人指定的选题，对于初次研究的人来说，一般可以从研究选题指南当中去选题。参考选题指南只能当作启发思维的参考，不能完全照搬按照原题一字不改去写（除非有规定"不能更改选题名称"）。选题时主要看别人是从什么角度研究问题的，还有哪些问题没有研究透，从而受到启发，找到新的、适合自己的选题。

拓展阅读

> 依据近八年来学前教育专业优秀毕业论文选题的实际情况，对各研究选题进行了概念梳理，选题类型如下：(1)"儿童发展"选题，包括儿童心理、行为方面的发展及教育培养，特殊儿童的发展及教育干预等。(2)"课程与教学的理论与实践"选题，包括教学活动与反思、教学方法与策略、课程基本理论、课程资源、课程开发、课程设计、课程实施、课程整合和课程领导等。(3)"教师发展"选题，包括幼儿教师心理与行为、教师生活与工作、教师专业发展、男教师和教师流动等。(4)"教育与社会"选题，包括幼儿教育与家庭、社区、大众传媒三方面之间的关系，社会变迁给学前教育带来的挑战等。(5)"五大领域课程与教学"选题，包括儿童在健康、语言、社会、科学、艺术五个领域的发展与教育。(6)"游戏"选题，包括游戏的基本理论、教师的游戏观、游戏与儿童发展、游戏与教学、游戏行为与指导、各类游戏活动与指导、游戏材料和游戏环境等。(7)"农村学前教育"选题，包括农村儿童发展、农村学前教育政策与管理、农村家庭教育、农村学前教育课程等。(8)"政策与管理"选题，包括政府或幼儿园制定的政策、幼儿园内部管理等。(9)"国外学前教育"选题，包括国外学前教育理论与实践、国外学前教育理论与实践的中国化、国外学前教育幼小衔接、比较学前教育等。(10)"幼小衔接"选题，包括幼儿教育与小学教育的衔接，幼儿、家庭、幼儿园三方面的入学准备。(11)"师幼互动"选题，包括在园期间教师与幼儿的互动现状、方法及影响因素等。(12)"0—3岁儿童教育"选题，包括0—3岁婴幼儿身心发展、家庭教育、早期教育机构发展状况等。(13)"学前教育史"选题，包括对学前教育思想、观念、政策、研究等历史沿革的研究。(14)"儿童哲学"选题，包括在哲学层面上对学前

教育的思考。研究涉及最多的选题是"儿童发展"，涉及最少的选题是"儿童哲学"。①

　　各选题领域研究侧重点有所不同，应重视相对比较微观的选题开展，在有限的时间内，从研究的深度和广度上进行考量，提高研究的针对性和实效性。

五、学前教育研究课题选择的论证

　　选题论证是对选定的问题进行分析、预测和评价。找到选题后，接下来就是对选题进行论证，所谓论证，就是考察和分析选题的学术价值和可行性。通过论证，使选题确立，以便尽快进入下一步的研究。选题论证的方法一般围绕两个方面进行：一是看选题有无学术价值，有多大的学术价值，值不值得研究；二是看选题的难易度，在现有的条件下，在规定的时间内，能否完成任务。如果通过论证，认为选题值得做，而且能够做好，那么选题就可以确立下来。通过论证，对初步选定的课题进行研究价值及可行性判断，并进一步完善课题方案，创设落实的条件，以确保研究的质量。

（一）选题学术价值的论证

　　学术价值的论证，一般可从三个方面来判断：

　　1. 看选题在本学科体系中的地位

　　判断选题是否有学术价值需要了解本学科研究的历史与现状，特别是要了解选题范围内的历史与现状。本学科在过去已经进行了哪些研究，取得了哪些成果，当前的研究达到了什么程度，还有哪些问题尚未解决，其发展趋势和新的动向是什么。如果不了解这些情况，就无法判断选题的学术价值。

　　研究者可以查阅图书馆文献目录、索引和文摘，采用由近而远的方法逐年往上查，也可以采取浏览的方法着重注意与自己选题相关的内容，从而大致了解本学科的历史，明白自己的选题在学科研究中的地位和意义。研究者要经常翻阅专业期刊，掌握最新研究动向，逐渐了解本学科的研究动向。

　　2. 看选题对于现实生活的意义

　　各种学术问题应当是与现实社会经济生活密切相关，并且是人们比较关心的问题，或现实中亟待解决的重点、热点和难点问题。有些选题虽然在理论上难有大的创新，但对于具体的工作实践却有很强的指导意义，这样的选题同样是有很大价值的。

　　3. 看自己对选题能提出多少创造性的见解

　　研究的最终价值还体现在研究者在前人的基础上提出了多少创造性的见解。有些选题本身具有很高的学术价值，但根据研究者现有的能力、学识，还提不出新的见解。判断研究能否有新意，关键是对已有的研究成果是否比较了解，能否突出本研究新意的部分。

---

　　① 毕甜甜，邹海瑞. 我国高校学前教育专业学生毕业论文选题状况分析——基于近 8 年来全国高校学前教育专业优秀毕业论文评选结果的文本分析[J]. 幼儿教育，2015，(12)：35 - 39.

(二) 选题内容可行性的论证

可行性的论证,是回答"能否做到"的问题,能否完成课题的研究,常常取决于以下几个因素:个人的研究能力、学识水平;课题的大小及难易程度;必要的资料来源、必要的时间等。

1. 课题提出的背景与意义

一般是对幼儿园已有情况的分析、对国内外已有研究的分析,国内外研究现状和发展趋势分析,研究现状和发展趋势分析,以便寻找空白点。理论意义是指确定研究题目或后续研究内容基于哪种理论,所选择的问题在学术上能够填补空白,或者能修正、发展某种理论,实践意义指所选择的课题有助于解决学前教育现实问题,有助于提高学前教育质量,促进儿童身心发展,揭示研究价值和意义的方法。

2. 课题界定与研究依据的理论

对于题目中具有多义性、模糊性的概念要予以界定,以进一步明晰研究的范围、领域和对象。例如,"幼儿探索型主题活动中教师支持行为的研究"的关键概念涉及以下内容:第一,幼儿探索型主题活动——幼儿围绕一个主题进行自主观察,探索周围现象和事物,教师适时、适度地予以支持和引导的一系列活动。第二,教师支持行为——根据研究者自己的视角和观点,教师支持行为可以是教师对幼儿的活动给予的鼓励、帮助和推进,它包括直接支持行为和间接支持行为。直接支持行为又包括物质支持和非物质支持,间接支持行为包括环境创设、家园沟通和社区资源利用等方面。

3. 课题以往研究的水平和动向

课题以往研究的水平和动向即该课题国内外研究现状,明确研究的起点在哪里,是在怎样的基础上进行的。可以是有关研究工作近期的进展描述,也可以是国内外刊物发表的研究成果的简述。反映当前所需研究领域中的最新进展、学术见解,反映有关问题的新动态、新趋势、新水平、新原理和新技术等,进而说明本研究将在哪些方面有所创新和突破。

4. 课题研究的主要内容(包括理论研究的问题、调查或实验研究的问题)

研究内容的设计是整个方案设计的核心,研究质量高低的分界也在于是否有好的内容设计。在考虑研究内容时要紧扣研究目标,将目标分解细化为要研究的内容,内容的表述应明确体现研究者所要研究的问题。列出研究的具体目标和课题中必须探讨的每一项具体内容,并分别阐明每一项具体内容中的主要名词术语的概念,明确其内涵和外延,然后还应阐述各具体内容之间的联系。

研究内容的展开策略和方法通常有以下三种:

第一,程序法。即按课题研究固有的程序进行设计。例如,"小班幼儿自理能力培养的研究"内容可包括① 小班幼儿自理能力的含义及评估方法;② 小班幼儿自理能力的现状;③ 影响小班幼儿自理能力发展的因素;④ 幼儿园采取什么措施才能有效地培养幼儿的自理能力。

第二,问题法。即围绕课题题目与研究目标提出若干研究的问题。例如,"幼儿建构活动中教师支持行为的研究"内容可包括① 幼儿建构活动中的不同阶段与教师的支持行为;② 不同年龄幼儿建构活动与教师的支持行行为;③ 不同类型幼儿建构活动与教师的支持行为;④ 建构活动中幼儿个体差异与教师的支持行为;⑤ 家园合作开展建构活动中教师的支持行为。

例如,"幼儿学习区活动指导的适宜性策略"内容包括① 探讨不同区域环境创设的适宜性;② 探讨不同区域内容选择和材料投放的适宜性;③ 探讨不同区域活动组织与指导的适宜性;④ 探讨不同区域活动教师支持行为和适宜性策略。

第三,分类法。按照理论研究和实践研究探索两部分来进行设计,重在构建实践探索的操作框架,适合大的课题。

5. 课题研究的主要方法、研究策略、步骤及成果形式

(1) 主要方法

研究方法包含收集资料的方法、整理分析资料的方法及表述成果的方法,其中收集资料的方法尤为重要,有时在一项研究中需结合使用多种方法。研究者在研究方法处可写出主要采用什么方法,以哪些方法作为辅助手段。定性研究基于描述性分析,在思维中利用概念、判断和推理达到对学前教育现象的本质的认识,常用的研究方法包括经验总结、叙事研究、个案研究、文献研究等。定量研究强调事实、关系和原因,常用方法有教育调查、教育实验等。

(2) 研究策略步骤

准备阶段:确定课题;成立课题组,明确分工,落实研究任务;搜集资料,组织分析探讨、掌握课题研究的有关动态;设计课题研究方案,制定研究计划;设计问卷等。

实施阶段:按照预定的课题研究要求和实施策略开展调查;数据统计处理和分析;进行阶段小结,调整实施方案;效果调查,整理和分析资料。

总结整理阶段:整理研究资料,进行综合分析,撰写研究总报告;组织课题研究汇报会,总结研究工作,展示研究成果。

推广阶段:建立推广组织,宣传研究成果;总结推广经验,验证和发展研究成果。

6. 课题研究的基本条件,研究的可能性及限制

包括人员结构、任务分配、物资设备及经费预算等。

综上所述,选题论证本身就是一种研究,要有翔实的资料,要以齐全的参考文献和较全面的分析来支持选定该课题的理由。论证的过程常常会形成有价值的观点、想法或文章。因此,选题论证是非常重要且必要的。

技能训练

1. 调查访问

请结合本节内容,到所在地区的一所幼儿园进行访问调查,了解该园课题研究的现状,调查的内容包括该幼儿园目前正在研究的有哪些课题、课题属于哪种

类型、课题的来源,还要了解该园是否为教师提供研究课题指南,有哪些可供参考的课题等,并进行资料汇总。

2. 分享交流

将访问调查的结果进行分享交流,进一步深入理解本节学习的内容。自选一个学前教育研究课题,并试着进行课题论证(包括研究的价值与意义,国内外研究现状,研究的主要内容、方法与步骤等)。

第三节 学前教育研究课题的确立

微课

学前教育研究
课题的确立

一、学前教育研究课题的确立过程

(一)锁定研究,大致确定

科学研究就是求解自己提出的问题的过程。然而,要开展一项研究,首先遇到的问题就是"我要研究什么",回答了这个问题,研究过程中的第一步就完成了。研究问题的确定往往是伴随着研究者查阅文献,思辨演绎以及教育实践活动而逐渐形成的。研究者可能受到某一点的启发,而产生了一个大致的研究方向,并顺着这个方向带着自己的困惑开始文献的查阅工作。初步文献查阅后,研究者便可了解前人在这一领域所做的工作,为自己进一步聚焦研究问题,积累研究成果、研究方法以及相关的理论意义和现实意义等相关信息。由此,研究者已经从大概的研究方向向实实在在的问题推进了,并且对相应的研究方案也有了初步的构想,问题大致得到了确定。概括地讲,在这一步中,具体研究问题还仅只是一个雏形,与之相关的大多数信息还并不清晰,研究者可能不知道该研究问题是否有意义,是否可以实施开展。

(二)对初步选题进行调研

问题初步选定之后,研究者就应围绕问题进行初步的研究,探讨课题的价值性、创新性和可行性等。可通过广泛查阅文献资料、课题组讨论、向同行专家请教等方法探究,必要时还应结合实际进行初期预备性的观察、实验。通过初步的探索活动达到对所选课题有一个更明确、更深入的理解,通过过滤而聚焦到一个具体的问题。在这步工作中,研究者如果发现锁定的研究问题并非想象中那样,比如缺乏事实的可能性,研究意义并不强,那么就应该及时终止这项研究;如果研究者发现自己对研究问题理解得尚不深刻,那么应该通过各种方式,完善对该研究问题的认知。完成这一步工作,主要是为了明确研究问题的价值、意义、研究方法等信息,为最终确定研究问题打下扎实的基础。

(三)研究问题具体化

所谓"将研究问题具体化",即对初定的课题进行分解,逐步缩小课题的范围,使宽泛模糊的问题变得清晰、明确。不断缩小课题,课题的焦点就集中了。有时可能还需要将所选课题进一步具体化,再进一步"聚焦",直到研究者满意为止。通过操作化定义等方式使问题精确化。研究者可根据研究的时间、地点、研究者人数、研究经费、研究方法的类型等因素确立研究的内容、任务和范围。对研究问题进行严格界定,并给予明确的陈述,将最终脑海中那些发散的、含糊的构思变成清楚、明晰的研究问题,进而将研究目标从发散的、庞杂的状态收敛到一个聚焦的、单一的状态上,最终达到这样一个结果:研究者能够非常清楚地说出自己真正研究的"小而精"的问题是什么。这步工作是确定研究问题过程当中最为关键同时也是最为困难的一项工作。然而,在实际的研究实施过程中,初学者往往因为自身经验的不足,而犯下各种错误。比如,研究问题最终止步于一个庞大的、模糊的领域,甚至某个教育现象或教育问题,而非直白明了的研究问题。其实,研究问题具体化还可以分为两个步骤,一是缩小问题的内容范围,二是正确、清楚的表述研究问题。研究者在研究伊始,就把研究主题浓缩到一个聚焦的问题上。确立了研究课题后,接下来就是使课题具体化,包括对象、领域、内容和方法的具体化。

(四) 确立和修订研究课题

所有研究问题均始于对一个研究的大方向,或者说研究领域的研究兴趣。然而,既然是"范围",肯定会宽泛、笼统、抽象,可操作性不强。聚焦研究内容就是对研究内容的具体界定,它是把比较模糊的思路变为具体的思路,把比较宽泛的研究范围变成特定或明确的研究范围,把笼统的研究对象变成具体可操作性的。研究课题与论文的题目不同,科研课题不能像论文题目表述那样用结论性的语句,对所选课题是否有价值、有新意,是否切实可行等应进行实事求是的分析。在确定课题后,需要对课题进行论证,通过论证还可以进一步完善课题方案,为最终获得研究成果创设条件,最后要写出开题报告。论证报告完成后,应以书面的形式广泛征求专家、同行的意见,反复修改研究方案,最后确定出一项新的、正式的学前教育研究课题。

二、学前教育研究课题确立应注意的问题

从选取研究主题到形成研究问题再到确定研究课题,研究主题可以包含多个不同的研究问题,通过过滤而聚焦到一个具体的问题,通过操作化定义等方式使问题精确化,例如,"区域活动→建构区→中班建构区活动材料投放及教师指导研究"。确定题目实际上是限定研究的范围,确定研究的方向,选择的题目除了从课题研究本身的内容考虑外,还应从作者自身的知识、兴趣、专业以及读者的理解接受水平考虑。应注意以下问题:

(一) 课题的大与小

标题是研究课题的眼睛,标题是窥见研究之要点的"窗口"。选题有大有小,大的选题涉及面广,研究的头绪多,需要的资料时间都多,在研究选题中,有的题目选得过大,往往难以驾驭,无法深入研究,如"提高教师反思能力的研究"。有的研究题选得过小,研究的样本量小,观点得不到应有的展开,结果内容空泛,论述肤浅,如"帮助某幼儿克

服胆怯心理的研究"。有的题目的研究目标在现有的条件下太难,资料缺乏,如"幼儿园引进专职教师的研究"。

题目的大小要适度。一般来说宜小不宜大,宜窄不宜宽。课题应与幼儿园教师的教育教学实践紧密结合,是教育教学实践中急需解决的问题。对于大多数一线教师或学生来说,选题不宜太大,篇幅不宜太长,选题太大,不仅时间、精力和能力都不允许,而且也难以保证研究的质量。如大学本科毕业论文,开口宜小、开掘要深。研究的范围不宜过大,但应有足够探索的空间。

课题的大小没有固定的量化标准,完全依靠自己去把握,把握的方法是由大到小,层层缩小范围,直到适合自己为止,选题开口小,容易把握,容易开掘,容易深入,只要围绕主题,从广阔背景下,多层次、多角度地开掘,小题目也可以做出大文章来。但是,选题开口小,也不是指小到无学术价值可言,甚至小到写不成一篇学术论文,题目太小,内容也会无法展开。

(二)课题的难与易

课题的难与易与大小有密切关系,一般来说,课题大,难度也大;课题小,难度也就小。但两者也有区别,课题的难易涉及两个因素:一是课题本身的难易,二是研究者自身感觉到的难易。同一个选题,有的人觉得容易,有的人觉得难,所以,难易是相对的,没有绝对的衡量标准。研究选题大小要适中,难易要适度。太难的题目,花很大的力气也完成不了,太容易的题目,轻而易举就可以完成也不行。难易的把握应与研究者本人或团队的能力水平相匹配,一般来说,把握课题的难易度应从以下两方面考虑:

1. 课题的范围

每一个学科所研究的问题一般分别属于三个不同的方面:基础理论研究、发展历史研究、实践问题研究。选择自己擅长的、有积累的选题,就相对容易一些,选择自己不太熟悉的研究就难,就会影响研究进展或成败。

2. 课题的类型

选题类型可划分为前沿型课题、基础型课题、填补空白型课题和补充前说型课题。前沿型课题是居于学科研究最前沿的课题;基础型课题是研究本学科的一些基本理论、基本问题的课题;填补空白型课题是前人尚未研究的课题;补充前说型课题是指前人已做过研究并取得了一定成果,但还需要继续研究的课题。不同类型的课题,其难易程度不同,对于本科生做毕业论文而言,我们提倡基础性课题和补充前说的课题,因为这样的课题是在前人的基础上起步,研究起来更容易入手。

(三)课题的表述

课题的表述主要是为了清楚说明本课题的范围和变量的限定,为研究活动提供一个聚焦点,也为研究设计提供起点,因为只有在研究所涉及的范围和变量明确之后,才可能做出具体的设计。课题要明确三个关键要素:研究什么(内容和问题),研究谁(对象),怎样研究(研究方法),题目尽可能体现研究对象、研究范畴和研究方法,用词准确、严谨和科学,一般不超过

微课

学前教育研究
课题的表述

25个字。

第一,研究课题的表述一般包括研究的问题、对象、方法三个部分。例如:"0—3岁婴幼儿亲子阅读现状及对策研究",研究的问题是"亲子阅读",研究的对象是"0—3岁婴幼儿",研究的方法是调查法或观察法。

第二,研究问题要具体,研究对象的总体范围要表述清楚,因为研究对象的总体范围不仅关系到如何选取研究对象,也关系到研究结论的适用范围。

第三,研究课题含义要确切,用语要严谨。例如,"科学教育与幼儿主体性培养的研究"的范畴、研究对象模糊不清,可改为"在科学教育中培养幼儿主体性的实践研究";"节奏乐在主题活动中的实践研究"的研究对象有歧义,可改为"在主题活动中开展幼儿节奏乐教学的实践研究";"如何让不同依恋关系的幼儿适应幼儿园",可以表述为"不同依恋关系的幼儿入园适应问题研究"。①

技能训练

```
项目2-1:分小组设计研究问题
1. 实训目标
(1) 提高选择学前教育研究课题名称的能力。
(2) 会针对学前教育中的常见教育现象确定课题的名称。
2. 实训内容和要求
(1) 以4—6人为一组,针对小班、中班、大班的某个问题(本科毕业论文选题指南)进行讨论,选派组长在课堂上汇报集体确立的课题名称,从研究目的、研究方法、研究内容设计、研究思路及题目论证等方面汇报选题缘由。
(2) 每人针对幼儿教育中的健康、语言、社会、科学、艺术五大领域的具体问题,确定研究课题的名称。
3. 实训考核
(1) 根据小组合作完成课题的名称的质量,为每组学生评定分数。
(2) 根据学生选择研究课题的名称评定分数。
```

本章主要内容导图

学前教育研究课题概述 { 学前教育研究课题的内涵
学前教育研究课题的分类

---

① 龚冬梅.学前教育科学研究方法[M].南京:东南大学出版社,2017.

学前教育研究课题的选择 ⎰ 学前教育研究课题选择的意义
　　　　　　　　　　　　 学前教育研究课题选择应遵循的原则
　　　　　　　　　　　　 学前教育研究课题选择的来源
　　　　　　　　　　　　 学前教育研究课题选择的途径
　　　　　　　　　　　　 学前教育研究课题选择的论证

学前教育研究课题的确立 ⎰ 学前教育研究课题的确立过程
　　　　　　　　　　　　 学前教育研究课题确立应注意的问题

思考与练习

1. 可通过哪些渠道选择学前教育研究课题?

2. 当确定了一个课题,你将如何正确表述?

3. 假如你是一位幼儿教师,请在下面课题中选择适合你的课题,并说明选择的理由。

(1) 2—3 岁幼儿尝试行为的支持与培养研究

(2) 培养幼儿愉快进餐方式的研究

(3) 消除 2—3 岁幼儿分离焦虑的策略研究

(4) 幼儿节奏感培养的策略研究

(5) 讲故事对幼儿注意力影响的研究

(6) 图片对幼儿认知影响的实验研究

(7) 幼儿生活能力与常规教育研究

(8) 大班幼儿角色游戏研究

(9) 幼儿积木游戏的特点观察研究

(10) 幼儿户外活动观察研究

(11) 小班男女幼儿语言表达能力对比研究

(12) 幼儿想象能力研究

(13) 2 岁婴儿感觉统合能力研究

(14) 幼儿角色游戏的时间取样研究

(15) 幼儿专断行为的取样观察研究

(16) 动画片对幼儿教育的影响研究

(17) 幼儿语言能力发展的比较观察

(18) 音乐与幼儿律动状况调查分析

(19) 幼儿游戏中社会参与与行为观察研究

第三章 学前教育研究的文献查阅和综述

本 章 概 要

人类的历史源远流长,面对浩如烟海的前人的研究成果,如何从大量的文献资料中全面迅速准确地查找自己课题所用的文献呢? 我们如何进行文献资料的查阅、整理与分析呢? 本章以文献查阅和综述为主题,体验文献检索及其应用的全过程,学习围绕研究课题查阅文献资料,并对相关文献内容进行加工处理,学习撰写简单的文献综述。

案例导引

A 同学对幼儿园课程设计感兴趣,在确定选题后,他检索相关关键词,如"幼儿园课程""课程设计""教育理念""教学实践"等,通过中国知网、万方、维普等数据库,使用专业术语和同义词进行检索,限定研究领域和发表时间,同时,选择具有代表性、创新性和实践意义的文献,包括学术论文、教育期刊论文、教学案例等。A 同学在查阅文献时经过检索关键词、数据库选择、检索策略和文献筛选等步骤。本章,我们将具体学习文献检索的方法和步骤。

第一节 学前教育研究的文献查阅

一、文献查阅概述

(一) 文献及其分类

1. 文献的概念

文献是用文字、图形、符号、声频、视频等技术手段记录人类知识的一切载体。包括手稿、书籍、报刊、文物、录音录像、缩微胶片和各种形式的电脑软件等。文献是人们获取知识的重要媒介,是时代发展状况的真实反映,也是科学研究的基础。教育文献是指

微课
文献和文献查阅

一切用各种符号形式保存下来的,对教育研究有一定历史价值和资料价值的资料。学前教育文献是指记载了有关学前教育知识和信息,对学前教育研究有价值的各种文献。它是对人类从事教育活动,尤其是学前教育科学研究的客观记录。

2. 文献的分类

了解文献的分类及其特点是文献查阅的前提,只有充分了解文献的种类与特点,在文献查阅过程中才能做到有的放矢。关于文献的类型,依据不同的标准可做不同的划分。

(1) 根据出版形式不同,可以分为书籍、期刊报纸、教育档案和电子文献等。

书籍是文献中品种最多、数量最大的一个门类,书籍能体现某一学科、某一专题的知识的全面性、系统性和深入性,经常附有大量的参考文献,也有助于拓展研究者的视野;但是出版周期长、内容更新速度较慢。学前教育研究的书籍包括专著、论文集、教科书、资料性工具书、科普读物等。其中,资料性工具书包括字典、辞典、百科全书、统计资料、手册等。专著是研究者对于某一课题或者某一学科进行深入、详细的研究与论述。

期刊和报纸是定期的连续出版物。期刊、报纸出版周期短,具有资源丰富、知识更新快、前沿性强、论述深入,能及时反映学术研究活动的动向等优点,是科学研究者重要的参考文献。

教育档案是在教育实践中直接形成的,具有保存价值的原始文献资料,其种类和内容都极为丰富,主要有教育年鉴、学术会议文献、学位论文和有关教育机构的档案资料等。这些资料在学前教育研究中有独特的价值,可为研究者提供各种事实材料。

电子文献是以数字形式存储在光盘、磁盘上,需借助计算机阅读的各种电子文献。电子文献存储密度高、易于复制,并且检索方便。

(2) 根据对文献内容加工程度的不同,可以分为零次文献、一次文献、二次文献和三次文献。

零次文献是曾经经历过特别事件或行为的人口述撰写的最为原始资料,未经正式发表,如书信、草稿、教育日志、会议记录、备忘录、笔记等。

一次文献指原始文献,是直接反映事件经过和研究成果并产生新知识、新技术的文献资料。这类文献是研究的第一手资料,具有较高的参考价值。一次文献的主要形式有:专著、论文、研究报告、会议文献和档案等。

二次文献指对一次文献加工整理而成的系统化、条理化的文献资料,具有报告性、汇编性和简明性的特点,对文献检索具有重要作用。二次文献的主要形式有辞典、年鉴、索引、提要、转载和文摘等。

三次文献在二次文献的基础上对一次文献分类整理而成的带有个人观点的文献资料。这类文献虽是派生的文献,但是概括较全面、浓缩度高、覆盖面宽、信息量大,具有综合性和参考性的特点。三次文献的主要形式有动态综述、进展报告、专题评述、数据手册等。

(二) 文献查阅的概念

"文献查阅"和"文献检索"互用。"查"和"检"都有寻求、查找的意思,"阅"指阅读文献,有分析评价之意,"索"指索取、获得文献。从众多文献中查找并获取所需文献的过程,包括对相关研究文献的检索、查阅,对有价值信息与资料的记录、归纳、解释以及撰写文献综述。课题研究的思路、方法、技术路线都是通过查阅文献而逐渐清晰明了的。同时,在分析研究结果、撰写研究报告时,仍需要反复核查文献,时刻关注文献资料的进展。文献检索是学前教育研究过程中一个重要步骤,不仅运用于研究的准备阶段,而且贯穿于研究的全过程。文献检索通常需要研究者回答并解决下列问题:

第一,这个领域已经做了哪些事情? 各种变量之间存在着什么关系? 哪些研究已经完成? 哪些研究还要继续? 从而确定自己研究的课题,找到起点和研究应解决的重点。

第二,在本领域内已有哪些相关工作? 需要寻找什么信息? 用什么途径或方法去寻找信息? 找到信息后如何加工处理这些信息? 注意学习先前研究所采用的方法与手段,探索如何解释事实及关系,提供对研究有益的思路、方法或修改意见。

第三,为进一步研究提供背景和基础,为解释研究结果提供背景材料,把握在研究中可能出现的差错,对研究方案提出一些适当的修改意见。

(三) 文献查阅的意义

1. 文献查阅有助于选择研究课题和形成研究假设

首先,通过查阅文献对问题进行系统评判分析,从而进一步明确课题的研究价值,找准突破点。查阅课题领域的文献资料,才能了解这个问题的研究成果、研究动态、发展历史和现状,以选定最有价值的前沿课题,从文献资料中获得选题的启示。

其次,研究者要分析课题研究的价值和意义,也离不开有关文献资料提供的理论依据和研究实践的描述与分析。了解国内外相关领域研究手段和研究方法、研究成果,别人在做什么,用了什么方法,有什么主要观点等,通过借鉴前人获取成果所采取的方法来修正自己的研究方案,获得研究方法的指导。

再次,对文献资料的检索分析有助于研究者加深对问题的认识,进一步明确研究方向,同时对构成与形成课题的研究假设提供帮助。初步论证后查阅文献,通过观点的汇合联系理论与文献,从而得以提炼理论以进行进一步研究,寻找新的理论支持。引用他人有关的研究数据或研究成果来阐述自己的研究结果,背景资料越多,结论就越恰当。

最后,文献查阅还可以作为一种独立的研究方法来使用,即文献研究。在文献研究中,可以通过分析、对比、统计、归纳和推理等方法,发现事物的内在联系,得出相关结论。

2. 文献查阅有助于拓展研究视野,提升研究质量

经常查阅文献有助于拓展研究视野,及时跟踪了解国内外的最新研究成果和研究方法,提高研究工作的创造性水平,避免研究工作的不必要的重复。同时,研究者利用文献资料还可以借鉴前人成功的研究经验,吸取前人在研究过程中的教训,提升研究质量,扩大研究工作对学前教育理论和实践的影响。

3. 文献查阅有助于增强研究者的研究能力，提高研究水平

研究能力形成和提升的一个重要途径就是研究者对相关文献的研读，尤其是集中在特定领域中的文献研读，可以迅速丰富研究者的理论知识，使研究者学会从不同的角度认识问题、分析问题，有助于研究者深入并了解和掌握相关的研究方法和研究经验，从而有效增强研究者的研究能力，提高研究水平。

（四）文献查阅的特点

1. 灵活性

文献查阅不受时空限制，不用亲临现场，在研究时不受环境、人为等因素的制约和限制。适合于对古往今来的学前教育进行横向和纵向的比较研究，从而有利于对学前教育现象进行历史的分析，并展望其发展趋势。

2. 继承性与创新性

在对文献资料进行深入探讨、分析、比较、鉴别，又对各种文献资料加以重新组合升华，能寻找新联系，发现新规律，形成新的观点和新的理论，最终能实现对某一时代或社会教育现象的某些特点进行描述的评论，找出事物间的新联系。

3. 经济性

文献查阅信息容量大、费用低。采用文献法进行研究，信息容量不受限制，只要能够收集到的文献资料，都可以作为研究的对象。

4. 客观性

大部分文献资料的呈现并不具有研究目的，作者是自发地在特定的环境和时间里记录下来的，具有较高的"坦白程度"和真情实感。对这些文献资料的研究必然增强了客观性。另外，作为运用文献法进行研究的人，由于不参与前人或旁人的实践，看问题也就比较客观，分析问题比较中立、全面。

二、文献查阅的方法与步骤

微课
文献查阅的
方法与步骤

（一）文献查阅的方法

1. 常规检索法

常规检索法是利用手工检索工具查找所需文献资料的方法。

手工检索是文献检索的基础。文献标识主要有作者名、文献名、分类体系、主题词。手工检索工具主要有目录卡片和资料索引两种。较完善的图书馆一般同时具备三套目录卡片：即分类目录、书名目录和著者目录。资料索引是汇集了一定时间内各类文献的题目、出处和作者姓名的检索工具，主要类型有综合目录索引、报刊目录索引、专业目录索引等。

常规检索法可分为顺查法和逆查法。顺查法是按时间顺序由远及近地进行检索，查全率较高，能全面系统了解所检索课题的过去和现状，从而看它的发展趋势和演变过程。顺查法适用于主题复杂、范围较大、时间较长的课题研究，但费时费力，检索工作量大。逆查法即根据由近及远的时间逆序进行检索，可以节省时间，能查到最新且最有价

值的文献,适用于检索最新课题,省时高效,短时间内可获得一些最新资料,但是查全率较低,易造成漏检。

2. 跟踪检索法

跟踪检索法又称参考文献检索法,是以研究者已掌握的文献中所列出的引用文献、附录的参考文献为线索,追踪查找有关主题的文献。学前教育科学文献涉及范围比较集中,这种方法针对性强,能抓住主要问题,获取文献方便迅速,并可不断扩大线索。但是存在着引文和参考文献受原文作者主观性的影响,容易漏检,查全率较低,查得的学前教育科学文献资料存在受原作者引用资料的局限性及主观随意性的问题。

3. 计算机检索法

计算机检索法是以计算机工具进行文献检索的方法。主要利用搜索引擎搜集文献资料,利用网上数据库获取文献资料,特点是功能强、资料多、速度快。

4. 综合查找法

综合查找法是指综合运用以上各种查找方法,能够查得较为全面而准确的文献,采用较多的方法能扬长避短,尽快全面地找到所需资料,大型课题一般都用综合法。

(二)文献查阅的步骤

1. 明确课题方向和检索要求

研究者查阅文献首先要分析自己关注的研究课题,弄清课题的关键所在,确定适合的主题索引,然后限定查阅的学科范围,明确文献查阅的要求和范围。确定所需文献的主题范围、时间跨度、地域、载体类型等,进而搜集普遍性和代表性的文献资料。

2. 查阅文献资料

在确定关键内容后,就可以开始查阅文献了。要确定搜集文献资料的检索工具和信息源。一般研究者适宜从二次文献入手,先查有关领域的主要索引、文摘之类的简易且概括性强的资料,按照年份顺次查阅。再按图索骥,寻找一些一次文献和三次文献来阅读。

搜集文献资料的步骤:初步浏览,以确定是否需要精读;如不需精读,则放弃;如需精读,则进行精读,同时需要批注或记录。例如,探讨"幼儿语言活动中教师的提问"时,查阅探讨相关领域中的文章,搜集不同观点,甚至相反观点的文献;不仅要查阅国内的文献,也要根据情况查阅国外的文献。

3. 整理和筛选资料

首先,要把在查阅文献过程中初步选定的资料复印下来,或保存在电子文件夹中,将材料按内容或重要程度排序或分类;然后仔细阅读这些材料,从具体研究需要出发,保留那些全面、完整、深刻和正确地阐明所要研究问题的有关资料,以及包含新观点、新方法的材料;然后对材料中复杂的或重要的文献做摘要或总结。将所获取的大量文献信息资料分门别类地加以归纳,剔除虚假材料,去掉重复、较陈旧的、过时的资料,使原来分散的、个别的、局部的、无系统的信息资料变成能说明事物的过程或整体,显示其变化的轨迹或状态,论证其道理或指出其规律的系统的信息资料。

4. 分析及加工文献资料

文献的定性分析指通过对文献内容的分析,来揭示文献所反映事物的性质、本质特征及其发展规律。文献的定量分析是一种以各种文献为研究对象的研究方法,采用数量的统计分析方法对文献内容做技术性的处理,将文献内容分解为若干分析单元,评判单元内所表现的事实,并做出定量的统计描述和结论。

文献的加工包括对文献的分类整理,筛选鉴定,剔除重复和价值不大的文献,核对重要文献的出处来源。对研究有参考价值的文献要做好摘要或笔记,以备后用。有些重大的研究课题还要求写出文献综述或评论。

三、文献的应用

(一) 记录文献资料

记录文献资料的方式多种多样,采取何种方式取决于资料的类型、性质、用途及个人习惯等,主要有以下几种:做卡片、写批语、做摘录、写综述等,下面简要介绍两种记录方式。

1. 书目登录

书目登录内容包含以下信息:题目(主题)、作者(译者)、书刊名称、卷数或期数、出版年月、页数等。因字数不多,阅读时随手制作,应用很方便。

2. 摘要

摘要是关于一份文献主要信息的总结。如果文献是一本书,摘要内容包括主题、概述、评论三部分,可利用出版提要、原书提要、前言、后记等;如果文献是研究报告,摘要内容包括问题(对研究课题的说明或陈述假设)、方法(研究对象、研究方法、测量和分析方法)、结果(描述研究的主要结果和重要结论)。

编写摘要并不是对原文中的字句进行摘抄,也不是简单的资料堆砌,而是要通观全文,将原文的主要内容进行浓缩、加工、整理,写成意义连贯、语言简洁、表达准确、中心突出的短文,写摘要是研究者科研能力的一项基本功。

(二) 加工文献资料

第一,分类编排资料,编制目录索引;第二,挑选有用资料,归到具体问题之下;第三,归纳各种观点尤其是有分歧的观点,写成综述。如果要从收集到的大量文献中摄取有用的信息资料,就必须对所获资料做一番去粗存精、去伪存真、由表及里、分类编排的加工工作。

技能训练

项目 3-1:分小组查阅文献

1. 实训目标

掌握有效查阅和整理文献的技能

2. 实训内容

(1) 从中国知网、万方、维普等网站查找5篇学前教育实践研究论文。

(2) 列出10种以上与学前教育有关的报刊或网站,并提供详细信息与同学分享。

3. 实训指导要求与目标

(1) 学会计算机文献检索的方法,并能熟练使用网上资料。

(2) 知道与学前教育研究相关的常见报纸杂志、网站,并学会从中查阅相关的文献资料。

4. 实训考核

(1) 采用小组自评和教师考评相结合的评价方法,为各组评定分数。

(2) 根据学生查找文献的质量评定分数。

拓展阅读

参考中国期刊,探索如何查阅学前教育文献资料并与同学交流,逐步建立与自己研究专题有关的文献资源库。

中国较有影响的学前教育学术类期刊有:

1. 中国学前教育研究会和长沙师范学院联合主办的《学前教育研究》

2. 浙江教育报刊社主办的《幼儿教育》

3. 江苏教育报刊社主办的《早期教育》

4. 北京教育音像报刊总社主办的《学前教育》

5. 广州市教育科学研究所主办的《教育导刊(幼儿教育)》等

第二节 学前教育研究的文献综述

微课
文献综述的撰写

一、文献综述的含义、特点与分类

(一) 文献综述的含义

文献综述是文献综合评述的简称,指在全面搜集、阅读大量的有关研究文献的基础上,经过归纳整理、分析鉴别,对所研究的问题(学科、专题)在一定时期内已经取得的研究成果、存在问题以及新的发展趋势等进行系统、全面的叙述和评论。文献综述是对某个时期或某个专题的若干文献进行系统组织和叙述性概括,介绍与主题有关的详细资料、动态、进展、展望及对以上方面的述评。学前教育研究综述是学前教育研究文献的综合评述的简称,指在全面搜集有关学前教育研究文献资料的基础上,经过归纳整理、分析鉴别,对一定时期内某个学科或专题的研究成果和进展进行系统、全面的叙述和评论。

"综"即收集百家之言,综合分析整理,"述"即结合作者的观点和实践经验对文献的观点、结论进行叙述和评论。在广泛研究有关文献的基础上,将有关信息综合起来,并在研究报告中对选题范围内已有的文献做出述评。

(二)文献综述的特点

一是展示性,文献综述反映了作者对这一研究领域研究全貌、研究脉络以及对内部结构的整体把握,显示了熟悉程度与思考深度。

二是导向性,即文献综述要有"结晶"(否则就是空洞的)与"归宿"(否则就是走马观花,缺乏真正的价值的)。

三是研究性,文献综述本身是一项研究工作,即论证,在展示已有文献的基础上分析相关研究并论证所提出的问题和假说在理论上与实践上的重要性及价值。

四是对比性,文献综述提供了研究背景和进一步讨论的空间,为分析和论证提供了可比较的参照。一种是在已有研究文献间,对别人的研究进行梳理与归纳,反映已有研究在某个具体问题上的不同认识,另一种是在研究者自己的认识与已有研究间,突出研究者观点的不同之处。

(三)文献综述的分类

(1)目录性综述。指按照某一专题或某种共同特征将一定时段内出现的内容相似的原始文献题目加以综合描述。就事论事,提供信息(题录),如某人做过某方面研究。

(2)文献性综述。对文献探讨的问题进行归纳描述,内容明确具体,但不加分析评论。

(3)分析性综述。将所搜集到的原始文献的内容加以归类、浓缩、分析、综合和研究,在此基础上发表自己的观点和见解,得出结论或做出该研究发展趋势的预测。需要占有大量材料、熟悉专业内容,还需具备较高的分析概括能力。在学术期刊上发表的综述类论文多属此类。

二、文献综述的内容

文献综述的撰写可以有不同的写作形式,但一般都包含以下四个部分:前言、主题、总结和参考文献。

(一)前言部分

前言部分主要是说明写作的目的,介绍有关的概念、定义、意义以及综述的范围,说明有关主题的现状或争论焦点,使读者对全文要叙述的问题有一个初步的轮廓。这一部分应力求做到突出重点、简明扼要。

（二）主题部分

主题部分是综述的精华，通过提出问题、分析问题，比较不同的学术观点及其论据，给读者提供考虑问题的依据。主题部分是综述的主体，其写法多样，没有固定的格式。可按年代顺序综述，也可按不同的问题进行综述，还可按不同的观点进行比较综述，不管用哪一种格式综述，都要将所搜集到的文献资料归纳、整理及分析比较，阐明有关主题的历史背景、现状及发展方向，以及对这些问题的评述，主题部分应特别注意对代表性强、具有科学性和创造性的文献的引用和评述。

（三）总结部分

总结部分对全文主题进行扼要概括，并提出还存在的问题和今后研究的方向或展望。这部分是带有总结性的字句，应恰如其分，尤其是对有争议的学术观点，叙述时要留有余地。对正文部分归纳小结，对各种观点进行综合评价，并概括提出自己的观点和见解，指出存在的问题及今后研究的方向和展望。总结部分与研究性论文的小结有些类似，既要肯定前人为该领域打下的研究基础；同时要说清前人研究的不足，最后还要提出自己的建议。

（四）参考文献部分

参考文献部分放在文末，按规范书写，是文献综述不可缺少的一部分。参考文献部分除了表明综述中资料有可靠来源，也表示对原作者劳动的尊重，并且还为读者深入了解或探究问题提供有关文献的线索。一般来说，参考文献不能省略，应是文中引用过的、能反映主题全貌的，并且是作者直接阅读过的文献资料。另外，参考文献的编排应清楚，内容准确无误，格式要规范。

掌握全面、大量的文献资料是写好综述的前提。应选择和研究问题直接相关的文献，指出不同文献或研究成果之间的相对重要性。收集资料要瞄准主流文献，如该领域的核心期刊、经典著作、专职部门的研究报告、重要人物的观点等。

三、文献综述的撰写步骤

（一）确定主题

明确撰写综述的目的，要解决的问题。重点放在综述争议的观点或新观点、新方法、新进展的介绍上。

（二）收集资料

综述的参考价值与参考文献数量及新旧有关，最好引用较新的、能够反映所述问题的有价值的资料。

（三）研读文献

浏览文献获得总体印象，在此基础上认真研读重点文献，充分熟悉理解消化内容。

（1）获取与课题有关的文献资料，进行记录、整理、加工，最好制成资料卡片，并建立详细目录。

（2）按照课题研究内容将经过加工的材料（卡片、笔记、复印件等）分组排列，每一项内容即一个问题对应一组资料。

（3）研究每组资料，对研究内容中每个问题做出回答，注意从新的角度提炼与前人不同的新的观点和认识。

（4）按照课题的一定的逻辑性将上述研究结果组织起来，形成课题研究的最终成果。

几种文献综述写作流程及侧重点：

1. 研究背景/研究目的与意义——研究现状——评述——参考文献；

2. 前言——研究现状及主要观点——目前研究中存在的矛盾与不足——参考文献；

3. 目前研究的主要方向和观点——目前研究中存在的矛盾与不足——参考文献；

4. 理论的渊源及演进过程——国外相关研究的综述——国内相关研究的综述——作者对以上综述的评价——参考文献。

四、文献综述撰写的注意事项

（1）文献综述不应是对已有文献的重复、罗列和一般性介绍，而应是对以往研究的优点、不足和贡献的批判性分析与评论。因此，文献综述应包括综合提炼和分析评论双重含义。

（2）文献综述要文字简洁，尽量避免大量引用原文，要用自己的语言把作者的观点说清楚，从原始文献中得出一般性结论。

（3）综述不是资料库，要紧紧围绕课题研究的问题，确保所述的已有研究成果与本课题研究直接相关，其内容是围绕课题紧密组织在一起，既能系统全面地反映研究对象的历史、现状和趋势，又能反映研究内容的各个方面。

（4）综述要全面、准确、客观，用于评论的观点论据最好来自一次文献，尽量避免使用别人对原始文献的解释或综述。

技能训练

项目 3-2：分小组撰写文献综述

1. 实训目标

（1）能够使用不同方法查阅文献资料。

（2）掌握撰写文献综述的方法，会按照要求写文献综述。

2. 实训内容

学生自愿组成课题小组,根据自己所选课题的需要,分工负责,采取不同形式的文献资料查找方法进行文献资料的查阅,试围绕自己选定的研究课题,通过检索查阅文献,写一篇简单的文献综述。

3. 实训指导要求与目标

(1) 理解文献检索对学前教育研究的意义和要求,体验文献检索及其应用的全过程。

(2) 学会围绕研究课题查阅文献资料,并对相关文献内容进行加工处理,学会撰写简单的文献综述。

4. 实训考核

(1) 采用小组自评和教师考评相结合的评价方式,为各组评定分数。

(2) 根据学生撰写文献综述的内容评定分数。

拓展阅读

参考下列期刊和网站,探索如何查阅学前教育文献资料并与同学交流,逐步建立与自己研究专题有关的文献资源库。

1. 中国学前教育网 http://www. pre-school. com. cn/

2. 中国幼儿教师网 http://www. yejs. com. cn/

3. 学前课程研究 http://www. xqkc. com/

4. 超星数字图书馆 http://www. sslibrary. com/

5. 中国知网 http://www. cnki. net/

6. 维普网 http://www. cqvip. com/

7. 万方数据库 http://www. wanfangdata. com. cn/

8. 人大复印资料数据库 http://www. lib. fzu. edu. cn/

9. 中国学前教育研究会 http://www. cnsece. com/KindTemplate/Index

10. 北京学前教育网 http://www. bjchild. com/

11. 上海学前教育网 http://www. age06. com/

12. 江苏学前教育网 http://www. jskid. com/

13. 山东学前教育网 http://www. sdchild. com/

14. 中国福利会幼儿教育网 http://www. cwii. org. com/

15. 台湾幼儿教育全球资讯网 http://www. taiwanchild. org. com/

外文期刊数据库

1. Early childhood research quarterly
2. Child development
3. Child development perspective
4. Developmental psychology
5. Special Sci 外文学位论文数据库
6. EBM 外文电子图书

本章主要内容导图

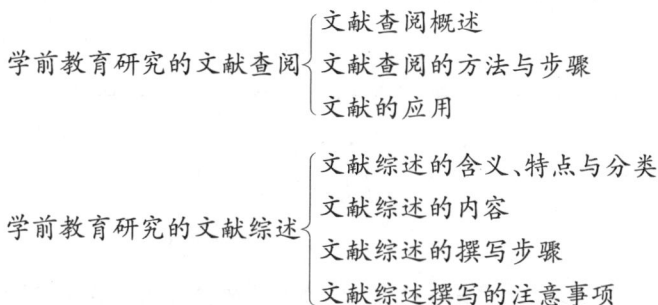

学前教育研究的文献查阅 ｛ 文献查阅概述
文献查阅的方法与步骤
文献的应用

学前教育研究的文献综述 ｛ 文献综述的含义、特点与分类
文献综述的内容
文献综述的撰写步骤
文献综述撰写的注意事项

思考与练习

1. 学前教育文献有哪些种类？怎样开展学前教育文献的有效查阅和整理？

2. 试围绕自己选定的研究课题，利用学校图书馆开展文献检索，写一篇不少于3 000字的简单的文献综述。

第四章　学前教育研究的计划制订

本 章 概 要

研究计划制订是学前教育研究中的必备环节之一，内容应包括研究什么、为什么研究、如何研究、预期成效四个基本方面，具体包括课题的界定与表述，研究的目的、意义，研究对象的选择，研究内容的具体化表述，研究的方法及途径，研究的预期成果和步骤等。

案例导引

某校学前教育专业学生在学习《学前教育研究方法》中的研究计划部分内容时议论纷纷，L 同学说："进行教育科学研究，不必注重计划，只要有一个好的结果就可以了。"Z 同学却说："研究计划很重要，关键在研究的计划及实施。"研究计划是对即将开展的研究提前进行的设计，当然重要。那么，怎么制订研究计划，研究计划的内容和结构是怎样的？

第一节　学前教育研究计划概述

一、学前教育研究计划的内涵和意义

(一) 学前教育研究计划的内涵

研究计划的制订是学前教育研究中的一个重要步骤。研究计划是具体的研究设计方案，是开始进行学前教育课题研究的工作框架，也是如何进行学前教育课题研究的具体设想。有了研究计划，课题研究才会有明晰的方向、框架和思路。

(二) 学前教育研究计划制订的意义

制订研究计划是保证学前教育课题研究顺利进行的必要措施。研究计划能对研究设计进行系统总结，有助于进一步改进研究设计。为课题研究提供论证和评价的依据，

也为课题研究的实施提供全面的、系统的工作程序。对整个研究工作起着重要的导向、调控和激励作用。

二、学前教育研究计划的主要内容

研究计划应包括：研究什么，为什么研究，如何研究，有何成效四个方面。

（一）研究什么

（1）要有合适的标题，标题最好能涉及研究的范围、对象、内容、方法；

（2）要明确提出研究问题，让读者可以了解研究问题的性质；

（3）要列举研究的待答问题或研究假设，让读者可以了解研究的重点；

（4）要界定研究的变量及关键名词，让读者可以了解研究的范围。

（二）为什么研究

（1）要说明研究动机；

（2）要提出研究的重要性和必要性，揭示研究的意义和价值；

（3）要列举研究的具体目标。

（三）如何研究

（1）要说明研究的方法与实施程序，其中包括研究对象及其取样、研究的方法与步骤、研究工具的选择与编制、收集资料的程序、资料分析的方法等；

（2）要合理配置研究资源并作说明，包括研究人员的组织、研究进度的安排、研究经费的预算等。

（四）有何成效

（1）研究者必须在研究计划中具体说明研究的预期成效（含阶段成效）；

（2）要阐明成果达到的水平、数量和表现形式。

第二节　学前教育研究计划的基本结构

学前教育研究课题众多，所用的具体研究方法也有所不同，但是课题研究计划的基本结构大体是一致的。研究计划的基本结构包括以下几部分：研究课题的界定与表述，研究的目的、意义，研究对象的选择，研究内容的具体化表述，研究的方法及途径，研究的预期成果和步骤等。

一、研究课题的界定与表述

研究课题名称的表述要求简单、具体、确切。对研究的任务或要解决的问题要作明确表述。应说明课题的来源与性质，例如，是理论课题还是实践课题等。还需要界定关键性概念，提出研究缘起，进行研究综述。

二、研究目的和意义

课题研究的目的往往随着课题的性质和要探讨的问题的不同而各不相同。课题研究的最终目的应是具体探明某种学前教育现象的本质、揭示学前教育活动中某些因素之间的必然联系、寻求科学的学前教育活动的方式方法等。

课题研究意义的表述应具体明确，还应有更强的针对性，即针对研究者在确立课题时所发现的理论或实践上的局限。要说明预期的研究结果在学前教育的理论发展和实践变革中所应有的或可以发挥的作用和功能。在理论上可以发展学前教育科学中的哪一学科哪一方面的理论，或是澄清、修正一种理论观点，或是填补某方面理论的空白，或是形成某种理论体系。在实践方面，可以解决学前教育教学实践中的哪些问题，能为实践工作者提供哪些可操作的行之有效的方法和技术等。

三、研究对象的选择

在开展学前教育研究工作中，研究者所要研究的对象的数量往往是很多的。很显然，研究者要对课题所界定的所有的研究对象进行研究是不可能的。一般会选择具有代表性的样本作为研究对象。

研究对象的全体称为总体或全域，从总体中所抽出来的个体或元素的集合体称为样本。样本里所含有的个体的数目，叫作样本容量。按统计惯例，一般将样本容量超过30的称为大样本，等于或小于30的称为小样本。

抽样是一种选择调查对象的程序和方法，是依据一定规则从总体中抽取有代表性的一定数量的个体进行研究的过程。抽样能合理地减少研究对象，节省人力、物力和时间。使研究易于操作，研究力量相对集中，提高研究的准确性和可靠性。

四、研究内容的具体化表述

研究内容的设计是整个研究方案设计的核心。内容的表述应首先列出课题中必须探讨的每一项具体内容，并分别阐明每一项具体内容中的主要名词术语的概念，明确其内涵和外延，然后还应阐述各具体内容之间的联系。如果课题要进行的是观察、测量、实验等实证研究，就必须分析内容的各变量，并给出每个变量的概念和操作定义，阐明各种变量中间的关系。

例如，"幼儿园区域活动指导的适宜性策略研究"主要研究幼儿学习区活动指导的适宜性策略（包括教学区、科学区、语言区、操作区、美工区、音乐区和益智区等）。

具体内容如下：

（1）探讨不同区域环境创设的适宜性；

（2）探讨不同区域内容选择和材料投放的适宜性；

（3）探讨不同区域活动组织与指导的适宜性。

五、研究方法及途径

研究方法包括选取研究对象的方法,收集资料的方法,整理、分析资料的方法,表述成果的方法。收集资料的方法尤为重要,有时在某一大规模研究项目中需综合使用多种方法。研究者在研究方法这部分应写出主要研究方法,明确以哪些方法为辅助手段。以"农村留守幼儿同伴冲突行为的研究"为例。

研究对象:选取西安市某农村幼儿园大班留守儿童。

研究方法:观察法为主,辅以访谈法,观察期为一周。每天观察时间为从上午8:30幼儿入园到下午4:30幼儿离园,使用自编"留守幼儿同伴冲突状况的观察记录表",包括五个部分,分别用于了解活动类型、冲突起因、冲突时间、冲突解决策略及冲突结果等具体信息,同时进行访谈,以获得更加丰富的研究资料。

根据资料收集途径的不同,可以把学前教育研究常用方法分为观察法、调查法、实验法、测验法和作品分析法等。在一项具体的研究中究竟该选择运用什么样的研究方法?一般来讲,要考虑三个方面的内容:

1. 研究方法应"因题而已"

研究方法要根据研究课题,特别是研究目的而定,要适合研究对象的性质和特点。例如,研究"幼儿在区角活动中的表现差异"问题,首先考虑的是观察法。"5—6岁独生幼儿与非独生幼儿友好交往关系的认识与行为研究"如果采用观察法,应列出观察提纲,明确观察什么,怎样观察,记录哪些观察内容等。如采用问卷调查法或测查法,应拟出问题并设计测查、提问的方式等。如采用教育实验法,应考虑如何操纵实验因素,如何控制无关因素的干扰,需做哪些实验,如何设计情景或是通过什么活动方式来进行,进行多少次,每次进行时的要求是什么等。

2. 注意选用方法的可行性

应细化选择的方法,增强可操作性。例如,问卷法的使用要考虑幼儿的文字理解能力;实验法的使用要考虑实验的伦理性、实验的主客观条件及各种变量的控制等。例如,"幼儿探索型主题活动中教师支持行为的研究"若采用行动研究法,在研究过程中,专业科研人员和实践工作者应密切配合,针对活动中教师支持行为的实际情况,以理论联系实际的方法进行分析、诊断,促进实践者对自身的支持行为不断反思,调整和改善活动方案和支持策略;若采用实验法,则要针对活动中幼儿的探索行为及教师的支持行为进行实验研究,将实验前后的情况进行比较、分析,得出相应的结论。

3. 注意多种研究方法的综合运用

研究方法与研究内容应匹配,且注意多种方法综合运用。例如,"大班阅读区材料投放现状研究"既要运用观察法了解材料投放情况和幼儿的表现,也要通过访谈的方式了解材料的更新和材料的主要来源等。

六、研究的预期成果和步骤

说明成果的体现方式和完成的时间以及成果数量,并阐述研究的进程、人员分工等。首先要考虑整个研究进程需要多少时间,其次考虑各个步骤或环节需要多少时间。如果是协作性研究,还需明确各协作人员的分工,确定各环节具体的工作内容,限定完成时间,并明确负责人。需要注意的是,若研究需要有几个研究者同时进行观察或测量,则研究之前应安排统一的培训或训练,以达到一致的认识,使研究者能够按照统一的标准从事研究。

技能训练

项目 4-1:分析与评价

实训 A

1. 实训内容

能查询一篇研究课题申报书,分析说明其研究计划部分的基本结构。

2. 指导要求与目标

根据研究计划的基本结构及要求,具体说明该申报书研究计划的基本结构是否规范。

实训 B

1. 实训内容

给学生提供申报大学生创新创业训练计划研究项目的申报书,要求学生能指出其研究计划部分存在的主要问题,并提出修改意见。

2. 指导要求与目标

从研究计划内容与结构的基本要求出发,对照申报书研究计划部分从结构、行文规范和论证等方面进行分析评价。

本章主要内容导图

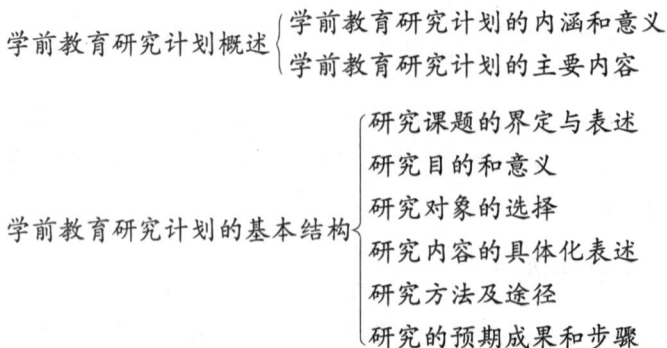

学前教育研究计划概述
- 学前教育研究计划的内涵和意义
- 学前教育研究计划的主要内容

学前教育研究计划的基本结构
- 研究课题的界定与表述
- 研究目的和意义
- 研究对象的选择
- 研究内容的具体化表述
- 研究方法及途径
- 研究的预期成果和步骤

思考与练习

1. 请为科研课题"小班幼儿教师在一日生活中培养幼儿自我服务能力的策略研究"制订观察研究计划。

2. 请联系实际论述研究计划的主要内容。

3. 简述研究计划的基本框架。

第五章　观察法及其教研应用

本章概要

已有的研究显示人类所接收到的信息,百分之八十来自眼睛的采集,其次我们也可以通过耳朵、鼻子、口腔等接受来自外界的原始刺激,比如孩子的欢歌笑语、喜怒哀乐,都需要我们通过感官去识别。当然人们收集信息后会使用大脑去处理这些信息。

作为科学研究的方法之一,观察法区别于一般的日常生活中的观察,具有目的性与计划性、直接性、情境性、及时性、纵贯性和普适性等特点。科学的观察要求观察者预先进行充分的计划和准备,根据不同的研究目的采用不同的观察方法和记录方法,力求观察资料的代表性和观察结果的稳定性。进行观察已经成为学前教育工作者专业生活的一部分。在本章,我们将基于这些日常观察的经历,在研究项目开展的背景下,具体探讨观察法及其教研应用。

案例导引

对象:中二班　田田　2023 年 11 月 8 日

早晨,田田和妈妈来了。她哭着对妈妈说:"妈妈,你要天天来接我回家睡觉。"妈妈说:"不行,妈妈得上班呀。姥姥会来接你的。""不行,姥姥走不动了。"见妈妈转身走了,田田拉着我的手:"老师,你抱抱我吧! 我发烧了。"尽管忙,我还是把她搂在怀里,她的两只小手紧紧地抱着我,把头贴在我的胸前。过了一会儿,她的情绪慢慢稳定了,说:"老师,放下我吧! 我好了。"

基于以上观察记录,你对上述田田的表现有什么想法? 教师如何安抚幼儿情绪,帮助幼儿适应幼儿园生活? 通过本章学习,你将会对观察法的内容和使用有更全面的了解。

第一节　观察法概述

一、观察法的含义和价值

(一) 观察法的含义

观察是收集原始资料的基本方法,许多著名的教育家和心理学家都曾用观察法研究儿童。苏联教育家苏霍姆林斯基曾先后对 3 700 名学生进行深入观察并做了详细的观察记录,积累了丰富的原始材料;瑞士心理学家皮亚杰以自己的 3 个孩子为观察对象,收集了有关儿童认知发展的大量事实;我国幼儿教育家陈鹤琴连续观察其子 808 天,获得了儿童心理发展的第一手资料,为研究儿童心理问题奠定了坚实基础。观察是教育研究中最基本的一种方法,对收集教育原始资料,探索教育问题起着重要作用。

观察是人类认识周围世界的一个最基本的方法,也是从事科学研究的重要手段。观察不仅是人的感觉器官直接感知事物的过程,而且是人的大脑积极思维的过程。观察法,指的是人们有目的、有计划地通过感官和辅助仪器,对处于自然状态下的客观事物进行系统考察,从而获取经验事实的一种科学研究方法。它强调在"自然发生"的条件下,对观察对象不加任何干预控制。观察法最适合于学龄前儿童,是学前教育研究中最基本的方法。

(二) 观察法在学前教育中的价值

大脑让我们能够用超越照相机的方式来看事物。我们的观察之所以能如此复杂,正是因为我们用传感信息所做的事情要远远多于照相机。不同的人会感知到不同的信息,甚至同一个人,在不同时间所感知的信息也不尽相同。所以同理,两个人可能同样在看一个物体或事件,但看的方式却截然不同。我们所有人都根据自己的已有经验、我们所知晓的以及我们所坚信的信念,来观察和组织周围世界中的事物和事件。这些因素构成了我们所谓的个性化参照体系。

1. 观察对于教师专业能力提升的价值

勃兰特(1972)指出:观察依赖于注意,而注意必然是有选择性的。或者,换一种说法,幼儿教师更有可能看到儿童行为中与他们的专业兴趣或专业训练相吻合的部分,而不是那些不相吻合的部分。例如,如果一名教师对幼儿的社会性发展特别感兴趣,那么她就可能忽略、不去看或者不去强调幼儿的动机行为。又或者,教师很可能会把动机行为看作是发展社交技能的一种方式,那么她只会根据这些行为与社会行为的关联性去看这些行为。相反,如果教师的独特兴趣或关注点集中在幼儿的身体发展,那么她就可能更倾向于忽略社交行为,转而去观察幼儿走、跑、跳、摔跤、翻滚等大动作的发展。

作为养育者或看护者的我们想要跟正在被照看的幼儿有意义互动,理解并促进他们的生长和发展,保护他们免遭危害。这些都需要我们具备观察能力,以有意义的方式"看"和"听"。反之,如果没有观察能力,我们将难以有效履行保育者、看护者、早期教育者的职责,或者做好一个了解幼儿并学会承担上述角色的学生。从更普遍的意义上说,受过训练的教师可能更倾向于让幼儿进行自我发现式学习;而采取以行为主义为理论基础的早教方式的教师则会寻求更多机会,进行结构化的、教师指导式的活动。我们每一个人都会把自己的个性、经验甚至是有关世界如何活动的个人理论,带到任意一个情境中去;我们往往会根据我们的理论和信念,对所观察到的现象进行筛选和加工处理,然后得出结论。因此,即使两名教师在同一间教室,观察同一名幼儿,接触到同样的、客观存在的情境和信息,每个人也都会倾向关注情境当中的不同方面。

2. 观察法在学前教育研究中的作用

一方面,观察可以让我们考查到很多无法用其他方法考察到的行为。幼儿的语言和概念发展不成熟,对于周围世界正在发生的事情,他们通常不能用语言准确表达自己的认识和理解。因此,对特别小的幼儿来说,访谈或纸笔测验就无用武之地了。古德温和德里斯科尔(1971)还强调,研究情绪尤其适合用观察法,观察者可以观察到幼儿最终的行为表现,克服测验的种种局限——包括能测验到的能力有限;幼儿对测验指导语不够理解;在测验的过程中,幼儿可能会用他们认为的成人希望他们回答的方式来取悦成人等。而在更近期的一些观点中,莫里森(2019)也指出:观察能够"收集到纸笔测验或向幼儿提问所收集不到的数据","观察让专业人士直接获取信息,而相反,不用观察法就只能间接地获取信息"。

另一方面,和年长一点的儿童或成人相比,幼儿即使知道自己正在被观察,他们感觉到的危险和焦虑也相对较轻,同时幼儿也不大可能像年长儿童或成人那样,为了应付别人观察而改变自己的行为。所以观察可以作为"真实地"评价幼儿的方式,可以帮助我们了解幼儿、了解他们知道什么以及他们能够做什么。

二、观察法的类型

(一)按是否借助仪器和技术手段,可分为直接观察与间接观察

1. 直接观察

直接观察是凭借人的自然器官如眼、耳等感官在现场直接进行观测,从而获得第一手资料的观察。如教师观察幼儿的游戏过程,并用笔记录幼儿的游戏过程。

直接观察的优点是观察者身临其境,感受真切、直观、具体,有助于形成对观察对象的整体认识,适合于实践一线的老师应用,但人的感官是有一定局限性的,纸笔记录往往会遗漏许多信息,被观察的行为现象不能被完整地保存下来,难以再现原始情境。

2. 间接观察

间接观察是利用仪器或技术手段如录音、录像等为中介,间接地对现象或行为进行观测,从而获取资料的观察。采用间接观察能将现场情境尽可能地保留下来,可供日后反复观测和反复分析使用。因此现行的观察常需要以间接观察作为辅助手段,利用现代化的仪器设备,使观察更精确,更全面。

（二）按是否直接介入被观察者的活动,可分为参与观察与非参与观察

1. 参与观察

参与观察是一种独特的观察方式,要求观察者不暴露自己的真实身份,加入被观察者的群体或组织中,进行隐蔽性的观察。例如,观察者作为游戏的参与者参与幼儿的游戏过程,在不被幼儿察觉的情况下,对幼儿的行为进行观察。

参与观察的好处是能掌握第一手材料,可以缩短观察者与被观察者的心理距离,可以深入被观察事物的内部,并可以追根究源,察明原委,发现用其他方式难以了解的问题。但是,参与观察的主观性较强,研究结果难以重复验证。另外,如果观察者过分参与,没有摆正自己的位置和所扮演的角色,成了左右活动的人物,就会影响观察的客观性。

2. 非参与观察

非参与观察指观察者不介入观察对象的活动,以局外人或旁观者的身份进行的观察。这种观察可以是公开的,即观察者知道有人在观察;也可以是隐蔽的,即被观察者在不知晓的情况下被观察,如通过观察屏或暗中设置的仪器进行的观察。一般来说,绝大多数的观察是采用非参与观察进行的。非参与观察由于不干预观察对象的发展和变化,只是从旁对正在发生的行为现象进行记录,因此所得的结论相对客观,但观察内容容易表面化,不易获得深层次的信息。

（三）按观察过程是否事先确定具体观察项目和观察程序的严密程度,可分为结构观察与非结构观察

1. 结构观察

结构观察,也称正式观察,是一种计划严谨、周密、操作标准化的观察。这种观察的基本特征是:观察指标体系明确具体;严格对观察行为分类、下操作定义;预先制定细致的观察记录表;在一定控制程度下进行观察;范围较大的观察,需要培训观察人员,建立信度;用量化方式分析资料;所得结果较为可靠;多用于验证性研究。

结构观察由于采用标准的观察程序,能控制因观察者主观因素造成的误差,相对来说科学性更强,更具说服力,但对观察者和观察手段都有较高的要求,常用于描述性研究和实验资料的搜集。

2. 非结构观察

非结构观察,也称非正式观察,是一种无周密的观察计划,没有记录表,记录内容往往是文字描述和质的分析,结构较为松散,但易于实施的观察。适合于教师获取日常教育、教学等方面的信息和对儿童身心发展各种特点的认识,多用于探索性的观察研究。非结构性观察在科学性上略显欠缺,但它在教育、教学的自然情景中实施,方法灵活,有较好的可行性,常为实践工作者采纳。

（四）按观察的情境条件,可分为自然观察和实验室观察

1. 自然观察

自然观察也称现场观察,指在现场自然情景中,对观察对象不加以控制的一种观察。通常采用纸和笔对偶然现象或系统现象作描述性的记录和分析。

自然观察是最古老的,也是最基本的观察,适用于对儿童发展和教育的研究。这种观察能系统地记录儿童的发展性变化,能收集到较为客观真实的资料,具有生态效应。但这种观察常常需要花费较多的时间和精力,观察所得材料往往是观察对象的外部行为表现,难以确定内在因果关系。另外,观察难免带有主观选择性,只记录观察者感兴趣的行为表现,而忽略一些重要的行为细节。

2. 实验室观察

实验室观察又称控制观察或条件观察,指在研究者控制条件的过程中,对现象或行为进行的观察。通常要求观察程序标准化,观察问题结构化。

控制观察由于是在严密的条件控制下进行观察,能克服因观察者主观选择而产生的误差,但由于对环境条件的人为控制难度较高,实践起来较困难。另外,也有可能会影响研究结果的真实性和可推广性。

(五) 按照是否以自身心理行为为观察内容,可分为自我观察和客体观察

1. 自我观察

自我观察又称内省观察,是人文科学研究中的特殊方法,它将观察者与被观察者合二为一,即观察者对自己内在心理活动与过程进行自我认识。人的内在心理活动和过程是教育研究的一个重要方面,任何外部的教育影响只有被主体感受到了,才能对人的发展产生作用。因此了解人的内心感受,了解人的内部心理世界是教育理论研究和实践所必需的。通常自我观察采用口语报告法,即要求被试对特定问题出声思维,怎么想就怎么说。研究者对被试的口语进行记录,并作描述性分析。

2. 客体观察

客体观察又称客观对象观察,指对主体以外的他人或事物的观察。一般的观察都是客观对象观察。

从以上各种观察类型中可以看出,每种观察类型都有各自的基本特性、适用范围和条件以及优缺点。学前教育研究中运用哪类观察要根据实际情况做出选择。但无论哪种观察类型,观察所要达到的目标是统一的,即要使观察得到的资料与被观察的实际状况达到最大限度的一致。换句话说,就是观察要客观,客观的观察才是有效的观察。

拓展阅读

观察的原则

一、系统性原则

观察是一个系统性整体,需要有序进行,观察的各项流程必须客观、清晰、明确且有严密的逻辑性。观察者在观察前必须明确以下内容:观察目标、观察目的和重点、

观察时长、观察对象、观察方法、分析方法、观察地点、观察者的行为等。

二、隐蔽性原则

要把隐蔽观察看成是一种实现目标所必需的、不对观察场景中的人和事带来任何影响的观察。观察目标绝不能与幼儿园、学校或者其他任何一个正在观察的场景的目标、观念或工作程序相冲突,观察目标和工作程序也不能损害任何个人或群体的权益。有一些场所的限制比私立机构少一些,像早教机构、游乐场、公园等公共场所,都受法律、规章制度的支配,但这些规章制度与儿童保育机构的规章制度是不同的,后者有特定的目标,比如养育儿童,增进其生长、发展,保证其人身和心理安全等。

三、遵守职业道德和保密性原则

职业道德和保密与所有观察活动都密不可分。如今,把人作为被试的研究日益受到人们的强烈批判。一个研究者以科学的名义,想做什么就做什么的时代已经一去不复返了。研究过程中个人的权利、安全(生理和心理的)以及隐私,都是极其重要的问题。有时,这些限制会让人们难以研究人类行为,但对权利和安全的维护是必须坚持的,因此,研究中理所当然地存在一些困难。严格地说,观察就是一种研究,观察为回答所要研究的问题提供了方法和数据。要努力了解儿童,理解他们的行为及他们如何随时间而改变。要在纸上记录一些儿童在各种情境中做什么;还要解释甚至评价他们的行为。总之,对于正在收集有关人的各种信息,必须仔细而敏感。而要做到这一点,就必须保持客观,尽量不主观判断行为的满意度或价值,人们更喜欢准确地描述行为,即简单地告诉别人发生了什么,主体说了什么,有什么行为表现。然而即使是所谓的客观描述,有时也会揭示一些可能令人难堪的信息,或者可能被误用来揭示某个个体或群体的不良特征,这在任何情形下都是让人无法接受的。而且即使是积极的或看起来没有害处的信息,也可能让儿童或他们的行为成为人们关注的焦点,从而使一些父母和教师感觉不舒服,甚至担忧。如果你不用儿童的真实姓名,并向父母和教师保证不会在观察报告中暴露儿童的真实身份,那么可能会在某种程度上缓和这一问题。因此,为了避免有关隐私和保密等伦理问题,要尽量做到这一点。

三、观察法的实施过程

微课

观察法的实施

(一)界定观察行为

对观察行为进行界定是观察法必不可少的一步。行为的界定必须符合可操作性这一原则,也就是所界定的行为必须是客观的、可观察的,可测量的。如果我们把尊重别人、与他人合作、与朋友友好相处、能生活自理、独立学习、讲究卫生、举止文雅等作为行为目标,我们会发现这些行为本身很难客观地观察和测量,它们的界限不清楚,各自只代表了某一类较抽象的行为,不够具体,不符合可操作性的要求。相反,我们把能辨别红、黄、蓝三种颜色,会用筷子就餐,能独立穿衣脱衣,会系鞋带,会打电话,会刷牙等作为行为目标,这些行为就符合可操作性的原则,可直接观察和测量。

当行为目标比较抽象、笼统,不能直接观测时,通常要给行为下操作性定义。在儿童依赖性观察评定量表(见表5-1)中,6项行为目标都较抽象,观察者难以下手,经操作性定义,观察者就可以比较容易地对儿童的依赖性程度做等级评定了。

表5-1 儿童依赖性观察评定量表

1. 要求权威者的承认	向老师询问"这样好不好",始终按照老师的要求去做	A B C D E
2. 身体靠近或接触	常喜欢站在老师身旁或依偎着老师的身体,和同学、朋友也是常拥靠	A B C D E
3. 求他人帮助	积极求人帮助,自己会做的事也要求人帮助,常哭泣	A B C D E
4. 求他人支配	常问别人怎样去做,照着别人的话去做	A B C D E
5. 模仿他人的行为或作品	模仿长辈或群体中最有影响的人物的言行,模仿别人的图画作品	A B C D E
6. 讨好别人	别人叫他做什么,就很快很乐意去做,别人要借什么,就立刻借出	A B C D E

注:A—极多见;B—常可见;C—普遍;D—不常见;E—极少见。

(二) 选择观察记录方法

常用的观察记录方法有三种,即连续记录法、频数记录法和评定记录法。

1. 连续记录法

连续记录法用于实况详录、事件取样等方法中。连续记录可以用纸笔在现场进行连续的描述性记录,也可用录音、录像等设备将观察情况摄录下来,再转记到记录纸上。

2. 频数记录法

频数记录法用于时间取样、频率计数、行为核验等方法中。频数记录法是将观察内容列成表格式清单,以符号形式对某项行为出现的次数进行记录,如以划"正"字等形式进行描述性地追记、补记。频数指在实施中需做多少次观察以及观察行为在一定时间内发生或重复的频数。重复观察多少次为宜,应以研究的精准程度而定。一般来说,在相同条件下观察次数越多,观察的精确程度越高。通常观察行为应是经常反复出现的行为,行为次数的多少往往反映了行为质量的不同程度或水平。次数与时间一样也是一维的、线性的,因此也具有直接可比性。

3. 评定记录法

评定记录法用于等级评定法中,即根据一定的等级标准或评定量表,对观察到的行为表现进行评定,如用等级"优、良、中、及格、不及格"或用数字"1、2、3、4",字母"A、B、C、D"表示不同的等级。

(三) 制定观察记录表

观察记录表应根据研究的目的要求和选择的记录方法来设计。首先要确定记录什么信息,然后要确定观察的行为单元。记录表要便于实际观察,要易于观察材料的归纳整理。如要对大班幼儿上课注意保持行为进行研究,可先给注意行为分类,下操作定义,并制定观察记录表(见表5-2)。

表5-2 大班幼儿20分钟注意保持行为的观察记录表

班级: 教师: 科目: 观察者: 时间:

儿童代号＼时间	1	2	3	4	5	6	7	8	9	...	17	18	19	20	总计
1															
2															
3															
4															
......															
15															
合计															

用摄像机将大班的一堂计算课(20分钟)全部实录下来,然后对录像中每一个幼儿的注意保持行为进行观察记录,注意集中的打"○",注意分散的打"×",1分钟为一个观察单位。

(四)安排观察时间和次数

在现场观察中,为了提高观察结果的客观性和可靠性,可安排数次预备观察。因为当幼儿不熟悉的人进入教室对他们进行观察,幼儿可能会有意无意地改变自己原有的行为。为了消除这种干扰,安排1—2次预备观察是必要的。一般幼儿能很快地适应新的情境,旁若无人地以自己的原本状态行事。时间和次数是观察研究中的两个重要指标。观察记录的时间和次数作为量化的重要指标,可用图表形式直观地呈现观察结果,相对来说,时间和次数比较客观,可避免定性分析可能引起的歧义。

(五)不干预被试的活动

在观察过程中,观察者应尽可能避免与被试直接交流意见,不要对被试的行为表现作肯定或否定的评价。不干预被试活动的目的是不影响被试自然行为的产生,从而获得真实、可靠的信息。例如,我们要观察幼儿的侵犯行为,当两位幼儿在游戏过程中因争夺玩具而争吵起来,观察者没有必要去制止他们,因为研究目的就是要观察幼儿的侵犯行为,获取侵犯的类型、程度、持续时间、如何平息、最终结果等信息。如果制止事件发生,我们如何去获得这些信息呢?我们还能观察什么呢?这时观察者的任务就是抓紧时机仔细观察,如实记录所发生的行为,至于争吵幼儿的教育批评可在观察结束后予以适当处理。当然,如果两位幼儿已经发生肢体冲突,结果可能会导致身体伤害或危及生命安全,这时制止是必须的。

另外,不干预被试的活动还有另一层意思,即观察者应尽量不让被试知道有人正在观察他们,不让被试了解研究的真实意图,这样才能有效地避免被试产生虚假行为,才能获得真实可靠的观察材料。

（六）客观地进行观察

客观性是观察的基本原则。观察的客观性要求确定合适的"行为单元"，即观察测定中所用行为成分的大小。观察记录很小、很具体的行为单元，往往不需作主观推论，这有助于在不同的观察者之间取得较高的观察一致性。但观察会变得机械、刻板，缺乏灵活性。而过大的行为单元则要求观察者做出较高程度的主观推论，可能会使不同的观察者对相同行为得出不同的，甚至相反的观察结果。至于究竟怎样的行为单元是合适的，这要与研究目的、观察内容、观察者的经验等综合起来进行考虑。

观察的客观性还要求观察者避免掺杂个人的主观偏见，不要把个人的主观推测和客观事实相混淆。要增强观察的客观性，可利用仪器设备进行观察，如照相机、录音机、摄像机、计时器、计数器等，尽可能利用可量化指标进行观察。如果没有合适的仪器可用，则可采取两个以上的观察者同时进行观察记录，然后互相核对记录以达成共识。

在进行较大规模的观察前，通常还要对观察者进行培训，统一观察标准，避免不同的观察者对相同行为作出不同的解释，以提高观察的信度。培训观察者一般采用尝试性模拟观察，即让不同的观察者按确定的观察标准或操作定义对模拟对象进行观察记录，然后对所得的观察记录进行信度分析，求得观察者的相互统一度，即观察一致性程度。一般观察者的一致性程度要求达到 0.80 以上才能实施正式观察。

观察中，记录要及时、全面、详尽，不要依赖记忆。如有特殊情况，应客观地加以记录，如一时无法详细记录，应在记录表上作个记号，一旦观察结束及时补记。当观察过程中对有关行为或现象产生新的看法或解释，也可在记录表边上用言简意赅的几个字作个小注，以供日后分析时参考。

（七）及时处理观察资料

在每一项观察告一段落时，首先，应在对观察情境有比较清晰的印象和尚未完全遗忘的情况下，及时对所记录的资料进行整理、补正和分析，以免时间久了无法看懂材料；其次，对初步整理的材料做进一步的考虑，如所需的资料是否都收集到了，是否都有效，是否还要继续观察等；再次，如果观察内容比较多，观察周期比较长，应及时地将资料分类归档，以便日后查阅；最后，整理记录资料时，需要解释的内容必须详细加以说明，以免时间久了而遗忘。

科学的观察，不仅要收集客观的事实资料，而且要对事实资料进行全面的分析研究，得出正确的结论。

拓展阅读 ☞

观察研究的基本步骤

（1）确定观察目的，选择观察对象。

（2）制定观察计划，包括观察范围，内容、重点、材料、仪器，行为单元的划分，行为指标的操作定义以及观察时间、地点、次数、记录方式等。

（3）按计划进行实际观察，并做好观察记录，可利用记录表格或录音、录像设备等。

（4）整理分析观察资料，形成观察结论。

（5）撰写观察报告。

第二节　观察法的运用

一、叙述观察法

叙述观察法也称描述观察法，指随着行为或事件的发生，自然地将它们再现出来，观察者详细地做观察记录，然后对观察的资料加以分类，进行分析研究。该方法多用于质的研究中。一般而言，叙述观察保持了行为事件的真实面貌，资料翔实，可以多次检查记录，适用于收集个人的资料信息。但此法耗时耗力，只适用于小样本。常见的叙述观察法有日记描述法、轶事记录法和实况详录法。

（一）日记描述法

1. 日记描述法的含义

日记描述法是最早用于研究儿童行为的重要方法，又称"婴儿传记法"，即研究者对同一个或同一组儿童长期跟踪进行反复观察，以日记的形式描述性地记录儿童的行为表现。

日记一般可分为两种类型：一是综合性日记，常常用来记录学前儿童各方面发展过程中具有里程碑意义的新动作或行为现象；二是主题日记，主要记录学前儿童语言、认知、社会情绪等特定方面的新进展。

在早期的自然观察中，很多教育家、心理学家都曾用日记描述法对学前儿童的发展进行过研究。最早的是1774年裴斯泰洛齐用此法跟踪观察其子三年，写了《一个父亲的日记》。达尔文的《一个婴儿的传略》记述了他儿子的行为和发展过程，引发了人们对学前儿童身心发展进行观察研究的兴趣。之后，幼儿心理学的创始人普莱尔对他的孩子从出生至3岁连续记录三年，并将每日观察记录的结果加以整理，于1882年写成了著名的《儿童心理》一书。还有前面列举过的皮亚杰和陈鹤琴的研究。

2. 日记描述法运用实例

以下是一个研究者采用日记描述法对学前儿童社会性发展进行研究的片段。

小布,男,3岁4个月

2018年12月6日

观察领域:社会性发展

今天,在积木区,小布发起了一个游戏活动,并与小利(一个3岁的小女孩)一起玩。这对小布来说很不平常。入幼儿园3个月来,他都很害怕与同伴交往,宁愿躲在一边。他比班里其他男孩看起来小多了,而他的同伴也怀疑自己高大的身材吓着了他,但我们从未见到过其他男孩欺负他的现象。小布有一个比他高大的哥哥,也许哥哥在家曾经欺负过他,使他面对比较高大和强壮的孩子时会感到害怕和害羞。我们之后可能需要向家长核实这一点。

老师也目睹了小布与小利在一起游戏的行为。老师指出他们在一起玩得非常好,为小布的这一举动感到很高兴,小布对老师的反应作出了积极的反馈,他微笑着似乎更加努力地增加了与小利的交往,他们一起摆弄积木。两个孩子在一起玩了大约7分钟,这时班上一个长得比较高大的男孩小强走过来,想要与他们一起玩,小布就立刻离开了积木区,坐在一张阅读桌旁边看书,在上午余下的时间里,小布都没有与其他任何儿童交往过。

2018年12月13日

小布的社会性行为似乎有实质性的突破。自12月6日以来,教师和我都观察到,小布至少可以与一些儿童一起玩了,我们认为这隐约表明了小布的某种愿望。今天上午10点,小布"战战兢兢"地问一个比自己高不了多少的男孩,可不可以和他一起玩沙箱游戏,经同意后两个男孩一起很友好地玩起了大卡车,并在他们用积木搭建的"公路"上行驶大卡车。他们一起玩了大约9分钟,到吃点心的时候才结束。

必须注意的是,小布在玩游戏时显得不够自信。大部分时间是另一个男孩在发号施令或者指出发生了什么,如谁来"驾驶"大卡车,"公路"要伸向沙箱的什么位置等,而且小布对其他儿童的领导角色没有表现出特别的焦虑和恐惧。我们对小布的行为还需要做进一步的观察,以明确他是否会尝试更加坚定地表达自己的愿望或目标。

3. 日记描述法的优缺点

日记描述法既是最古老的学前儿童研究方法,也是现代学前儿童研究及其教育的重要工具,是当前个案研究的主要手段。日记描述法记录简便,能记录详细而长期的资料,以后能反复利用,并可与常模对照。通过长时期的日记描述,能了解当前儿童发展的确切顺序和行为的连续性,并且这种描述是在学前儿童的真实生活环境中进行的,如能客观地记录,资料一般较真实可靠。

日记描述法也存在一定的局限。它往往用于对个别(或少数)对象的日常观察,只能说明少数儿童的特点与情况,研究对象缺乏代表性,观察易带有主观倾向性,观察的案例有限,难以概括出普遍规律。该方法要求观察者与观察对象之间具有较为密切的关系,能经常与儿童接触,如观察者常为儿童的父母或其他家庭成员。但由于亲子关系或亲属关系在情感上的特殊联系,这些观察者又往往在观察记录中加入比较浓厚的感情色彩或主观偏向,致使记录的结果可能并不客观、可靠。此外,运用日记描述法需长时间持续记录,要耗费大量的时间与精力,要求观察记录者长期进行,持之以恒,比较费时费力,很多人无法做到这一点。

(二)轶事记录法

1. 轶事记录法的含义

轶事记录法是教师常用的一种方法,着重记录观察者认为有价值、有意义的任何可表现儿童个性或某方面发展的行为情景,这些行为都应是观察者本人直接观察到的,而不是听来的。它与日记描述法不同,不受时间地点的限制,不要求连续系统地记录,只需要记下自认为感兴趣的和有价值的内容即可,是诸多描述观察法中最容易、最简便的一种。观察者也可以运用轶事记录法观察记录某个特定儿童,积累有关他的一些典型事例或异常行为事件的资料,留待以后进行分析研究。

2. 轶事记录法运用实例

以下是轶事记录法运用实例。

> 观察对象:晨晨,5岁
>
> 观察时间、地点:16:30,表演活动区
>
> 下午的区角活动时间,晨晨和几名幼儿在表演活动区玩王子和公主的游戏。晨晨说:"茜茜的照片在我们家,我的女朋友是苗苗,老婆是佳佳。"我告诉他,老婆、女朋友只能是同一个人。
>
> 晨晨说:"那就佳佳吧,苗苗不好看,我长大后用一枚戒指、九十九朵玫瑰娶佳佳。"
>
> 旁边一个胖胖的小男孩说:"我也喜欢佳佳。"
>
> 晨晨说:"你这么胖还喜欢人家?"
>
> 小男孩说:"你这么丑还喜欢人家……"

3. 轶事记录法的优缺点

轶事记录法的运用简单方便,它不受任何条件的限制,不需专门的编码,或进行分类、制表等,没有特别的技术上的要求,只需在发现值得记录的行为、轶事时随时记录下来。应尽量做到及时、准确、具体、客观、正确、完整、有序地记录,尽量在事件或行为刚刚发生时便及时记录,要把中心人物的行动、言谈、在场的其他儿童的活动,即背景、情景等均记录下来。要用准确的词语记录,如实反映情况,不要加入主观释义,或将主观判断和解释与客观的描述明显地加以区分或注明。

轶事记录法看起来简单,但要真正做到记录有价值的、能确切说明问题的资料却并非易事。观察者在决定应记录的轶事时可能带有各种主观偏见,如自己是否喜欢某种特性,以及对相应年龄儿童正常发展的了解与理解。记录时也往往会受这些主观意识的影响,或受记忆误差的影响,从而影响所记事实的客观性。此外,记录者所用的描述词汇也常会引起读者的误解。

(三) 实况详录法

1. 实况详录法的含义

实况详录法是指客观、详细、连续、完整地记录观察对象在自然状态下所发生的行为，然后对所收集到的原始资料进行分析、研究的方法。也就是说，研究者对有关现象从头到尾进行全面观察，同时做叙述式记录，即"行为流水账"。观察者不能将描述与解释、评价混为一谈，而应先忠实地作观察记录，客观地描述事实；记录过程结束后，再对描述的事实进行解释和评价。

2. 实况详录法运用实例

下面是幼儿行为实况详录的经典案例节选。

> 观察对象：小芳(4 岁)
>
> 观察地点：幼儿园教室
>
> 观察时间：上午 9：24—9：30
>
> 活动内容：自由游戏
>
> 幼儿行为：
>
> 小芳慢慢地走到图书角，清清、小强和斌斌已经坐在那儿看书了。她坐下来，但没有和任何人说话。斌斌对小芳的到来立刻作出了反应，说："嗨！小芳，来和我一块儿读书吗?"小芳说："我不会读。"斌斌说："我们先看看画吧！"小芳慢吞吞地表示同意："好吧。"斌斌高高兴兴地走过去取书。小芳没有跟清清和小强打招呼，清清和小强也没对小芳说什么。
>
> 观察分析：
>
> 看起来，小芳是个胆怯、羞涩、有些畏缩的孩子。她没有积极地回应斌斌的招呼，她回避斌斌的靠近，似乎拒绝别人身体与心理上的接近。小芳易分散注意力不能集中目标进行社会交往，因为在斌斌邀请她一块儿看书时，她却东张西望、心不在焉。但她的行为并没有表现出对斌斌的敌意，或任何不喜欢的迹象。根据观察可以推测小芳缺乏丰富的情感，对于与别人的交往不太感兴趣。

3. 实况详录法的优缺点

实况详录法能较完善、全面地保留有关信息，包括学前儿童或教师详尽的行为信息和行为发生的背景信息，可供反复地观察和分析使用，适合进行全面考察和研究。但是这种方法耗时较多，不经济，常常会出现材料多而有价值的信息少的情况。

二、取样观察法

取样观察法是一种在学前教育研究中常用的观察方法，主要通过选取有代表性的样本来进行系统的观察和记录，帮助研究者全面、深入地理解行为模式及其背后的心理和社会动因，使研究更为高效和目标明确，但局限于特定行为或事件，容易忽视其他重要的行为或背景信息。常见的取样观察法有时间取样法和事件取样法。

（一）时间取样法

1. 时间取样法的含义

微课
时间取样法

时间取样法以一定的时间间隔为取样标准,观察记录预先确定行为是否出现以及出现次数和持续时间。时间取样法通常来观察和记录某一特定幼儿或者某个幼儿群体出现的频率较高的行为,并且这种行为应该是容易被观察者观察到的。例如,观察者可以采用时间取样法观察记录幼儿的欢笑行为或者哭泣行为,亲社会行为或者攻击性行为等。这些行为出现频率相对较高,并且易于观测。观察者可以根据时间取样法得到的资料统计幼儿出现某一目标行为的次数和频率,为进一步分析提供方便。但是,如果观察者想要了解幼儿解决矛盾等不易观察到的行为,就不太适合采用时间取样法。所以,观察者在选择观察方法时,要根据目标行为的特点选取合适的方法进行观察记录。

2. 时间取样法的运用

（1）选择目标幼儿作为观察对象

人的行为是多种多样的,同一名幼儿在同一时间段内可能会出现不同的行为表现,甚至同一名幼儿的同一种行为表现也可以从不同的角度进行分析和解读。所以观察者在采用时间取样法对目标幼儿的行为表现进行观察和记录之前,首先要确定观察目标,然后根据观察目标选择观察对象。时间取样法的观察对象选择范围较广。观察者既可以采用时间取样法来观察某一特定幼儿的行为表现,也可以采用这一方法来观察由多名幼儿组成的幼儿群体的行为表现。在具体操作时,观察者可根据观察目标,确定观察对象的数量。比如,观察者的观察目标是了解班级中某一名幼儿学习绘画的坚持性,那么观察对象就可以锁定为这一名幼儿。而如果观察者的观察目标是了解全班幼儿学习绘画的坚持性,那么观察对象就可以相应地扩展为整个班级的幼儿。同时,观察者在确定观察对象及其数量时,要尽可能使观察对象的行为代表研究目标的一般形态,也就是说,观察者所选定的观察对象要具有一定的代表性,而不是情况特殊的个案(个案观察除外)。观察者在采用时间取样法对目标幼儿进行观察记录之前,要把幼儿的姓名、性别编号、年龄和观察日期等基本情况进行详细记录,为今后整理班级幼儿成长资料提供方便,也为观察记录的分析提供背景信息。

（2）记录客观事实

首先,观察者在采用时间取样法对目标幼儿的行为进行观察记录时,为了保证观察的有效性和准确性,需要预先对所要观察的目标行为进行分类。在确定行为类别的过程中,观察者要遵循相互排斥原则和详尽性原则。相互排斥原则简单来说,就是一种行为一旦从属于某一类别之中,那么它与其他的类别必然是完全排斥的,而如果出现了同一种行为既可以划分到类别 A 中,又可以划分到类别 B 中,那么这种分类方式就是不合理的。详尽性原则指所划分的类别要全面,所有的类别加起来要能够形成一个整体,不会出现观察到的行为无从归属的情况。比如,帕顿根据儿童在游戏中行为的社会参与性,将幼儿游戏状态划分成六大类别:无所事事、旁观、单独游戏、平行游戏、联合游戏和合作游戏。这样的分类就符合上述两个原则。

其次，观察者在确定了目标行为的类别之后，要对各行为类别下操作性定义。操作性定义就是对必须观察或者测查的行为做出清楚、详尽的说明和规定，确定观测指标。清楚、详尽的操作性定义可以让从事同一个观察计划的不同观察者能够使用同一个行为标准对幼儿的目标行为进行观察，从而提高观察的信度和效度。同时，明确的操作性定义也可以让阅读观察记录的人了解行为标准，从而为资料的再分析提供便利。

最后，在采用时间取样法进行观察记录之前，观察者还要根据观察目标和自身需要，确定观察时长、间隔时间和观察次数。其中，观察时长是指每次观察所要持续的时间。时距的长度取决于目标行为发生的频率、行为的持续时间和行为的复杂程度。在观察中，时距的长度应该接近于每一个单一行为发生的最小时间。间隔时间是指时距与时距之间间隔的时间。间隔时间的长度取决于观察时距的长度、观察对象的数目，以及所要记录的细节的多少。如果观察的时长较长，观察的对象较多，而且观察者所要观察记录的细节较多的话，间隔时间就要相应增长；反之，间隔时间可以相应缩短，甚至不设置间隔时间。观察次数的多少主要是取决于观察多久才能获得有代表性的数据。一般来说当观察者对观察行为比较陌生或者所观察的目标行为变化较大时，观察次数需要适当增多；反之，当观察者对观察行为比较了解或者所观察的目标行为变化较小时，观察次数可以适当减少。

此外，观察者在采用时间取样法对目标幼儿的行为进行观察记录时，还要预先根据观察目标和实际需求，制定系统的观察记录表。在观察记录表中，观察者除了要对观察地点、观察开始与结束时间以及观察者的基本信息进行记录之外，还要对行为类别、各时长中目标行为出现的次数和目标行为持续的时间等进行记录。观察者所制定的观察记录表需要具有简单、清楚和直观的特点，从而保证在观察中能够比较方便、快速地对幼儿目标行为进行记录。另外，观察者在制定观察记录表时，还要考虑到自己的时间和能力。如果预计的时间太长，观察次数太多，而间隔时间又相对较短的话，一方面可能会导致自己过于疲惫，另一方面可能也会影响观察结果的准确性。

为了使观察者能够更加快速、方便地对所观察到的幼儿目标行为类别、出现次数和持续时间进行记录，观察者可以在记录中采用统一的编码、符号和标识进行标注。这就要求观察者在采用时间取样法对目标幼儿进行观察记录之前，预先设计好各部分的编码和标识，并对其做出简单的说明和记录。

另外，观察者可以在观察记录表中加入"备注"，用于记录与前面事件无关，但是对结果有影响的事件。由于时间取样法只记录目标行为产生的次数和持续的时间等，而不记录具体的行为表现和行为产生的背景，为了使观察记录更加丰富和翔实，观察者可以将时间取样法与描述观察法相结合。同样，关于目标行为的具体描述，观察者可以在"备注"部分进行记录。

（3）分析行为表现

观察者在采用时间取样法对幼儿的目标行为进行详细的观察和记录之后，需要根据观察目标，对幼儿的行为表现和发展状况进行分析。由于时间取样法可以在短时间内收集大量的资料，观察者可以通过对观察记录的分析，了解幼儿目标行为出现的频率、持续的时间和幼儿行为表现中存在的问题等。

（4）评价幼儿行为并提出建议

观察者在采用时间取样法对幼儿的目标行为进行分析之后，还需要对幼儿的行为表现进行评价，并为日后的教学工作提出更具针对性的措施和建议。与描述分析法相似，在对幼儿的行为表现进行评价时，观察者可以依据儿童发展理论及相关知识，对目标幼儿现阶段的发展状况与发展常规模式进行对比，并根据目标幼儿的具体问题，提供适当的帮助。

根据时间取样法的步骤，对依依游戏的观察记录如表5-3所示。

表5-3 依依游戏观察记录表

幼儿社交关系观察记录

幼儿姓名:依依   观察日期:2020年1月2日
年龄:5岁10个月   开始时间:9：00
                      结束时间:9：10

观察目标:观察依依在游戏中的社会参与性

地点:积木区   观察者:张老师

幼儿在游戏中行为的社会参与性分类:
A无所事事   B旁观   C单独游戏   D平行游戏   E联合游戏   F合作游戏

观察记录
操作性定义
无所事事:幼儿未做任何游戏活动，也没与他人交往，只是随意观望，或走来走去、东张西望。
旁观:基本上观看别的幼儿游戏，有时凑上来与正在游戏的幼儿说话、提问题、出主意，但自己不直接参与游戏。
单独游戏:幼儿独自一人游戏，只专注于自己的活动，根本不注意别人在干什么。
平行游戏:幼儿能在一处玩，但各自玩各自的游戏，既不影响他人，也不受他人影响，互不干涉。
联合游戏:幼儿能在一起玩同样的或相似的游戏，互相追随，但没有组织和分工，每人做自己想做的事情。
合作游戏:幼儿为某种目的组织共同游戏，有领导、有组织、有分工，每个幼儿承担一定的角色任务并互相帮助。

	无所事事	旁观	单独游戏	平行游戏	联合游戏	合作游戏
9：00—9：01					1(50 s)	
9：01—9：02				1(60 s)		
9：02—9：03			1(30 s)		1(30 s)	
9：03—9：04					1(30 s)	1(30 s)
9：04—9：05				2(30 s,20 s)		
9：05—9：06				1(40 s)	1(20 s)	
9：06—9：07					2(30 s,20 s)	
9：07—9：08						1(40 s)

（续表）

	无所事事	旁观	单独游戏	平行游戏	联合游戏	合作游戏
9：08—9：09					2(20 s,30 s)	
9：09—9：10						
合计(分秒)	0 s	0 s	30 s	2 min 30 s	4 min 40 s	1 min 10 s

标识：
　　1 表示该时距内目标行为出现 1 次；
　　50 s 表示该目标行为持续 50 秒。

分析：
　　依依"联合游戏"的时间最多，共 4 分 40 秒；其次是"平行游戏"，2 分 30 秒；"独自游戏"与"合作游戏"较少，分别是 30 秒和 1 分 10 秒；而"无所事事"和"旁观游戏"并没有出现。可见，依依在区域活动中以"联合游戏"和"平行游戏"为主。在建筑区游戏过程中，依依与同伴希希一起搭建了一座"楼房"。在这过程中，两人有交谈，也有互借材料的行为出现，但是彼此间分工、合作并不清晰。仅有偶尔几个时间段依依表现出与同伴希希合作的意愿，但这种合作行为只持续了几秒，并没有长时间地维持下去。

评价：
　　中班幼儿依依初步具备与同伴合作分工、共同游戏的意识，这从她几次表现出希望与同伴合作的意愿中便可看出。但也因缺乏一定的合作技能，几次合作都不了了之。

建议：
　　在游戏过程中我们发现，依依缺乏合作游戏的技能。对此，教师可以通过开展一些主题教学活动，帮助幼儿获得合作的技巧，并让幼儿在合作游戏中获得积极体验。

3．时间取样法的优缺点

（1）时间取样法的优点

观察者在采用时间取样法对目标幼儿的行为表现进行观察的过程中，只需要根据观察目标和自身需要，按照预先设计的观察时长、间隔时间和观察次数，以及制定的观察记录表对幼儿进行观察即可，不需要干涉观察对象的活动，也不需要事先与观察对象建立联系，这在一定程度上为观察提供了方便。

时间取样法比较省时、省力、高效和客观。观察者可以利用观察记录表同时记录多个幼儿或多种行为的数据，从而能够在短时间内收集大量的资料，获得有代表性的行为样本。此外，由于所观察的各类型行为有明确的操作性定义，所以采用时间取样法所得到的观察资料客观性较强。

观察者采用时间取样法进行观察记录，有利于获得观察对象的目标行为发生频率，以及目标行为的时间间隔等信息，从而为后期的统计分析提供资料。同时，通过对频率、时间间隔等信息的统计，也有利于观察者掌握观察对象的目标行为情况，并深入认识所要研究的问题。

（2）时间取样法的局限

时间取样法仅适用于观察发生频率较高，并且易于观测的行为。由于时间取样法是对目标幼儿在一段时间内的行为表现进行观察，并且观察的内容仅限于确定的目标行为,这就导致采用这种方法只能观察幼儿某种经常发生的外显行为,而不能对偶然发生的或者内隐性的行为进行观察。

受观察时长的限制,观察者只能对幼儿的目标行为进行零碎的记录,无法保存幼儿完整的行为系统。尤其当观察者的观察时长设计得不合适的时候,可能一个目标行为能够延续两个甚至更多的时长,从而造成观察者所记录的目标行为频率和持续时间产生偏差,影响观察结果的准确性。

由于时间取样法在观察时仅关注幼儿所表现的特定目标行为,而没有对行为或事件发生的情境、背景资料,行为发生顺序、行为原因和行为结果等信息进行记录和介绍,所以很难确定多种行为之间的关系。对行为的分析可能也会脱离发生的背景,可能导致出现偏差。

观察者只是对幼儿目标行为发生的频率和时间长度进行了记录,而没有对幼儿的实际行为表现进行详细、具体的描述,由此导致阅读观察记录的人无法了解所记录行为的程度。而且部分观察者关注的目标行为集中在某一种行为类型,尤其当这种行为类型是问题行为时,可能容易使观察者或阅读观察记录的人形成对观察对象的偏见。

(二)事件取样法

1. 事件取样法的含义与分类

(1)事件取样法的含义

事件取样法是以特定的行为或事件的发生为取样标准,对目标行为进行观察的一种方法。观察者在采用事件取样法进行观察记录时,通常是在自然情境中等待目标行为的出现。当所要观察的行为出现后立即进行记录,同时也可以记录行为发生的背景和原因、行为的变化过程和行为的结果等内容。与时间取样法的不同之处在于,事件取样法的核心是"事件",观察者只需要选择某一特定的事件进行观察和记录即可。只要目标事件出现,便可进行记录,对观察时间不做规定,观察所得到的资料具有连续性和自然性。而时间取样法的核心是"时间",观察者采用时间取样法所记录的幼儿行为,除了要符合观察目标外,还必须发生在特定的时间段内才能被记录。

(2)事件取样法的分类

根据记录方法的不同,可以将事件取样法分为两类——符号系统记录法和叙事描述记录法。

符号系统记录法指观察者在观察之前预先设计好一系列的符号,代表不同类别的目标行为,在观察记录中,观察者只关注目标行为,并采用相应的符号对事件或行为进行记录,而对目标行为以外的事件或行为则不予以关注记录的方法。比如,观察者想要采用符号系统记录法记录幼儿注意力分散的行为表现,那么就需要提前将幼儿的注意力分散的行为表现进行分类,并用相应的符号在事先设计好的观察表中进行记录,而对于幼儿在观察记录中出现的其他行为因素及细节则不进行记录。

叙事描述记录法指观察者用文字描述的方式,记录观察对象的目标行为,以及事件发生的前因后果的方法。其特点是十分具体和翔实,有利于他人(如同行、家长、研究者等)了解事件发生的原委和背景,也有利于观察者对目标幼儿的行为进行深入分析。比如，观察者在运用叙事描述记录法对幼儿的同伴互动行为进行观察记录时，可以将目标幼儿的具体同伴互动表现进行记录，包括目标幼儿与周围幼儿的语言交流、肢体接触等。

由于符号系统记录法和叙事描述记录法之间具有互补作用，因此，观察者在采用事件取样法对目标事件进行观察记录时，可以将两种方法结合起来，共同来记录事件的经过。

2. 事件取样法的运用

事件取样法的程序和时间取样法一致，但是在每个环节也有不同于时间取样法的特点，以及需要关注的内容。

（1）选择目标幼儿作为观察对象

与时间取样法相似，观察者在运用事件取样法对幼儿进行观察记录之前，首先要对自己的观察动机和目的有清楚的认识和了解，也就是说要首先确定观察目标。比如，某教师通过平时的观察发现，最近在区域活动的时候，角色游戏区的幼儿经常会发生争吵的行为。那么，为了了解角色游戏区幼儿争吵的原因，缓解争吵的状况，观察者可以采用事件取样法，观察和记录角色游戏区幼儿的争吵行为。

事件取样法的观察对象选取方式与时间取样法相同，既可以选取某一特定幼儿作为观察对象，也可以选取由多名幼儿组成的幼儿团体作为观察对象。观察者要根据观察目标选取观察对象。比如，观察者发现，班级中的某一名幼儿经常表现出攻击行为，观察者的观察目标是要更加全面地了解该名幼儿的攻击行为特征、原因及其影响，那么观察对象就可以锁定为这一名幼儿。如果观察者发现班级中的多名幼儿经常发生争吵行为，观察目标是要了解他们出现争吵行为的原因，以便制定相应的解决措施，那么观察对象就是由多名幼儿组成的幼儿团体。观察者在采用事件取样法对某一特定幼儿或幼儿团体进行观察记录之前，要把幼儿的姓名、性别、编号、年龄和观察日期等基本情况进行详细记录，从而为今后整理班级各名幼儿的成长档案以及分析各名幼儿的发展水平等提供方便。

（2）记录客观事实

首先，观察者在确定了观察目标和观察对象之后，应对目标行为进行明确的界定，其中包括对目标行为进行分类，以及对各行为类别进行操作性定义。与时间取样法相似，观察者在采用事件取样法对目标行为进行分类时，同样要遵循相互排斥原则和详尽性原则。需要注意的是，观察者在对目标行为类别进行划分时，可以根据行为发生的原因或观察目标进行分类。

其次，为了保证取样事件的代表性，观察者必须事先充分了解所要观察的目标行为的特点，包括目标行为经常发生的时间、地点和情境等，这样观察者才能在目标行为发生的时候，立即辨认出这些行为，并迅速进行观察记录。例如，观察者想要采用事件取样法对目标幼儿的攻击行为进行观察记录，那么观察者可能就要重点关注该幼儿在与其他幼儿互动时的表现，而当幼儿独自活动时则不需要重点关注，因为当幼儿独自活动时几乎不可能出现攻击行为。除此之外，观察者还需要提前考虑观察实施的适当性和可行性,充分了解观察地点的特点,为观察的实施提供便利。

再次,观察者要事先决定记录目标行为的哪些方面,从而在观察时有所侧重,并保证记录的完整性。一般来说,事件取样法的观察记录包括以下五个方面的内容,分别是事件持续时间(也可以将事件开始时间和结束时间分别记录)、事件发生背景、事件发生经过(包括目标幼儿的行为,及其与他人的互动)、事件导致的结果,以及事件产生的影响。由于事件取样法在记录中可以综合运用符号系统记录法和叙事描述记录法,并且不受观察时长的限制,所以除了以上五点基本内容,观察者还可以根据自己的兴趣,记录和描述事件发生的细节,从而积累更为丰富的素材,使后期对观察记录的分析和评价更具全面性和客观性。

最后,观察者在采用事件取样法对幼儿的目标行为进行观察记录时,要事先根据观察目标和计划观察的内容,制定观察记录表。观察记录表的设计应该尽可能简便,从而使观察者在观察记录的过程中能够一目了然。为了能够快速记录,观察者经常会使用符号或代码来表示某类行为,代码的设定可以是英文字母,也可以是某类行为的英文缩写。需要注意的是,观察者要将代码的类别在观察记录表中清楚地标识出来,便于遗忘的时候及时查看。同时,观察记录表中要留有足够的空间,方便观察者使用文字对事件发生的具体细节进行记录。

(3) 分析行为表现

采用事件取样法对幼儿的行为表现进行详细的观察和记录之后,还需要在观察记录的基础上,根据观察目标对幼儿的行为表现进行分析。在分析观察记录时,观察者务必要保持客观的态度。为了避免观察者因为个人情绪、对幼儿的印象等因素使结果出现偏差,在对资料进行初步分析之后,观察者要再次以第三者的角度审视观察资料,以保证资料分析的客观性。

此外,观察者在对观察记录中幼儿的目标行为进行分析时,要考虑到行为发生的背景。幼儿的某些目标行为是由于特定的背景造成的,如果没有特定背景,目标行为可能不会发生。观察者在分析幼儿的目标行为时,如果脱离了事件发生的背景,可能会造成分析结果失之偏颇,还有可能会对幼儿产生不利的影响。

(4) 评价幼儿行为并提出建议

观察者在采用事件取样法对幼儿的目标行为进行分析之后,还需要根据幼儿发展理论或者相关专业知识,对幼儿的行为表现进行评价。需要注意的是,观察者在对幼儿进行评价时,要避免完全按照个人观点武断地做出结论。另外,观察者只有在对幼儿的目标行为进行累计几次或者持续一段时间的观察之后,才能收集到相对充分的观察资料,依据这些资料才能对幼儿做出相对全面的评价,从而能够对幼儿产生目标行为的原因有更为深刻的认识与理解。在此基础上,观察者才能为日后更好地开展教学工作提出行之有效的对策建议。表5-4是利用事件取样法形成的对甜甜的游戏观察记录。

表5－4　甜甜游戏观察记录表

幼儿姓名:甜甜	性别:女　编号:06
年龄:3岁5个月	观察日期:2019年10月21日
开始时间:9:05	结束时间:9:20
地点:自主游戏积木区	观察者:李某某

观察记录

　　甜甜从玩具架上拿来了一副嵌套拼图,她把一块的拼图拿出来按照大小顺序依次放到桌子上后,将双手合拢,揉搓了一下,小声说了句:"开始!"她的眼睛看向最小的一块拼图并抓住它,放到了底板拼图最下面的位置上,然后迅速拿起第二块放进底板拼图。在甜甜拼第三块时,乐乐走了过来,站在甜甜旁边看着她拼。甜甜没有回头看,依次拼好了第三块和第四块。整个拼图过程只用了10秒钟。"哈哈,我拼好啦!"甜甜捂着嘴笑着说。这时,她看到了身边的乐乐,说:"乐乐,我们一起玩吧,看谁拼得快!""好啊!"乐乐点点头。然后甜甜把左边的嵌套拼图一块一块地拿出来,按照大小顺序依次放到桌子上后,又把右边的嵌套拼图一块块拿出来,按照大小顺序依次放到桌子上。乐乐在甜甜左边的凳子上坐下。甜甜说:"预备,开始!"她拿起最小的一个图块,放到底板拼图最下面的位置,并依次拼好了第二、三、四块。而乐乐在听到"开始"后,拿起了一块中间大小的红色拼图,放到了倒数第二个位置上,然后依次拼好了第三、四块拼图,结果最小的一块拼图剩在了外面。"哈哈,我拼好喽!"甜甜双手攥成拳头,举过头顶说。"这块怎么拼啊?我拼不进去啦。"乐乐皱着眉头问。"我看看。"说着,甜甜将左边乐乐拼好的三个图块拿出来,把最小的那块拼图跟桌子上的图块比了比大小,然后放到了拼图最下面的位置,又把剩下的三块依次放进了拼图里。"看,拼好啦!"甜甜笑着看着乐乐说。

分析:

　　甜甜在玩嵌套拼图时,知道先把图块按照大小顺序依次摆好,在拼图过程中能够做到不出现错误,不受外界干扰,并且能在10秒内完成拼图。另外,甜甜懂得分享,能够与同伴一起玩自己手中的拼图,当同伴拼图出现困难时,能够主动提供帮助。

评价:

　　与刚入园的时候相比,甜甜表现出较好的顺序思维能力、观察能力和专注力,并且亲社会行为明显增多。

建议:

　　继续提供拼图等可以发展顺序思维能力、观察能力和专注力的游戏。鼓励甜甜将拼图时的想法和发现讲述给其他幼儿听,对甜甜的亲社会行为进行表扬和鼓励。

　　3. 事件取样法的优缺点

　　通过对事件取样法的分析,我们可以发现该方法的优点主要集中在以下几个方面:

　　(1)与时间取样法相比,事件取样法更具有实用性。时间取样法仅适用于观察发生频率较高的事件,而事件取样法则可以研究大部分行为和事件,不受事件发生频率的限制。观察者可以选择幼儿的任何一种行为事件进行观察,比如亲社会行为、争吵行为等,只要观察到幼儿发生了目标行为,就都可以进行观察记录。

　　(2)事件取样法具有省时、高效、完整的特点。在事件取样中,观察者可以根据预先确定的目标行为类别和各行为类别的操作性定义进行记录,并且有十分明确的观察目标,因而观察效率较高。此外,观察者还能综合运用符号系统记录法和叙事描述记录法进行事件观察记录,因此可以使观察记录既具备符号系统记录法的高效性,又具备叙事描述记录法的完整性和翔实性。

（3）与时间取样法相比,事件取样法既可以获得代表性的样本,又可以获得行为事件发生全过程的资料,有助于观察者分析目标行为事件发生的原因及其结果。事件取样法是观察者在自然情境下观察并记录幼儿行为事件发生的全过程,因此对目标行为和事件发生的背景、起因、经过和结果都有较为详细的记录,收集到的资料具有连续性的特点,从而有助于他人阅读观察记录,了解幼儿的具体行为,也有助于观察者后期分析行为事件的因果关系。

不过,事件取样法也有其局限性:

（1）采用事件取样法,难以得到有关事件的背景信息。事件取样法固然可以从行为事件一出现就开始记录,直至行为事件结束,可以记录行为事件的全过程,但是一些与这一行为事件有关的,时间或者空间上间隔较远的内容就无法进行记录了。比如,观察者的观察目标是某一幼儿的哭泣行为,观察者可能记录下了幼儿因为丢失东西而哭泣这一事件发生的全过程,但是对于为何幼儿丢东西会哭的深层次原因却无法分析。所以事件取样法仍然脱离了事件与过去情境的联系,而过去的情境可能是导致事件发生的真正原因。

（2）事件取样法所获得的资料量化不够直接,还需要进一步转化。时间取样法能够获得目标行为发生的频率,以及目标行为的时间间隔等直接的量化信息。与之相比,事件取样法经常存在文字描述性的记录,观察者在分析时,需要将这些描述性的文字转化为量化的数据,这在一定程度上加重了观察者的工作负担。

（3）事件取样法的测量稳定性较低。观察者在使用事件取样法进行观察时,只要行为事件发生就进行记录,而发生的这些行为事件在不同的情境下,可能具有完全不同的性质和意义。比如,幼儿出现言语攻击行为,可能目标幼儿是真的在对其他幼儿进行言语攻击,也可能是在模仿某一动画片或电影中人物的语言。因此,观察者在运用事件取样法进行观察记录时,应特别注意对事件发生的背景进行记录和描述,在分析时需要结合事件发生的具体背景。

拓展阅读

事件取样法观察记录的错误类型

记录观察数据时,可能犯三种错误:

1. 漏记

漏记是观察和记录过程中常犯的错误之一,指遗漏了对于理解儿童行为有益的或必要的信息。有一些信息有益于理解儿童的行为，或者对理解儿童行为十分必要，如果把这些信息省略了，那就犯了漏记的错误。为了实现观察目标，应该尽量多地搜集信息，完整描绘在一个行为事件中都发生了什么。这样的描绘往往更有助于对某个特定的儿童形成更为全面而概括化的理解。请看下面的例子：小米（4岁），正在沙箱边独自玩一个小翻斗卡车。就在他玩的时候，特特走了过来，一句话没说，就把小卡车从小米手里抢了过来。正当小米打了特特，并夺回卡车的时候，观察者碰巧朝沙箱这边看。观察者可能认为小米对特特的行为具有攻击性，并且会继续观察他们两个人的行为。如果这时只从表面上接受这件事，那么就遗漏了一些重要信息。如果把小米的行为解释为攻击性行为，那么这种解释就有点草率，不十分正确，因为观察者可能忽略了一个关键事件，即特特诱发了攻击性行为的产生。遗漏某一行为或交往中的某些部分，可能不会使客观描述无效，但是重要的不是描述本身，而是描述必须具有意义，即能帮助理解这个儿童和他的行为。在小米的例子中，如果遗漏了行为中的关键部分，那么小米对特特发出的行为，其意义不是被曲解，就是被严重篡改。

漏记的原因有很多：分心，或者漏掉先前发生的行为（如前面的例子），时间不够，都会严重影响记笔记的情况。观察时，可能无法记很多笔记（或根本不能做任何笔记），因此，观察者不得不依靠记忆。等待记录观察数据的时间越长，就越容易遗忘。自然地，这对记笔记的速度提出了更高的要求。在这里，一个需要重点关注的因素是如何看待所观察的东西：即感知了什么，感知了多少；记下的内容是否有意义，是否值得记录；所看到的与当时的观察目标之间是什么样的关系。

2. 多记

指记下的信息超出了某情境中实际发生的信息，如报告了并未发生的行为和互动，或者记录了不在场的人，就犯了多记的错误。产生这些错误的原因也是多方面的，包括注意力不集中，依靠错误的记忆，以及上面所说的可能导致漏记的因素。要发现这些错误不是很容易，尤其是只有一个观察者的时候。我们的感知觉和理解之间是有差距的，这种差距就像是不同的人会以不同的方式看待事物一样。

3. 变序

指按照错误的顺序记录了所观察的行为。这种错误表现为，记录了所观察的行为，但将行为发生的先后顺序弄错了。这可能是一种严重的错误，因为事件的先后顺序使事件具有某种意义：比如上午9∶20发生的事情会影响上午9∶35发生的事情。如果在记录某个行为的时候写下该行为发生的时间，那就可以减少这种错误。有时，还可以分别记录某个行为发生和结束的时刻，或者记录开始观察记录以及结束观察记录的时间。可以在整个观察期间对所观察的每一个行为、事件和互动都这么进行记录。记录行为的起止时间不仅可以减少变序错误的发生，而且可以了解儿童的注意保持时间和他们从事不同活动的时间比例。

第三节 等级评定法与常用量表

一、等级评定法的含义与分类

(一)等级评定法的含义

等级评定法指观察者在对幼儿进行观察后,对其行为表现所达到的水平进行评定,并对其行为质量的高低进行量化判断的一种方法。等级评定法能够帮助观察者进一步了解行为发生的程度、频率等,使观察者能够快速、方便地概括出观察对象的特点。等级评定法一般是观察者在观察之后,根据回忆进行记录,它不是一种直接的观察方法,严格地说,更像是一种评估方法。

(二)等级评定法的分类

等级评定法在具体使用的时候,根据量表的不同设计方式,分为几种不同的类型,主要包括数字等级量表、图形量表、标准化量表、累计评定量表和强迫选择量表等。

1. 数字等级量表

数字等级量表是使用定义好的序列数字来表示被观察者某一行为的不同程度或类型,观察者根据观察结果选择与幼儿行为最匹配的数字进行记录。数字等级量表常常采用三点、五点或七点计分的方式。比如三点量表是用从 1 到 3 或者 0 到 2 这几个数字来表示行为的三种等级,五点量表就是用 1 到 5 或者 0 到 4 这几个数字来表示行为的五种等级。例如,测量在集体活动情境下幼儿参与活动与集中注意力的情况,可运用以下 5 点量表:

(1)公开的破坏活动或离开集体

(2)不注意,但无公开破坏活动

(3)跟着老师看

(4)视线跟随老师,并伴有面部表情

(5)视线追随着老师,并伴有相应的语言与动作

这 5 个数字所代表的行为自消极而至积极,而且参与活动的程度逐步提高。

2. 图形量表

图形量表是用一条横线来表示一个行为的程度,在横线上从左到右,依次表示行为表现由高至低或由低至高的不同程度,与数轴有些类似。图形量表最大的优点在于其直观性,观察者可以根据幼儿的实际表现,选择与幼儿行为表现相符的描述。图形量表还有另外一种形式,称为语义区分量表。它使用两个语义相反的形容词作为横线的两端,中间分成几个等级,要求观察者根据幼儿的行为做出判断。

例如,关于儿童之间社会交往情况的图示量表:

(1)发起活动   总是   常常   一般   较少   从不

（2）邀别人一起玩

总是　常常　一般　较少　从不

（3）……

3. 标准化量表

标准化量表是观察者根据量表呈现的标准，判断幼儿的行为表现属于哪一类型。有关幼儿各方面的发展有许多编制完善的标准化量表，观察者可以根据观察目标选择相应的量表对幼儿某方面的发展情况进行评价。将观察对象的行为与总体作比较，以标准分数或百分位数等相对分数加以评价判断。如评价幼儿活动表现，可将某幼儿活动时的表现与其他幼儿活动时的表现相比较而作出判断，具体参见表5-5。

表5-5　幼儿活动表现评价表

等级（百分位）　观测点	最好的 10%	好的 20%	中等的 40%	较差的 20%	差的 10%
创造性					
独立性					
合作性					
责任感					
游戏配合度					
语言表达能力					
领导者潜力					

4. 累计评定量表

累计评定量表由一系列评定项目所组成，每个项目作为全部特征的一部分独立表现。评定者分别对各个项目做出判断，最后以各项得分的和或平均数作为总得分。例如，要对一名实习教师处理课堂记录情况作评定，可以列出与课堂管理有关的积极或消极的行为表，督导据此评分，见表5-6：

表5-6　课堂管理督导表

A栏(肯定,积极的)	B栏(否定、消极的)
——给予明确指导	——指导含糊不明确
——能从儿童角度看问题	——仅从成人或教师观点出发
——有明确而一致的行为要求	——教育要求上不一致
……	……

5. 强迫选择量表

观察者运用强迫选择量表时，不管题项中是否具有完全符合幼儿行为的选项，都需要在一系列描述性短语中选择最符合被观察者行为表现的一项描述。这就需要量表给出的一系列描述应尽可能包括不同程度的情况,即给出几种对幼儿行为不同的描述,观察者需要在这些描述中选出与幼儿行为表现最接近的一项,并且只能选择一项。

教师可以用强迫选择量表评定幼儿在课堂上的行为。例如:

最符合这个孩子的描述是:

——友好

——合作

——一个好的领头者

——努力做事

……

这个孩子在集体中的表现是:

——集中注意力,听从教师指导

——招惹别的孩子

——安静地旁观别人的活动

——要求带头做每件事

……

二、常用等级评定量表

使用等级评定法时,首先需要根据观察目标选取适合的等级评定量表。在相关领域的研究中有一些成型的量表,它们经过研究者们多次的使用和修订,不断得到改进和完善。观察者在使用等级评定法时,应该尽量查找并采用一些通用的、具有一定权威性的量表,这样既可以帮助观察者获得大量有效的观察信息,又可以减少前期准备工作,缓解观察者的工作压力。在这里,我们查找并选取了一些应用比较广泛的量表,希望能为观察者提供一些参考和帮助。

(一) 儿童观察记录表

儿童观察记录(Child Observation Record,简称 COR)是美国高瞻课程(High Scope Curriculum)中使用的幼儿发展评价工具,国外许多学前教育研究者和幼儿教师都使用 COR 评价幼儿的发展状况。因幼儿年龄的不同,记录分为学前儿童观察记录(Preschool Child Observation Record)和婴儿与学步儿观察记录(Infant and Toddler Child Observation Record)。其中学前儿童观察记录的使用对象是 2.5—6 岁儿童,它由 32 个项目组成,分别从主动性、社会关系、创造性表征、运动和音乐、语言和阅读、数学和科学六个维度评价幼儿的发展状况。幼儿教师、家长、研究者都可以使用 COR 通过日常观察对真实生活情境中的幼儿的发展状况进行评价。在使用 COR 前,观察者需要在教学过程或日常生活中通过观察、交谈等多种方式深入了解幼儿,然后在幼儿与环境、同伴、成人的互动过程中对其发展情况进行观察评价。

(二) 儿童行为检查表

儿童行为检查表(Child Behavior Check List,简称 CBCL)是由美国心理学家阿亨巴赫及其同事在儿童精神科临床实践中研究设计而成。1970年，儿童行为量表首先在美国使用，此后不断经历修订，1983年适用于4—16岁儿童评估的家长使用手册出版，教师用表及儿童用表使用手册分别出版于1986年和1987年，1988年的版本又添加了适用于2—3岁儿童的行为量表。CBCL量表由11个项目组成，分别从情绪、行为、性格、思维、注意力等多个方面评估儿童的心理特征和行为表现。量表题项具有数量多、涉及面广、筛查灵敏度高、假阳性低等特点。自问世以来，CBCL得到广泛应用，一致公认效度较好、适用性较强。许多大型研究使用的儿童行为评定量表也以它为蓝本。

（三）康氏儿童行为量表

康氏儿童行为量表（Conners Child Behavior Scale）至今已有40余年的应用历史，广泛用于筛查儿童行为问题（特别是多动症）。该量表适用于3—16岁的儿童行为问题评价，包括父母问卷和教师问卷。教师问卷原本由39个项目组成，1978年修订为28个项目，比原版更加简明扼要，这28个项目分别从品行行为、多动、不注意被动和多动指数四个维度评价儿童的行为问题。康氏儿童行为量表采用四级计分法，计分及计算方法较为简单。

（四）幼儿自我控制教师评定量表

幼儿自我控制教师评定量表是由辽宁师范大学杨丽珠教授及其团队研究设计的，以团队十多年来有关幼儿自我控制的研究为基础。量表适用于评定3—5岁幼儿的自我控制水平，属于他评量表。该量表由32个项目组成，分别从自觉性、坚持性、冲动抑制性和自我延迟满足四个维度评估幼儿的自我控制水平。采用5点评分，1代表"从不这样"，5代表"总是这样"，各维度得分越高，代表相应的自我控制水平越高。心理测量学指标表明该量表有较高的信度、效度和区分度，可以有效评价中国幼儿的自我控制水平。

三、等级评定量表的设计

由于观察目的或研究目的的不同，有时在已有量表中难以选到合适的量表，这时就需要自行设计、编制适合自身观察需要的量表。在编制过程中观察者需要确定的是行为出现的频率和程度，因此确定等级标准是等级评定法的关键所在。一般而言，等级评定法有四个或以上的等级，观察者可以依据观察目标，从行为发生的频率（总是、经常、偶尔、极少、从不）或是行为发生的程度（优、良、中、差）等方面来制定等级标准。在确定了使用何种等级标准之后，还需进一步界定各等级的具体标准。

注意量表中的语言运用。在量表中，不恰当的行为描述会影响评定的整体效果。所以，首先需要确保量表题目对行为的描述是准确的，并且尽量使用简洁的语言进行描述。如幼儿饮食行为等级评定表中的行为描述"安静等待吃饭""掌握正确的就餐姿势""自觉快速吃完饭"等，让人一目了然，语句简单又十分明了。除此之外，在量表中要尽量避免使用模糊的词汇，如"平均""很""还可以"等，应多用中性词，对行为的形容避免涉及价值判断，影响观察者的评定。

四、等级评定法的使用注意事项

等级评定法本质上是观察者对观察对象的一种主观判定,在使用时观察者需要尽量避免主观偏见的干扰。为了使评价结果更加客观,观察者可以采取以下几点措施:

(一)多次观察

一次、两次的观察可能会使观察的偶然性和片面性程度较高,观察者难以做出准确的判定。多次观察可以使观察者更加全面深入地了解观察对象,增强观察结果的客观性和可靠性,有利于观察者做出更加准确的等级评定。

(二)多人观察

为了避免观察者的主观偏见所带来的影响,最好有两个或以上的观察者一起对幼儿的行为做出评定。多人评定的情况下,如果出现观察结果分歧较大的情况,可以通过重新评定或是评定者之间进行商讨等方式以达成一致。与单人评定相比,多人评定的结果更加准确,能够大大减少主观偏见对等级评定的影响。

(三)提高观察者自身的专业性

观察者在对幼儿行为进行评定时,要尽量避免主观偏见,做出客观准确的评定。不要出现评分整体过高或过低,或趋向平均的状况。同时,评定时应当依靠回忆幼儿的真实行为表现,而非观察者自身的联想与猜测,如“他父母这样,所以他应该是这样”或者“可能是这样的”,而应该是“我看到他这样,所以他是这样的”这一类的判定。

五、等级评定法的优缺点

(一)等级评定法的优点

1. 等级评定法具有简单、方便的特点

观察者事先准备好对幼儿行为的一系列描述,在观察记录时,只需要做简单的标记,有效避免了记录文字的麻烦,便于填写。另外,由于采用固定的等级进行记录,在后续分析时可以直接采取量化的方法,对观察者来说,操作更加方便。

2. 等级评定法的使用范围较为广泛

等级评定法适用于对幼儿各个方面的行为表现进行观察记录,在幼儿园一日生活的各个环节以及家庭的日常生活中所体现的幼儿认知、动作、社交等各方面的发展状况,都可以使用这种方法进行评估。

3. 等级评定法可以帮助观察者发现幼儿的个别差异

观察者需要在观察之后对每个幼儿的行为表现进行等级评定,在评定过程中,观察者可以掌握每一位幼儿的情况。在分析观察结果时,观察者能够发现幼儿的个别差异,从而能够更好地根据每个幼儿不同的身心发展特征开展教育教学活动,做到因材施教。

(二)等级评定法的缺点

1. 观察者的主观评定容易造成评定结果失之偏颇

等级评定法是观察者对幼儿的行为表现进行主观判断的方法,这种主观判断容易带有观察者本人的主观偏见从而造成评定结果的不准确。除此以外,在使用等级评定法时,由于需要避免出现过于极端的评定结果,观察者还容易出现评定等级趋于集中的倾向,即趋向于选择位于中间的、不好也不坏的等级。此外,由于等级评定多是在观察之后回忆幼儿的行为并做出评定,观察者有时容易把自己的联想和猜测作为评定的依据,导致评定结果出现偏差。

2. 等级划分不明确,只凭主观感受

等级评定表将行为进行了等级上的划分,但是并没有明确界定哪些行为属于这一等级,多数是凭借观察者的主观感受来进行判断。而不同的观察者对于这些等级的理解是不同的,这样也会影响评定的效果。

3. 等级评定法没有记录行为发生的具体内容

等级评定法只是在给出的行为描述后面进行标记,并没有把这个行为发生的具体的情景、原因经过和结果等细节描绘出来,这可能导致观察者了解到的信息并不全面,以至于难以进行深入的分析。

第四节　行为检核表法及其应用

一、行为检核表法的含义

行为检核表法又称为清单法、检测表单法等,指观察者依据一定的观察目的,事先拟定所需要观察的项目及行为,并将它们排列成清单式的表格,然后通过观察,根据检核表内容逐一检视幼儿行为出现与否的一种观察与记录方法。

检核表法是人们在日常生活中广泛使用的一种方法。比如,许多教师会将所有有待完成的工作采用检核表的形式列出,然后逐项检核工作的完成程度;人们去超市或商场购物之前,会列出计划购买商品的清单,购物时根据清单核对照物品的购买情况,这一清单也就是检核表。为便于了解幼儿的行为表现,教师也经常采用检核表观察记录幼儿的行为。行为检核表法具有较高的实用性和便捷性,它不受制于情境,可以随时随地对幼儿的行为进行观察记录,是观察者经常使用的方法之一。一般来说,行为检核表法的记录方式是二选一,也就是使用"有"或"无"、"是"或"否"来进行记录。例如,表5-7是一份中班幼儿动作发展检核表,表中列出了10个项目,代表4—5岁幼儿应该能达到的动作发展水平,由观察者进行观察并记录。如果幼儿的行为符合项目的描述,就在表格中相应的栏目内打钩,最后统计以评价幼儿动作的发展状况。

表 5-7　4—5 岁幼儿动作发展检核表

幼儿姓名：　　　　　　　　性别：　　　　　　　　年龄：

编号：　　　　　　　　观察时间：　　　　　　　　观察地点：

项　目	是	否
1. 跑动时可以急转弯		
2. 能够单脚跳		
3. 能够双脚交替充满信心地上下楼梯		
4. 能够踮起脚		
5. 能够很好地握住铅笔		
6. 能够用线穿小珠子		
7. 经过练习能很好地使用剪刀		
8. 能洗手和擦干手		
9. 能够自己穿衣服和脱衣服		
10. 会抛投、抓、击打和踢		

　　通过上述例子可以发现,行为检核表法只是记录所要观察的行为是否出现,并没有行为的具体表现进行描述。可见,行为检核表法是一种能够检测目标行为是否出现的方法,具有较强的封闭性。同时,使用这一方法时,观察者可以根据自己的观察目标,事先对所要观察的各行为项目进行界定,熟悉并理解各项目,然后根据所列出的行为项目检核幼儿身上是否存在这些行为。另外,虽然观察者在观察前已经对行为项目做界定,但某些项目仍需要观察者结合日常观察做出推断。例如,"爱惜与他人共同完成的作品"这样的项目描述就需要观察者对这一行为进行明确的界定,轻拿轻放作品就可以算作"是",还是小心保存作品才能算"是",这需要观察者结合幼儿的日常行为做出推断。教师在运用行为检核表法时,既可以现场观察,边观察边记录,也可以根据平时对幼儿的观察进行事后记录。

　　此外,行为检核表法除了可以记录单个幼儿的行为表现,也可以记录整群幼儿某方面的表现。比如,表 5-8 列出的幼儿饮食行为检核表可以帮助教师记录班级幼儿在饮食方面的行为表现,了解班级饮食常规的建立情况,也可以具体分析每个幼儿的饮食习惯,帮助幼儿纠正不良饮食行为。

表 5-8　幼儿饮食行为检核表

幼儿编号	进餐前			进餐时				进餐后		
	认真洗手	安静等待吃饭	不挑食	不浪费	不暴饮暴食	细嚼慢咽	掌握正确就餐姿势	擦嘴	将桌子收拾干净	自觉漱口或刷牙
1		√	√	√	√			√		√
2	√					√		√	√	
3	√		√					√		
4	√			√	√		√			√
5		√				√		√		√

二、行为检核表法的运用

（一）制作行为检核表

行为检核表最大的优点是能为教师对幼儿的观察提供结构化的框架,使得教师在运用时方便、快捷。其内容是依据幼儿的发展规律和观察目的,由教师自行确定。为了保证行为检核表的科学性与缜密性,观察者需要在观察前制订周密而详细的计划,对所观察的行为进行具体的界定,形成一份可参照的行为检核表,从而保证在使用时真正发挥出行为检核表本身的优势。因为观察者使用行为检核表法是为了检核目标行为是否出现,所以事先有逻辑、清晰地列出所需要观察的行为是十分必要且重要的步骤。观察者可以依据观察目的选用他人编制的成熟的检核表,也可以自行编制行为检核表。在制作行为检核表时,可以按照以下几个步骤进行。

1. 确定观察目标,列出目标行为

确定观察目标是进行观察的首要程序。观察者需要确定观察目标是什么,期望了解幼儿哪方面的行为表现,然后根据观察目标确定观察维度。例如,李老师想了解班上幼儿自我控制能力的发展情况。为了便于观察记录,李老师最终决定采用行为检核表法来对幼儿的自我控制行为进行观察记录。那么,幼儿的自我控制能力包括哪些方面呢? 李老师通过查询相关文献资料,发现幼儿的自我控制能力主要包含以下 4 个维度:① 自制力;② 坚持性;③ 自觉性;④ 自我延迟满足。确定观察维度之后,需要将维度逐一分解为可观察到的具体行为。比如,上述案例中幼儿自我控制能力的第 4 个维度是"自我延迟满足"。观察者首先要了解"自我延迟满足"的概念,也就是要对其下操作性定义,自我延迟满足指一种为了更有价值的长远结果而放弃即时满足的抉择取向,以及在等待中展示的自控能力。从以上操作性定义可知,自我延迟满足是幼儿自我控制能力的重要体现,在自我延迟满足的过程中,幼儿自己做选择并在延迟的过程中不断地控制、调节自己的情绪,抵抗诱惑。联系幼儿园的教学实践经验,李老师计划从以下 3 个情境中了解幼儿自我延迟满足的情况。

项目	是	否
老师告诉幼儿每做一件好事就可以得到一朵小红花,得到了3朵时老师可以给小朋友一件玩具玩;如果不喜欢老师提供的玩具,再坚持得2朵花,就可以自己挑一件喜欢的玩具。某幼儿选择等待。		
当游戏结束后,老师要求幼儿将玩具重新摆好,并表明摆得最好的幼儿下一次可以优先玩。某幼儿会努力将玩具摆到最好。		
幼儿园要求幼儿午饭后自己摆碗筷,尽管值日时某幼儿会比其他幼儿晚一点吃饭,他仍会认认真真地做好碗筷摆放任务。		

此外,观察者可以以我国《幼儿园教育指导纲要(试行)》(以下简称《纲要》)为理念基础,以《3—6岁儿童学习与发展指南》(以下简称《指南》)或其他国内外幼儿行为发展常模为参照,形成对幼儿在某一特定年龄段内学习与发展的合理期望,从而制定行为指标。比如,《指南》中分别列出了3—4岁、4—5岁、5—6岁三个年龄段的幼儿在健康、语言、社会、科学和艺术五大领域中应该达到的水平,为观察者提供了借鉴。观察者可以据此设计相应的行为检核表,来了解幼儿在各个领域的发展状况。表5-9就是根据《指南》的语言领域中5—6岁幼儿"倾听与表达"能力制作的行为检核表。

表5-9　5—6岁幼儿"倾听与表达"能力行为检核表

行为表现		是	否
认真听并能听懂常用语言	在集体中能注意听老师或者其他人讲话。		
	听不懂或有疑问时能主动提问。		
	能结合情境理解一些表示因果、假设等相对复杂的句子。		
愿意讲话并能清楚地表达	愿意与他人讨论问题,敢在众人面前讲话。		
	会说本民族或本地区的语言和普通话,发音正确清晰。少数民族聚居地区幼儿基本会说普通话。		
	能有序、连贯、清楚地讲述一件事情。		
	讲述时能使用常见的形容词、同义词等,语言比较生动。		
具有文明的语言习惯	别人讲话时能积极主动地回应。		
	能根据谈话对象和需要,调整说话的语气。		
	懂得按次序轮流讲话,不随意打断别人。		
	能依据所处情境使用恰当的语言,如在别人难过时会恰当的语言表达安慰。		

2. 组织整理行为指标,制作行为检核表

将目标行为指标细化后,需要按照逻辑将细化后的行为指标进行组织整理。观察者可以按照自身习惯、观察计划、幼儿活动时的场地顺序、活动开始的时间顺序或者行为的难易程度等多种原则对项目进行排列。上述案例中的李老师则是按照行为类别的方式进行排列。另外,行为检核表中列出的观察指标在表述上应该尽量使用正向的表述方式,而且应使用客观描述性的、非判断性的语句,以保证所观察内容的具体、详细、客观。例如,对幼儿"自制力"的行为指标进行表述时,可以表述成"当他许诺做自己力所能及的事时,能履行",最好不用"当他许诺做自己力所能及的事时,不能履行"这样反向的表述方式,也不能用"言出必行"这样笼统的、带有主观色彩的判断性的词汇、语句进行表述。

由于行为检核表较为简单,仅记录目标行为是否出现,如果观察者还希望记录其他内容,可以在表格中增设相关部分。例如,如果观察者的观察目标是观察记录幼儿自我控制能力的发展状况及幼儿第一次表现自我控制行为的时间,观察者可以在检核表中添加一列表格以记录该信息,以自我延迟满足这一维度为例,具体形式如下。

	项目	是	否	如果为否,则记第一次出现的时间
自我延迟满足	老师告诉幼儿每做一件好事就可以得到一朵小红花,得到了3朵时老师可以给小朋友一件玩具玩;如果不喜欢老师提供的玩具,再坚持得2朵花,就可以自己挑一件喜欢的玩具,他选择等待。			
	当游戏结束后,老师要求幼儿将玩具重新摆好,并表明摆得最好的幼儿下一次可以优先玩,他会努力将玩具摆到最好。			
	幼儿园要求幼儿午饭后自己摆碗筷,尽管值日时他会比其他幼儿晚一点吃饭,他仍会认认真真地做好碗筷摆放任务。			

3. 完善行为检核表

有学者提出,完整的检核表由两部分组成,一部分是活动检核表,即幼儿在一定时间内的特定行为表现;另一部分则是静态描述项目(静态指标)。静态指标指能被轻易标注、记录的情境或幼儿的固定特性,这些项目的记录资料具有较强的稳定性,包括幼儿的姓名、性别、年龄、编号、观察时间、观察地点、观察者、被观察者的家庭情况等,需要观察者事先填好。上述案例中,李老师的观察目标是了解幼儿自我控制能力的发展情况,而幼儿的性别、年龄、主要照顾者的情况等都是影响幼儿的自我控制能力发展的重要因素,所以李老师设计行为检核表时加入了幼儿的性别、年龄、主要抚养者等因素,以便更加全面地分析不同性别、不同年龄、不同类型抚养者的幼儿自我控制行为表现及其原因。

幼儿姓名: 性别: 年龄: 编号: 观察时间: 观察地点: 观察者:	
主要抚养者	□父母　□(外)祖父母　□保姆或其他

这份行为检核表的观察目标是了解幼儿自我控制能力的发展状况,每位幼儿一份。为了明晰上述情况,李老师在行为检核表后加入了以下说明:

(1)该行为检核表用于对幼儿自我控制能力的观察。

(2)每位幼儿一份表格,逐条检查并评定。

李老师最终设计出的完整的幼儿自我控制能力检核表如表5－10所示。

表5－10　幼儿自我控制能力检核表

幼儿自我控制能力检核表			
幼儿姓名：　　　性别：　　　年龄：　　　编号： 观察时间：　　　观察地点：　　　观察者：			
主要抚养者　□父母　□(外)祖父母　□保姆或其他			

项目	是	否	如果否,记第一次出现的时间
自制力 1. 当他许诺做自己力所能及的事时,能履行。			
2. 举手回答问题时,能等到被叫到自己名字后才回答。			
3. 在接受教育活动时,能将简单的故事或画册内容听/看到最后。			
4. 在猜谜语游戏时,老师说谁猜出来会有奖励但每个人只有一次回答机会,他会努力地思考一会儿,得出比较满意的答案。			
5. 对老师要求完成的工作,即使不喜欢,也能完成。			
坚持性 6. 遇到自己开始做不好的事时,能坚持,直到做好为止。			
7. 当发现自己正在做的任务挺困难时,仍会努力坚持做下去。			
自觉性 8. 当发现自己的行为违反了日常规范时,能马上改正。			
9. 当老师开始讲话时,能停下手中正在做的事去听。			
10. 老师要求听故事时保持安静,老师离开时他也能做到。			
11. 午睡时,老师不让说话,当别的小朋友与他说话时,能不理睬。			
12. 当老师不在时,在游戏中也能遵守游戏规则。			
13. 在玩排队等候的游戏时,玩完后能自觉排在队尾。			
自我延迟满足 14. 老师告诉幼儿每做一件好事就可以得到一朵小红花,得到了3朵时老师可以给小朋友一件玩具玩;如果不喜欢老师提供的玩具,再坚持得2朵花,就可以自己挑一件喜欢的玩具,他选择等待。			
15. 当游戏结束后,老师要求幼儿将玩具重新摆好,并表明摆得最好的幼儿下一次可以优先玩,他会努力将玩具摆到最好。			
16. 幼儿园要求幼儿午饭后自己摆碗筷,尽管值日时他会比其他幼儿晚一点吃饭,他仍会认认真真地做好碗筷摆放任务。			

说明：

(1) 该行为检核表用于对幼儿自我控制能力的观察

(2) 每位幼儿一份表格,逐条检查并评定。

（二）进行观察记录

行为检核表制作完成之后,观察者就可以使用该检核表进行观察记录了,但在观察记录的过程中需要注意以下几个方面的问题。首先,观察者需要明确观察目标并熟知观察记录表中的行为项目。如果条件允许,尽量在正式观察之前进行预观察,以对观察记录表和观察计划等内容进行调整与完善。其次,在正式记录前,观察者要选择适宜的观察地点或情境。比如,要对幼儿入园适应行为进行观察,观察者可以在任何地点或情境随时进行记录。但是,如果要对幼儿同伴交往行为进行观察,则需要在幼儿与同伴进行社会互动时观察。再次,在进行行为检核时,观察者要尽量保持客观,避免对被观察者产生偏见。最后,观察者要选择统一的记录方式。行为检核表法只是观察记录行为是否出现,所以记录方式一般是在相应的表格中打钩,表 5-11 是东东的自我控制能力的检核表。

表 5-11　东东自我控制能力检核表

幼儿自我控制能力检核表				
幼儿姓名:东东　　性别:男　　年龄:4 岁 8 个月　　　　编号:10 观察时间:2023 年 9 月 5 日　　观察地点:中一班教室　　观察者:×××				
主要抚养者　　□父母　　□(外)祖父母　　□保姆或其他				
项目		是	否	如果否,记第一次出现的时间
自制力	1. 当他许诺做自己力所能及的事时,能履行。		√	2023.9.8
	2. 举手回答问题时,能等到被叫到自己名字后才回答。	√		
	3. 在接受教育活动时,能将简单的故事或画册内容听/看到最后。	√		
	4. 在猜谜语游戏时,老师说谁猜出来会有奖励但每个人只有一次回答机会,他会努力地思考一会儿,得出比较满意的答案。	√		
坚持性	5. 对老师要求完成的工作,即使不喜欢,也能完成。		√	2023.9.12
	6. 遇到自己开始做不好的事时,能坚持,直到做好为止。		√	2023.11.14
	7. 当发现自己正在做的任务挺困难时,仍会努力坚持做下去。		√	2023.11.24
自觉性	8. 当发现自己的行为违反了日常规范时,能马上改正。	√		
	9. 当老师开始讲话时,能停下手中正在做的事去听。	√		
	10. 老师要求听故事时保持安静,老师离开时他也能做到。		√	2023.10.13
	11. 午睡时,老师不让说话,当别的小朋友与他说话时,能不理睬。		√	2023.10.15
	12. 当老师不在时,在游戏中也能遵守游戏规则。		√	2023.9.26
	13. 在玩排队等候的游戏时,玩完后能自觉排在队尾。		√	2023.9.20

(续表)

项目		是	否	如果否,记第一次出现的时间
自我延迟满足	14. 老师告诉幼儿每做一件好事就可以得到一朵小红花,得到了3朵时老师可以给小朋友一件玩具玩;如果不喜欢老师提供的玩具,再坚持得2朵花,就可以自己挑一件喜欢的玩具,他选择等待。	√		2023.9.28
	15. 当游戏结束后,老师要求幼儿将玩具重新摆好,并表明摆得最好的幼儿下一次可以优先玩,他会努力将玩具摆到最好。	√		2023.9.20
	16. 幼儿园要求幼儿午饭后自己摆碗筷,尽管值日时他会比其他幼儿晚一点吃饭,他仍会认认真真地做好碗筷摆放任务。	√		2023.9.7

说明:
(1) 该行为检核表用于对幼儿自我控制能力的观察
(2) 每位幼儿一份表格,逐条检查并评定。

(三) 分析解释记录结果

记录完成之后,观察者需要对记录的数据资料进行分析。仍以东东自我控制能力观察检核为例,观察者可以通过行为检核表记录的数据资料分析东东在幼儿园一日生活中所表现出的自我控制能力,并结合东东的年龄、入园情况分析可能的原因。

分析

从检核表记录的结果可以发现,东东在教学活动中能够按照教师提出的规则进行游戏,这表明东东基本能够理解老师的要求,并且能够按照老师的要求控制自己的行为,所以东东的自制力发展较充分。但是老师不在现场时,或者在游戏过程中受到其他同伴的干扰时,东东往往不能继续很好地控制自己的行为,需要成人的再次提醒,这说明东东的自觉性能力不足。东东在遇到困难和挫折时经常选择放弃,不能很好地坚持自己的行为,这说明其坚持性发展不够充分。当遇到"等一等才有更好的奖赏"这种情况时,东东不太能够坚持等待,但是在当值日生时东东愿意晚一点吃饭来为别的小朋友服务。东东每次当值日生时都主动要求做餐前服务的工作,说明他本身很喜欢当小值日生,所以在这种场景中,吃饭作为"奖赏"的吸引力没那么充足了。可见,东东延迟满足能力的发展也不是很充分。

评价

4—5岁是儿童自我控制能力迅速发展的阶段,同年龄段的男生发展速度会略慢于女生。总体来说,东东的自我控制能力发展得不是很理想,尤其需要加强坚持性、自觉性和自我延迟满足的能力。

建议

教师可以为东东设立一个正确的行为标准,对东东自我控制能力低的行为进行解释和说明，帮助他选择一种合适的行为方式。当东东出现一些不当行为时，教师不应当呵斥他，而是应当试着理解幼儿的行为，了解其行为背后的原因，然后帮助幼儿理解他们的行为为何是不适当的。

三、行为检核表法的优缺点

（一）行为检核表法的优点

（1）行为检核表法对于观察者来说比较容易使用和操作。

与其他观察方法相比，行为检核表法的优势在于，它事先对所要观察的行为进行了有效的总结和诠释，方便观察者在幼儿活动中随时捕捉幼儿的学习过程与行为表现。行为检核表的制作和使用不需要耗费昂贵的器材和设备，在使用行为检核表进行观察记录时，多采用封闭性填答的方式，观察者只需要提前熟悉行为检核表的项目，等待幼儿相关行为出现时打钩即可。另外，行为检核表法应用广泛，适用于观察和检核幼儿的认知、社会性和动作技能等不同领域的发展情况，并且没有观察时间的限制，观察者在户外活动、区域活动或者集体活动等都可以使用。

（2）行为检核表法的观察结果便于进行量化处理，并且能够进行多元运用。

由于行为检核表法所得到的资料本身量化程度较高，所以在统计分析时不需进行转化就可以直接计算，这在一定程度上节省了观察者的精力和时间。在分析结果的运用上，一方面，行为检核表法的观察结果可以用来评估幼儿不同方面的发展状况，为幼儿的教育提供指导；另一方面，观察者可以在不同时间使用相同的行为检核表对幼儿的行为进行观察记录，由此掌握幼儿的动态发展状况，从而及时改进教学计划，为幼儿发展提供支持。

（3）行为检核表法可以作为进一步深入研究的基础方法。

由于行为检核表的适用范围比较广泛，并且方便易行，观察者可以把它作为一个初步观察的方法，从中发现和选取有意义的行为，再使用其他方法（如事件取样法、实况详录法等）进行深入、细致的观察，这样可以有效避免耗费观察者的时间和精力。

（二）行为检核表法的缺点

（1）当观察对象是幼儿群体时，行为检核表法的使用对观察者自身的要求比较高。

在观察整群幼儿时，观察者需要兼顾每个幼儿，但一个人的精力毕竟有限，尤其当幼儿的目标行为同时出现时，观察者如何完整地记录行为就会成为重要挑战，这可能造成观察记录的遗漏，从而直接影响观察结果。另外，观察者只有熟悉并清晰地界定检核表中所有的行为项目，才能确保记录的有效性，但是在对行为进行判定时容易带有主观色彩，可能降低记录结果的信度。

（2）行为检核表法记录结果的量化程度较高，但不能对幼儿的行为进行详细记录。

行为检核表是针对行为进行的总结性评定，可以用来记录行为发生的情况，但是不能完整记述行为发生的过程。观察者只是记录了某种行为是否发生，并没有记录行为发生的前因后果、具体的发生时间和情景、持续时间和程度等信息，这可能会影响观察者对幼儿行为的解读。

（3）行为检核表的制定容易存在不完善的问题。

观察者事先将幼儿可能出现的行为编制成行为检核表，但幼儿的行为难以被全部预测到。当幼儿出现了非预测性的行为时，观察者可能会产生困惑，不知道是否应该记录这一行为，这也可能造成记录的不准确、不完整。

本章主要内容导图

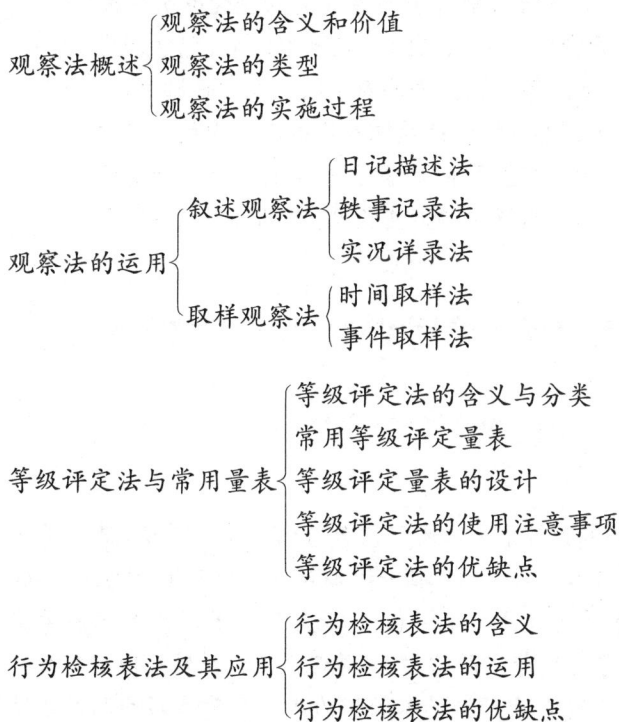

观察法概述 ⟨ 观察法的含义和价值 / 观察法的类型 / 观察法的实施过程

观察法的运用 ⟨
 叙述观察法 ⟨ 日记描述法 / 轶事记录法 / 实况详录法
 取样观察法 ⟨ 时间取样法 / 事件取样法

等级评定法与常用量表 ⟨ 等级评定法的含义与分类 / 常用等级评定量表 / 等级评定量表的设计 / 等级评定法的使用注意事项 / 等级评定法的优缺点

行为检核表法及其应用 ⟨ 行为检核表法的含义 / 行为检核表法的运用 / 行为检核表法的优缺点

思考与练习

1. 简述观察法的基本类型。
2. 什么是轶事记录法？轶事记录法有何优缺点？
3. 什么是时间取样法？时间取样法有何优缺点？
4. 什么是事件取样法？事件取样法有何优缺点？
5. 什么是等级评定法？等级评定法有何优缺点？
6. 什么是行为检核表法？行为检核表法有哪些基本步骤？
7. 请尝试设计针对儿童户外游戏中的分享行为的观察方案。

第六章　调查法及其教研应用

本 章 概 要

　　调查研究法(简称调查法),是介于质性研究和量化研究之间的一种方法。本章主要介绍了调查法的一些基本内容,包括调查法的含义、特点、类别、实施等。在依据调查手段分类的基础上,对典型的调查法进行了详细的介绍。在具体操作的内容中包含了对问卷调查、访谈调查的含义、适用性、步骤及注意事项等方面的介绍,这些内容将有助于学习者掌握调查法的操作技能,为以后的研究生涯奠定基础。

案例导引

　　实验幼儿园为了更好了解家长对于幼儿园学前教育的态度和看法,进行了一次问卷调查,并对调查数据进行了深入分析。幼儿园一共收集了 100 位家长的问卷数据,他们的孩子都在不同的年级接受学前教育。在问卷中,涵盖了家长对于幼儿园学前教育质量、师资水平、课程设置、教学环境等方面的看法,并邀请他们对幼儿园学前教育提出意见建议。在问卷调查中,幼儿园发现 85% 的家长认为教育质量是影响他们选择幼儿园的最重要因素。在教育质量的评价上,有 60% 的家长对现有的教育质量较为满意。通过对不满意家长提出的建议分析,发现家长主要关注幼儿园教师的教学水平和关怀能力,以及幼儿园的教学环境和设施。

　　基于以上案例,家长对幼儿园有哪些看法? 我们该如何根据这些内容完善优化幼儿园教育活动? 这些问题,正是使用调查法可以给予支持的。

第一节 调查法概述

微课

调查法概述

一、调查法的含义与特点

（一）调查法的含义

调查法是指从某一总体中按照一定的规则抽取特定的样本，采用特定的工具来收集与调查对象相关的资料，并通过对样本的分析、比较来推论总体情况的一种研究方法。调查法能在相对较短的时间内收集到大量信息，主要采用访谈、问卷和测量三种方式进行。

调查法的使用可以是为了考察研究对象发展的现状或规律，如"广东省幼儿园等级评估工作现状的调查研究""3—6岁幼儿数概念的发展与规律研究"；也可以是为了寻找教育中存在的问题或具有某种特征的幼儿，弄清事情的来龙去脉，为进一步的研究或决策提供观点和论据，如"0—3岁低体重早产儿的认知发展状况""农村地区3—6岁留守儿童情绪调节策略调查研究——以广东省为例"；还可以了解发展的历史，对未来的趋势作出预测，如"不同社会经济文化背景对儿童行为的影响——一项跨文化儿童行为调查研究"等。

（二）调查法的特点

1. 调查对象的范围广泛

调查法是在自然状态下，主动收集资料的一种研究方法，它避免了观察法被动等待观察现象出现的缺点，也不像实验法需要操纵和控制调查对象。因此，调查研究的对象非常广泛，可以是某一位幼儿或老师，可以是某一个班级或某一所幼儿园，也可以是某一个地区或国家。调查研究涉及的问题也很广泛，从理论上说，一切学前教育现象都可以作为教育调查研究的对象，不受时空限制。

2. 调查手段和途径多样

在调查研究中，可以采用的方法和途径比较多，根据课题的大小和性质，以及自身的情况，研究者既可以通过访谈、座谈等方式深入地研究某些事物与现象，又可以采用问卷、测验等手段对某些事物与现象进行区域性的、大范围的调查研究，还可以将问卷、访谈和测试结合起来进行研究，也可以借助现代科学手段收集、整理各种信息资料。如想了解幼儿教师对特殊需要儿童的认识和态度，既可以通过细致的访问、座谈等方式深入了解部分老师们的观点和看法，也可以采用问卷进行区域性大范围的调查从而了解老师们的一般性的认识和态度，还可以以测试题为工具，对幼儿教师进行测试并进行量化的分析。

3. 调查方法可操作性强

要开展调查研究，首先需要明确研究问题，提出研究假设，将抽象的问题具体化，并对核心概念进行操作化的界定，使之能够用测量的方式进行衡量。然后，需要制定详细的调查研究计划和步骤,收集到量化的数据,并在计算机的辅助下,利用相应的统计方法对数据进行分析和处理。这就使得调查法容易实现程序化、计算机化、数值化,形成一套系统的、特定的要求,具有可操作性。

4. 调查研究难以确定变量之间的因果关系

调查法主要是在自然进程中,通过收集和分析材料来考察现状和问题,属于描述性研究。它不需要也不能够像实验法那样通过主动操作和控制变量来收集资料。因此,调查法只能揭示教育问题和现象之间的相关关系,不能确定研究变量之间的因果关系。

二、调查法实施的基本步骤和影响因素

(一) 基本步骤

1. 明确调查目的和对象

明确调查目的,选择恰当的研究问题,是科学研究的首要工作,也是做好学前教育调查研究的基础。不管是为了解决学前教育中的理论问题,还是要了解学前教育中的实践问题,在调查之前都应充分论证调查的选题,明确调查所要达到的目的和所要解决的问题,并权衡方法的适切性。同时,还要查阅与本课题有关的文献资料,看看与本课题有关的研究都采用了什么研究方法,效果如何,结论是什么,哪些问题已经解决,哪些问题尚未解决,对已有研究进行梳理将帮助研究者少走弯路,节约时间和精力。明确调查目的后,就需要确定调查对象,即调查的对象是幼儿,还是老师,或是家长;是普通群体,还是特殊人群;具体是哪个年龄阶段,哪个地区范围,等等,都需要确定下来。

2. 拟订调查计划

在开始调查之前,调查人员应围绕调查目的,多渠道地搜集有关资料,以熟悉和掌握调查对象的基本情况,并通过初步分析,拟订调查计划,确定调查的重点和主题。调查计划的拟定是非常重要的一个环节,只有依据事先拟定的计划来开展调查,调查才能按部就班,有条不紊地进行,调查中的各种操作才能规范化和标准化,保证所搜集资料的客观性和真实性。调查计划主要包括以下几项内容:

调查题目:调查题目要言简意赅地说明该调查的变量及其关系。

调查对象:明确调查对象的基本情况,如人数、年龄、性别、特征等。

调查方式:明确调查要采用的具体方式,并准备相应的工具如问卷或量表,谈话计划、访谈提纲等。如果要综合运用几种方法,那么要说明各种方法的作用和使用方法。

调查经费使用:经费的使用一般包括编制调查题目及印刷费、工作人员培训费、差旅费、通信费、编写报告及印刷费、成果鉴定费等。

拟定的调查计划不可能面面俱到,因此要根据实际情况的变化,根据调查中发现的新问题不断地加以调整和完善。

3. 做好调查准备工作

调查前的准备工作是指各种技术、事物和组织准备,包括准备有关资料、配备或校对调查所需的仪器和设备,统一度量衡单位等,还包括调查组成员的培训,需要确定每一个阶段的工作任务和要求,列出研究人员之间的分工职责与合作项目等。

4. 搜集、整理资料

搜集资料是实施调查的具体步骤，就是运用各种方法了解情况，占有材料。资料的搜集可以由调查人员直接访问、记录；或者发放调查问卷，由调查对象填写；或者查阅档案文件和统计资料。具体采用什么方法要视实际需要而定，如果调查对象为年龄较小的幼儿，就不能采用发放调查问卷的形式来搜集资料。

搜集到的资料需要进行加工、整理、统计和分析。处理资料的具体方法要视资料的性质而定，对于叙述性的资料要用清楚流畅的文字加以整理，对于量化的数据，要通过描述性统计、相关分析等数据分析方法，用列表、图式等形式表示出来。

5. 撰写调查报告

撰写调查报告主要是把研究的过程和结果写成文字，对调查的事实加以分析，找出问题，分析其原因，得出结论，提出改进的意义和建议。调查报告一般由标题、摘要、背景、过程与方法、结果与讨论、结论、参考文献等组成。撰写调查报告是整个调查研究工作的最后一个环节，也是整个调查过程中至关重要的一个环节，没有调查报告的产生，就无法体现调查的目的，无法反映调查的结果，也不可能发挥调查报告所具有的指导作用。

（二）影响因素

1. 调查对象的选择会直接影响调查结果

如果是全面调查，即对研究总体中的每一个单位都进行调查，那么调查对象就很多，需要投入大量的人力、物力和财力，一般需要政府牵头，才能顺利进行。作为普通研究者，通常采用抽样调查和典型调查两种类型，抽样调查是从总体中抽取一定数量的样本，典型调查要求调查对象在调查的一类事物中具有典型性，抽样调查和典型调查都是通过调查对象来推断总体的情况，这时候调查样本就要有代表性和典型性，以免得出带有偏见的结果——结论出现以偏概全，影响可信度。

2. 研究者不能始终保证人们真实地回答所有的调查问题

尤其是当问题涉及比较敏感的话题，或者问题容易引起冲突时，调查对象往往会对问题有所顾虑，真实的观点和态度可能就会被掩盖起来。此外，人们总是会不自觉地按社会所赞许的模式（"社会期望性偏误"）来回答，或者在回答与自我相关的问题时，往往会存在自我服务偏好，即对自己、自己的行为以及他人的行为以一种有利于自我的方式进行判断或解释，这些都会影响答案的真实性和客观性。

3. 在调查中，研究者所呈现的具体方式也会影响调查的结果

如对同一个问题，研究者措辞上的一些细微差异就会影响被试的回答。因此，研究者事先需要仔细斟酌调查中要询问的一系列问题。另外，如问卷的指导语模糊不清、内容有偏差、表达有歧义、措辞有暗示诱导、内容过于复杂、数量过多等，都会影响调查结果的真实性与可信度。

第二节　访谈法及其应用

微课

访谈法概述

一、访谈法的含义

访谈法是研究人员与访谈对象通过面对面,或借助电话、网络、语音、视频等方式,进行直接交谈、互动和沟通,来搜集整理谈话内容,探索调查对象的心理状态和行为数据的研究方法。与日常谈话相比,访谈在交谈的目的、形式、交谈技巧和范围等方面都有所不同:

1. 目的性不同

日常谈话目的性不强,谈话内容没有具体的针对性和指向性,随意性比较大,谈话双方以某一个话题开始,内容会随着谈话者的兴趣随意改变和结束。而访谈是一项研究活动,在开始之前就具有明确的目的,访谈者还要把谈话的目的和内容清晰告诉访谈对象。

2. 亲密性不同

日常谈话中,一般情况下谈话双方比较熟悉,彼此也较为了解,随意性较大,见面会比较亲近,常常还会有拥抱、拍肩、摸头等身体接触,甚至还会有相互打闹的恶搞行为。而访谈双方一般以握手表示友好,保持社交距离,不会有其他的动作和接触。

3. 谈话形式不同

在日常谈话中,谈话的基本模式是:提出问题、等待回答、对方提问、双方互动,交流完全是自由的,人们谈话依据话题不断变化,不需要认真考虑一个话题和下一个话题之间的过渡。为了达到沟通的流畅,双方都可以提问题,可以通过"嗯""是吗""真棒""真有趣""我也是这样认为的"等语言进行及时互动。在访谈中,一般都是由访谈者提问,访谈对象回答相应的问题,提供访谈者需要的信息,访谈者更多的是需要认真地倾听对方怎么说,观察并鼓励对方尽可能多地谈论,可使用微笑、点头或手势等身体语言来表示想继续进行交流的意愿,在结束时需要向访谈对象道谢。

二、访谈法的优缺点

(一) 访谈法的优点

1. 使用对象范围广

访谈法是访谈者根据研究目的采用口头交流的方式进行,它不受文字读写能力的限制,访谈对象既可以是具备读写能力的成人,也可以是不具备读写能力的幼儿。

2. 容易获取广泛深入的信息

与其他研究方法相比,访谈法的最大特点是整个访谈过程是访谈者与被访谈者互相影响、互相作用的动态过程。在访谈过程中,除了访谈问题能得到访谈对象的及时反馈之外,访谈者还可以通过观察访谈对象的身体语言和细微动作,如可以将一些容易忽视的表情和手势作为线索，积极主动思考、感受访谈对象陈述观点的来源和背景，把握研究对象建构意义的过程以及揭示意义的过程，获得更为翔实和深入的资料。

3. 方式时空等比较灵活

就访谈的方式来看，访谈可以面对面进行，也可以采用电话、网络进行；可以是一对一的访谈，也可以是一对多或多对多的座谈；时间可约定，可以在实验室、办公室、幼儿园进行，也可以在休闲场所和室外开展；也可以与问卷法等其他方法综合使用。

（二）访谈法的缺点

1. 时间成本高

访谈调查在开展之前，需要花费时间与访谈对象进行沟通，预定时间、地点，确定是否使用现代化的录音录像设备等。在访谈过程中也可能会遇到各种难以意料的事情或困难，需要研究者付出较多的物力和精力。与问卷调查相比，访谈法不能开展大规模的调查，一次只能收集到有限的资料，需要消耗更多时间，成本较高。

2. 对访谈者要求高

访谈常常在陌生人之间展开，需要访谈者具有较强的沟通能力，在访谈之前就能与访谈对象建立关系，熟悉彼此。访谈对研究者的人际交往能力、随机应变能力、处理问题能力也有较高的要求。在访谈过程中，需要访谈者营造出轻松开放的氛围，使访谈对象处于轻松的状态，自由地谈论自己的看法和观点。访谈者还要掌握倾听和适当的回应技巧，能够敏锐地捕捉到访谈中的时机进行提问，以保证访谈能够顺利、深入进行。

3. 结果处理的难度大

访谈收集到的资料主要是以文字、录音的形式，而不是以数字的形式展现，需要花费很多的时间和精力来分析、转录和重构这些数据，进行定量研究有较大难度。研究者应当清晰如何利用电脑软件和程序对文字资料进行编码，寻找编码之间的关系，建立更多的抽象概念，并形成假设和结论。

4. 受访谈对象的影响大

每一位访谈对象的都具有独特的特点，他们的表达能力和感知能力都不相同。有的访谈对象可能比较热情，研究者很容易和他建立关系，访谈很快就能顺利开展；有的访谈对象可能需要一段"热身暖场"的时间，研究者要具有足够的耐心，并提供一些支持和鼓励，他们才能用自己的语言自由表达。

三、访谈的功能和类型

（一）访谈的具体功能

（1）了解受访者的所思所想，包括他们的价值观念、情感感受和行为规范。观察法只能观察到外在的行为和表现，很难进一步了解研究对象真正的想法和内心世界。访谈则可以了解到访谈对象的心理活动，还有他们对待一些问题的真实看法和观点。

（2）了解受访者过去的生活经历和他们耳闻目睹的有关事件，以及他们对这些事件的意义解释。访谈是一个信息互通，建构意义的过程，访谈者非常关注受访者的"过去",希望能依据他们对这些事件的理解和解释,了解他们看待某一现象的观点和看法。

(3)对研究的现象获得一个比较广阔、整体的视野,从多重角度对事件的过程进行比较深入、细致的描述。访谈结束后,研究者会对材料进行科学的处理和分析,从中解读出深层次的意义、特点和规律,以及问题与成因等。

(4)能为研究提供指导。通过访谈形成的资料,可以为形成理论提供依据,为后续更深入的研究,以及其他量化研究提供指导。

(5)帮助访谈者与受访者建立良好的人际关系。访谈使双方从陌生逐渐变得熟悉,能够相互交流和信任。

(6)访谈者通过认真的倾听,积极的回应,让受访对象因为自己的声音被别人听到而感受到尊重和理解,感到更加有力量,进而影响到对自身文化的解释和建构。

(二)访谈研究的类型

根据不同的维度,访谈调查可以划分为很多种类。按照访谈的提问方式,可以分为结构性访谈和非结构性访谈;按照访谈的次数,可以分为一次性访谈与重复性访谈;按照参加访谈的人数,可以分为个别访谈和集体访谈;按照是否遵循计划,可分为正式访谈和非正式访谈;按照访谈双方的接触方式,可分为直接访谈和间接访谈;按照访谈对象是否有特殊需求,可分为特殊访谈和一般访谈。

1. 结构访谈和非结构访谈

结构访谈,又称封闭式访谈,是按照统一的设计要求,根据固定结构的提纲而进行的访谈,研究者对访谈的走向和步骤具有主导作用。

非结构访谈,又称开放式访谈,访谈者对受访者的条件、所要询问的问题等只有一个粗略的基本框架,访谈者鼓励受访者依据自己的兴趣讨论,访谈者可以根据访谈时的实际情况灵活地作必要的调整,抓住访谈对象提到的某些话题或事件做进一步的深层交流。

此外,还有半结构访谈,也称半开放式访谈,即研究者对访谈的结构具有一定的控制作用,但同时也允许受访者积极发挥和拓展。

2. 一次性访谈和重复性访谈

一次性访谈指人们对某一生活时刻或某段时期内的思想、态度及行为等方面情况进行的一次性完成的访谈调查。因是一次性完成的,所以得到的结果多为静态信息。

重复性访谈也称纵向访谈或跟踪访谈,指需要经过多次访谈才能完成的调查。重复性访谈主要反映的是人们的思想、态度和行为随着时间的推移和其他环境条件的变化而发生变化的情况。

3. 个别访谈和集体访谈

个别访谈是对每一个访谈对象逐一进行单独访谈。个别访谈的方式灵活,适应性强,能收集到较为真实和细致的资料。

集体访谈通常以座谈会或调查会的形式展开,是由一名或几名访谈者召集一些访谈对象,对相关主题征求意见的一种调查方法。如果集体访谈运用得当,可以节省访谈时间,收集到更广泛和更深入的资料。但是如果运用不当,则可能导致形式主义和走过场,访谈如蜻蜓点水,听不到真实的看法和观点。

4. 正式访谈和非正式访谈

根据访谈的正式程度,访谈法分为正式访谈和非正式访谈。正式访谈就是双方事先约定好时间、地点,并且访谈者在访谈前要制定访谈计划和访谈提纲,在访谈过程中双方就在提纲范围内进行交谈。正式访谈的计划性的特点有助于访谈顺利、有序地进行,并且也可以获得较为全面的资料,不会遗漏。但也存在一定的局限性:访谈气氛过于正式会限制被访者的自然交流,可能会使被访者感到拘束和紧张,限制访谈资料的收集。

非正式访谈具有较强的随意性,访谈双方并没有事先约定访谈时间、地点甚至很可能是巧遇;在访谈内容方面也没有事先安排,往往是访谈双方兴之所至,侃侃而谈。在这种轻松、自然的状态下,被访者更愿意倾吐自己的想法和现点,使访问者获得更多的深度资料。在初次接触或第一次访谈时,可采用非正式访谈来访谈双方建立良好合作关系,并有助于了解被访者的语言习惯、个性特征等。但是,非正式访谈的随意性很可能使访谈陷入无序状态,访问者往往只关注于自己感兴趣的内容而忽略其他与研究主题相关的问题。

在访谈研究中,访问者也可将这两种访谈方式结合使用:初次见面时,更适合使用非正式访谈;随着访谈计划的实施,可转为正式访谈。

5. 直接访谈和间接访谈

直接访谈,即访谈双方面对面地进行访谈。访问者可以通过对方的表情、动作等非言语信息,获得更详细的资料。间接访谈则是访谈双方通过电话和网络等通信手段完成的,当访谈双方因距离遥远或时间有限等问题难以进行直接访谈时,便可选取此种方式完成访谈。

6. 特殊访谈和一般访谈

特殊访谈一般指对儿童进行的访谈。儿童访谈是以学前儿童和学龄儿童为访谈对象,由于儿童的年龄及发展特点、知识水平和理解方式不同于成人,所以在访谈过程中需要一些特殊的方法和技巧。比如,要与儿童建立亲切、友好的互动氛围,采用游戏、故事等儿童喜欢的活动形式等。在提问的时候也要用儿童能够理解和领会的方式,而不是用恐吓和诱导的方式提问,以免儿童由于不良情绪、暗示或为了讨好成人而提供不真实的回答。还应该注意儿童的注意力特点,一次访谈时间不宜过长。儿童访谈之外的我们称之为一般访谈,是对普通的没有特殊需求的访谈者进行的访谈。

四、访谈的过程

(一) 制定访谈计划

当确定了研究课题及研究方法——访谈法之后,研究者就要思考如何使用访谈法收集研究资料,设计访谈过程。在此阶段,研究者主要思考三个问题:谈什么、为什么要使用访谈法、如何进行访谈。对以上三个问题的回答将直接决定访谈的性质,访谈的问题结构、访谈的形式以及访谈结果的处理分析。

首先，明确访谈目标，即通过访谈获取哪些信息。研究者可以通过以下问题帮助自己完成这项工作：

（1）针对研究课题，我对被访者的哪些方面感兴趣？

（2）我努力探究的是什么？

（3）除了我感兴趣的部分，哪些问题还影响推断结论从而应包括在访谈之中？

微课

访谈法的过程及注意事项

在此阶段，研究者只要对访谈内容有概括性的把握即可，访谈提纲及具体问题的提出可在随后的过程中完成。

其次，思考访谈法对得出研究结论有哪些优势和局限性。对此问题的探究，可使研究者更加明确哪些信息资料可以通过访谈方式获得，哪些研究要求是访谈法无法达到，并可以通过使用其他研究方法作为辅助方法来完成的。

最后，设计访谈的进程，制定时间表。为确保研究的有序进行，研究者对完成所有访谈要有个大致的时间把握，为应对突发情况，时间表可相对宽松。

（二）选择访谈对象

在访谈研究中，研究对象的选择多为研究者的自我选择，而非在抽样方法中介绍的随机取样。其原因主要有两点：一方面，因为随机取样的实现依托个数最庞大的研究对象群；另一方面，访谈的进行必须得到被访者的许可，这就更多体现了研究者的个人选择。

但是研究者在选择访谈对象过程中，也可以将抽样法和自我选择相结合。在使用适当的抽样方法选择一定的被访者群体之后，要逐个与这些被访者进行初次联系与沟通，主要目的是向被访者介绍研究者的背景、研究项目、访谈的目的和主要内容。介绍之后，应询问被访者是否愿意参加后续的正式访谈。如果初次联系后，被访者拒绝参与接下来的访谈，那么访问者应尊重他的选择并友好地对其表示感谢。这种初次的联系可以通过电子邮件、电话的形式进行，但面对面的介绍方式可能会使研究者的形象更显真实和真诚，更易取得被访者的信任和接受。

那么，到底多少被访者才是恰当的呢？国外有学者研究得出，如果进行深度访谈，被访者人数在 25 位左右比较合适。但是这个数字并不是绝对的，不同的研究目标、研究内容对被访者的要求也不尽相同，只要能够收集到足够的、有代表性的信息资料即可。判断被访者已经充足的标准有两个：一是所选被访者的代表性，即所选被访者能够代表总体的所有特征；二是信息的饱和度——如果在对数名被访者进行访谈后，访问者发现已经没有新信息出现，这时便不必再选择新的被访者，可以结束访谈了。选择访谈对象时需对以下几个问题格外注意：

1. 慎选受访者

访谈对象的选择必须能够代表总体的所有特征。如果受访者的选择过于单一，那么在结论的得出和推广中也会出现问题。在选择被访者的过程中应尽量将以下几种人群排除在外。

(1) 熟人、朋友、领导或下属

对于访问者尤其是初次进行访谈的人员来说,熟人和朋友由于已经与访问者建立了稳定的、较为亲近的人际关系,无疑是较为容易选择的访谈对象。但是,已建立的人际关系会影响访问者客观、中立地把握访谈内容,因此,访谈对象要尽量避免从熟人和朋友中选择。此外,访谈进行的第一原则就是访问者与被访者的平等与尊重。如果访问者与被访者之间存在等级、利害关系,那么受访者可能会隐藏自己的真实想法,或为迎合受访者而刻意作出有倾向性的回答。因此,领导和下属也应尽量排除在外。

(2) 排除初次拒绝参加访谈的人和特别积极参加访谈的人

当与受访者进行初次联系后,可能会有部分受访者拒绝参加后续的正式访谈。面对这些拒绝参加访谈的个体,有些访问者可能为了确保受访者的数量,反复请求受访者参加后续访谈。但这些初次联系就拒绝参加的个体可能根本对访谈就不感兴趣,或者由于个人原因无法参与,这时候即使受访者在强烈的请求下参加了访谈,访谈的质量也会受到很大影响。而那些特别积极参加访谈的个体,可能在访谈背后看到了更多的利益关系,或者将访谈看成"申诉"、反映意见的机会,这种受访者在回答的真实性上也会出现问题,主观性太强。

2. 访谈要得到监护人、管理者的许可

如果访谈对象是18岁以下的未成年人,那么访问者必须在正式开始之前向其监护人(通常是父母)介绍访谈目的、主要内容,以及在访谈过程中如何确保不会伤害未成年人的具体策略,在征得监护人的同意后方可进行访谈。如果访谈对象涉及某个群体组织,访问者也应征得该群体管理者的同意,以确保后续访谈不会因受到管理方面的拒绝而失败。例如,访问者要对某幼儿园的新入职幼儿教师进行访谈,在访谈开始之前,要首先征得该幼儿园园长或其他主管此方面的管理者的同意。但访问者要正确处理与管理者的关系,尤其是与受访者见面时,最好不要有管理者的陪同,以免受访者感受到来自管理者的压力,进而在访问过程中刻意表现或有所隐瞒。

(三) 确定访谈形式

在制定访谈计划和选定访谈对象之后,接下来需要确定访谈形式。确定访谈形式时,应根据访谈目的和预期结果,同时考虑时间、地点、成本和私密性等因素。

(1) 了解访谈对象:首先要了解他们的偏好、需求和期望。

(2) 确定时间和地点:选择一个对访谈对象方便的时间和地点,并考虑是否需要在访谈过程中更换地点以便于调整。同时,根据访谈的预期时长选择合适的访谈形式,例如面对面访谈适合较长时间的访谈,电话访谈则适合较短时间的访谈。

(3) 考量经济预算:研究需要经费支持,选择访谈形式时要考虑研究预算,确保不同访谈形式的经济成本在预算范围内。

(4) 评估技术需求:如果计划采用在线访谈或电话访谈等间接形式,需确保具备必要的技术设备和软件支持,如笔记本电脑和腾讯会议软件等。

(5) 保障私密性要求:若访谈内容包含敏感信息,应选择能够保护受访者隐私和信息安全的访谈形式,如"一对一"个别访谈。

（6）考虑受访者舒适度：受访者在不同访谈形式中的舒适度体验将影响他们分享信息的数量和质量。

此外，还需考虑访谈信息的记录和分析方法，不同的访谈形式可能需要不同的方法，要尽量兼顾。

（四）编制访谈提纲

微课

访谈提纲的编制

确定了访谈形式之后，研究者接下来要做的便是拟定访谈提纲。不同的访谈形式对访谈提纲的要求也不尽相同。如果是非结构或半结构访谈、非正式访谈之类的质性研究，那么访谈提纲相当于访谈内容的提示性材料，只要粗线条地列出问题要点即可。而且在访谈过程中，访问者可根据临场情况对其进行灵活修改和调整。如果是结构访谈，访谈提纲要更为细致和严谨。研究者不仅要列出所提问题、提问顺序以及访问者的开场白和结束语，而且要尽量推测被访者的回答以及针对不同回答的后续提问。

在拟定初步的访谈问题时一般要考虑到以下几个方面：

（1）这个问题有必要问吗？

（2）是否有其他附带的问题可作为补充？

（3）通过这个问题，是否能对被访者的态度、喜好、价值、信念等方面的信息有所了解？这些信息是否值得进一步探究？

（4）被访者回答的可靠性和有效度将会如何？这是否在研究允许的范围之内？

（5）用何种措辞表达访谈题目？如何在保持价值中立的基础上，使被访者更愿意回答问题、提供信息？

无论是在质性研究还是量性研究中，访谈提纲都是对访谈过程的前置预测，在真正进行访谈的过程中还是需要访问者具备一种开放、随机应变的心态面对被访者的回答。当被访者的回答与预测完全不同时，访问者要有能力及时对访谈方向和内容进行调整。在正式开展访谈之前，访问者应从被访者中选取一个小组进行预测访谈，以核查访谈提纲设计是否合理，并对存在问题进行修改完善。

儿童访谈提纲 A

一、结合作品

1. 能给我介绍一下你的画吗？你画的图书区里面都有些什么？小朋友在里面可以做什么？

2. 你画的图书区里有些什么样的书？

3. 你画的图书区里小朋友怎么看书？怎么才能觉得舒服呢？

4. 在这个图书区里有什么规则吗？

二、结合班级图书区的现状

1. 你喜欢在班上的图书区看书吗？为什么？

2. 你喜欢看什么书？图书区里面有你想看的书吗？

3. 你想看的书好不好找？你觉得书怎么摆放比较好？

4. 你们班图书区有没有什么规则？是怎么制定的？

5. 在图书区可以做什么事情呢？有什么你想在图书区做的事情？

6. 你想老师来图书区吗？为什么？

7. 你想和谁一起来图书区活动？

8. 如果要给班上的图书区加些东西，你希望加什么？

教师访谈提纲 B

一、对幼儿学习的基本认识

1. 您觉得，幼儿主要通过什么方式学习？幼儿的学习是什么？

2. 学习对于幼儿来说，有什么价值？

3. 对于幼儿来说，在幼儿园都应该学习哪些内容？

4. 对于幼儿来说，他们的学习方式有哪些？

二、对游戏和学习之间关系的认识

1. 您觉得游戏和学习之间是一种什么样的关系？请具体解释一下。

2. 您为什么会这样觉得？

3. 您觉得游戏和学习有什么区别？

三、对幼儿自身观点的理解

1. 您觉得，大班的幼儿对自己在幼儿园内的学习有具体的认识吗？

2. 您对"学习就是上课"这种观点是怎样理解的？

3. 您对"学习要动脑筋"这种观点是怎样理解的？

4. 您对"学习比游戏更重要"这种观点是怎样理解的？

（五）实施访谈

1. 确定访谈时间、地点

在初次联系被访者接受访谈计划之后，访问者就要与被访者商定正式访谈的时间和地点。由于已取得被访者的信任和接受，商定时间和地点也可通过电话或电子邮件等方式完成。

为了确保访谈的顺利进行，访谈时间、地点的选择要尽可能以被访者的意见为主。从访谈时间上说，每次访谈要控制在 90 分钟左右。如果时间过长会使被访者感到疲劳和厌倦，影响访谈质量；如果访谈时间过短，也不利于充分获取研究所需的资料。当然，90 分钟只是个参考时间，如果被访者在 90 分钟之后仍有兴趣继续交谈，也可以适当延长。如计划对同一被访者进行多次访谈，那么，两次访谈的"间隔最长不要超过一周，最短不少于一天"。访谈地点的选择也要考虑到被访者的意见和心情，让被访者感到舒服和安全。如果可能，可以选在被访者比较熟悉的地方。一般应选择在那些单独场合、僻静环境下进行访谈，以排除外界因素干扰。有些场合看似恰当，但也存在一定的隐患问题。例如，选择在被访者的个人办公室进行访谈，就经常会受到公务拜访或电话的影响;如选择茶室或咖啡厅,属公共场合,易受打扰。

除了选择适当的访谈时间和地点之外,访问者还需注意自身的形象与着装对访谈效果的影响。因为形象与着装往往在某种程度上能够代表着一个人的品位、所承担的社会角色,甚至是价值观。尤其对于那些初次见面、缺乏互相了解的访谈双方来说,外部特征是判断对方的重要方式。因此,在与被访者见面前,访问者要预想被访者可能接受、认可的形象,并尽量靠近这样的形象。当然,这种配合也要张弛有度,一般来说,访问者只要穿着整洁、大方、得体即可。

2. 开场

访谈的成功建立于访谈者与被访者之间良好关系的基础上。访谈者在访谈开始就应创建一个舒适、安全的氛围,与被访者相互信任、相互尊重。在访谈开场时,访谈者最好不要直接切入访谈主题,这会使访谈显得突兀,而且被访者也很难进入访谈情境。访谈者可以通过寒暄、问候性的问题与被访者开始交谈。如"最近天气不大好啊""最近工作忙吗"等简短地寒暄过后,访问者应向被访者再次简单介绍访谈的目的和主要内容。访谈者可以再次强调访谈中对被访者隐私保护的具体策略,并真诚地向被访者表示在访谈范围内,愿意接受他(她)的任何信息,之后访谈便可转入正题。当然,良好访谈氛围的建立仅仅注意访谈开始的前几分钟是不够的,访问者应在整个访谈过程中敏锐观察被访者对提问的反应,并相应地调整访谈技术以保持坦率、信任的访谈氛围。

3. 提问

提问主要指访问者为获取研究资料而向被访者询问。提问是访谈中的关键环节,将直接决定访谈的主要方向和内容。访谈的问题可具体分为开放型和封闭型问题、具体型和抽象型问题。当然,提问时需避免"一题多问、暗示诱导、尴尬尖锐"等问题。

(1)封闭型和开放型问题

封闭型问题指在提问的同时列出答案以供被访者进行选择。被访者的回答只能从提供选项中选择。如:"你认为遗传因素、家庭环境、早期教育,哪个是影响幼儿智力发展的最重要因素?"封闭型问题简洁明确、直截了当,可快速获得被访者关于某一问题的观点和看法。但是封闭型问题也存在一定不足,需慎用。首先,访问者一定要注意是否隐含自己的态度或价值观,例如"你认为幼儿教师是否有必要参加学历提升培训?"这样的问题,如改为开放式问题"请你谈谈对于不同的幼儿教师学历提升培训的意义"就更加中立。其次,过多的封闭式问题,会使被访者陷入被动,影响访谈效果。

开放型问题指答案不可穷尽、无法预期的问题。开放型问题通常以"如何""为什么""怎么样"等词语作为开头。如:"实行新的课程方案后,你们班幼儿在与同伴活动时的表现怎么样?""你对我国农村学前教育的现状有什么看法?"等。开放型问题要求被访者通过自己的思考、构建来回答问题,适用于深度访谈。在质性研究中也主要使用开放型问题。但是,开放型问题并不意味着含混不清、漫无边际。访问者应针对具体情境或具体事件向被访者提问,只不过被访者的回答内容、回答方式不受限制。如,访问者问一位幼儿教师:"你如何看待早期教育对儿童发展的影响?"对方可能会感到无从谈起。如果将问题换为:"接受过早期教育的儿童与那些没有接受过早期教育的儿童有什么区别?"对方就会明白该如何回答。此外,面对开放型问题时,被访者可能思路开阔,回答会出现"跑题"现象,这也需访问者在设计问题时予以考虑,做好预防。

(2) 具体型和抽象型问题

具体型问题即针对具体事件或细节的问题,有助于唤起被访者对某事发生的情境、细节和全过程的回想,进而调动被访者的情绪和情感反应。例如,"在班级里有朋友吗?他们是男生还是女生? 你们在一起都做什么……"这样的问题就是针对具体细节的提问,可以引起被访儿童回答的兴趣,效果要优于"你喜欢和什么样的小朋友做朋友?"这样泛泛的提问。抽象型问题是指具有较高的总结性和概括性的问题,要求被访者对某事进行比较笼统的、整体性的陈述。例如,"你如何看待隔代教育对儿童发展的影响?""你认为评价幼儿教师的标准是什么?"等。抽象型问题可以快速获得被访者对一类问题或事件的总体观点,但往往由于思维的抽象和概括,而使回答不能形象具体,易遗漏重要细节。

(3) 提问中的注意事项

尽量避免"为什么……"和"是否型"问题。首先,此类问题会造成被访者被动的情绪感受,使提问更像是"审问"而不是"访谈",影响被访者回答的积极性;其次,是否型问题获得信息有限,有意义的访谈除了要了解被访者的观点,更要了解这些观点背后的原因。

避免"一题多问"。即每个问题最好只要求被访者提供一方面的信息。如果问题中所含信息过多,一方面会导致被访者混淆提问,做出错误回答。例如,"在你所教的幼儿班中,年龄较长的幼儿更加自信,而且在语言表达方面更好吗?"这个问题就将"自信和语言表达"两个信息混淆于一个提问中。另一方面,这种提问也会导致被访者忽略某些提问信息而忘记作答。例如,"你如何看待家人和同事在你职业发展中的作用?"对于这个问题,被访者可能在回答中大量叙述家人对自己工作的支持而忘记问题中的另一个要求"同事的作用"。

避免诱导、暗示、强迫性问题。在访谈过程中,访问者为获得自己需要或预想中的信息,会不自觉地出现诱导、暗示,甚至强迫被访者的现象,这种问题所获得的信息会偏离被访者的真实想法,也会影响研究的信效度。一般来说,诱导、暗示、强迫性问题主要表现为以下几种提问方式:① 问题中隐含着访问者的期望;② 使用介绍性的描述提示被访者以某种方式做出回答;③ 在问题中提出希望获得的回答;④ 说服被访者赞同你的提议;⑤ 利用他人观点向被访者施压;⑥ 重复问题以暗示被访者做出回答;⑦ 对被访者的回答消极反馈,以强迫其作答或更改答案;⑧ 对被访者施以威胁和许诺(见表6-1)。

表6-1　诱导、暗示、强迫性提问举例

提问中出现的错误	举例
问题中隐含着访问者的期望	"你并不愿意参加集体活动,不是吗?"
使用介绍性的描述提示被访者以某种方式做出回答	"一般认为,鼓励式教育的效果要远远好于其他教育方式。你经常鼓励孩子吗?"
在问题中提出希望获得的回答	"难道你不认为张老师是个好老师吗?"

（续表）

提问中出现的错误	举例
说服被访者赞同你的提议	"你是一个有礼貌、懂得谦让的孩子,我相信你会和其他同伴分享玩具,是这样吗?"
利用他人观点向被访者施压	"亮亮和明明都看到张老师打了小朋友,难道你没看到吗?"
重复问题以暗示被访者做出回答	"真的是这样吗? 我再问你一次……"
对被访者的回答消极反馈,以强迫其作答或更改答案	"你说不记得了,这是不可能的。" "你没理解我的问题,我的意思是……你可以再回答一次。"
对被访者施以威胁和许诺	"我会一直问你,直到你告诉我为止。" "不回答问题,你就不能离开。" "如果你回答问题,我会在其他小朋友面前表扬你。"

避免尴尬或尖锐的问题。在提问过程中,访问者要考虑被访者的感受,最好避开那些会使被访者敏感、尴尬的问题,否则将影响访谈气氛,也会导致被访者的戒备、抵触心理。例如,"和优秀幼儿教师相比,你有哪些不足和缺点?"这样的问题就过于直白尖锐,可能会引起部分被访教师的反感,如改为"在你的职业发展生涯中,你认为自己在哪些方面还有较大的提升空间?"就更加委婉,也更容易让被访者接受。

4. 追问

在访谈过程中,访问者除了要按照事先计划好的访谈提纲进行提问,还要对被访者回答中含混不清、访问者不理解的内容,或是对研究非常重要的特殊回答内容进行追问。追问可以帮助访问者深入挖掘被访者的观点和想法,获得更为详细的信息,是访谈中不可缺少的部分。例如,当被访幼儿教师提到在专业成长过程中最重要的因素是个人的努力,这时访问者就要深入了解被访者持这种观点的原因,以及被访者的个人经验,便可追问:"你认为个人的努力都包含哪些方面呢?""你是如何通过个人努力实现专业成长的呢?"

虽然通过追问对获得深度信息非常重要,但访问者必须掌握追问的时机和技巧,否则将事倍功半,弄巧成拙。

（1）要注意追问的时机和频率。追问应发生在访谈双方已经建立融洽和谐的关系基础上。如果在访谈之初访问者就开始追问,或者追问过于频繁就会造成被访者的压迫感和抵触情绪。

（2）当被访者滔滔不绝地表达自己观点时,即使对某些内容有疑问也尽量不要打断,否则会使被访者有不被尊重的感觉,可在被访者回答完毕再提问。

（3）正如提问中注意事项提到的,追问要注意措辞,避免那些尖锐、尴尬的问题,少问"为什么"。访问者在追问中可重复被访者的回答内容,这会使被访者更易接受。例如,"你刚才提到你感到很沮丧,你能详细说说吗?"而不是挑衅似的提问"你为什么会感到沮丧?"

5. 倾听

在访谈中,倾听是最重要的一门艺术。在访谈过程中,访问者为了获取研究资料,除了要提问,更重要的是倾听、记录被访者的回答。从某种意义上来说,"听"比"问"更加重要。

(1)倾听的意义

首先,倾听是建立良好访谈关系的基础,访问者认真地倾听代表着一种态度——"我很尊重你""你的回答对我来说非常重要";其次,"听"是收集研究资料的关键部分,没有听,访谈记录便无从谈起;另一方面,"听"也是"问"的基础,决定着"问"的内容和方向。如果没有访问者的倾听,上文中提到的"追问"也不可能实现。

(2)倾听的方式

积极的倾听应做到以下三个方面:第一个层面的倾听,是最基本层面的"听",即倾听被访者的回答内容。这要求访问者全神贯注,将自己的心智集中于被访者的回答,并对其中不理解的部分进行追问。第二个层面的倾听指倾听被访者的"内部语言",即探究被访者回答中隐含的情感、态度和价值观,这对于分析理解被访者的观点至关重要;第三个层面的倾听,要求访问者在倾听的同时要关注访谈的进程,以及被访者的非言语信息等问题。"一心二用"对于访问者来说并非贬义词,而是重要的访谈技能。作为优秀的访问者,必须能够把握访谈的节奏和效果。在倾听的过程中,要考虑访谈还剩多少时间、哪些内容已经掌握不必再问,还有哪些问题需要了解、被访者的表情和动作有何含义等问题。

(3)倾听的基本原则

倾听要遵循两个基本原则:一是不要轻易打断对方的谈话,二是容忍沉默。上文中已经提到过,被访者在回答问题时可能出现"跑题"、滔滔不绝的现象,访问者为表示对被访者的尊重,不应轻易打断。而且,在被访者的这些看似无用的回答中,也可能隐藏着某些与访谈有关的内容。当被访者沉默不语时,访问者也不要急于打破这种状态,盲目地追问,而是要判断被访者保持沉默的原因。如果被访者在思考如何作答,那么不妨多等一会儿。如果被访者感到害羞或不愿回答,那就需要访问者给予更多的鼓励,如"我知道回答这个问题对你来说有些困难,但了解这个内容对这次访谈来说很重要,你愿意帮助我吗?"如果被访者感到无从答起、没有思路,访问者可给予其一定的提示,如"我们从……谈起,好吗?"如果访问者无法了解沉默的原因,也应在沉默保持了一段时间后,再试探性地询问和提醒被访者。

(4)有效倾听者的特点

作为一名有效的倾听者,访问者应尽量做到以下几点:

在访谈前做好充分准备。提前决定好要问哪些问题、什么时间提问,使访谈按部就班地进行,以便在访谈中可以自由、自信地倾听被访者正在叙述的内容,而不是担心自己是否问了恰当的问题。这种从容、自信的表现也会对被访者有积极影响,使其感到舒适自在,信任访问者,也更愿意倾听自己的提问。

具有领会非言语信息的能力。例如被访者在访谈中的笑、停顿等想法,这些非言语信息对分析被访者的观点有重要价值。

在倾听时努力保持客观。能区分出哪些是自己所听到的事件,哪些是被访者的主观解释。少说多听,并可通过非言语方式呼应被访者的回答。

在倾听过程中也要尽量避免以下错误的出现:

过多关注自己的想法和问题,而导致不能把注意力放在被访者的想法和问题上。

只听自己想听、感兴趣的内容,而不关注被访者叙述的全部内容。

具有主观倾向,有失客观,轻信或轻率地怀疑被访者的表述。

没有为访谈做好准备,所以在应该倾听被访者叙述的时候,却在思考要问的下一个问题。

受被访者的特殊习惯、外表、口音等因素的影响而分散注意力。

6. 呼应

在访谈过程中,访问者不仅应注意如何提问和倾听,而且要考虑如何对被访者的言行做出反应,即呼应。呼应是对话关系建立的重要因素,也是传递观点、态度的渠道。在访谈中,访问者的言语、非言语的回应(如表情、动作等)一方面会向被访者传递自己的观点和态度,鼓励被访者作答;另一方面也将会对被访者的回答产生影响,甚至对被访者产生误导。因此,访问者要仔细考虑如何在呼应时既保持中立,又鼓励被访者的回答。

一般来说,呼应的方式有以下几种:认可,重复、重组和总结,"自我暴露",鼓励对方。当访问者已经听到了对方的谈话并希望其继续说下去时,采用认可、鼓励对方的呼应方式,如"噢""对""是吗""很好",或是点头、微笑、鼓励的目光等与之产生共情,使对方感到自己是被注意的、被接受的,自己说的话是有价值的,愿意继续交谈下去。但是呼应不要过多,以免打断被访者的思路。

对被访者所说的话进行重组和总结,即复述,也是一种呼应的方式。这样也能帮助对方理清思路,引导对方继续就这件事的细节进行陈述;访问者也可以通过这种方式检验自己的正确理解被访者的回答。

在一定时机下,访问者采用"自我暴露"也能够达到很好的效果。"自我暴露"就是访问者对被访者所说的内容就自己有关的经历或经验作出回应。例如,在访谈新入职教师在工作之初遇到的困难时,访问者可以坦诚地说"我刚工作的时候也很难适应新的角色,经常感到苦恼。"这样可以与被访者达到共情,缩短距离,也使访谈气氛更融洽,访谈过程也会相对顺利。但"自我暴露"要注意适度适时,如果牵强附会、夸大其词,效果也将适得其反,造成被访者的反感。

呼应的目的是建立访谈双方的良性对话关系,访问者在回应被访者的回答时,切忌对其进行评价和判断,保持中立客观姿态即可。

7. 记录访谈内容

访谈记录是访谈方法得以成功的重要保障。访谈内容的记录方式分为录音和笔录两种方式。

(1)录音

记录访谈内容是一项非常繁重的工作。如果每次访谈时间为90分钟,在90分钟内访问者既要根据访谈提纲进行提问,又要注意被访者的回答内容、情绪、非言语信息,还要将所有这一切记录下来。如果能够使用录音机、录音笔等现代媒体手段记录访谈内容，将大大减轻访问者在访谈中的工作量，使访问者更多地关注与被访者的交流。

使用录音记录的方法要注意以下问题：

录音必须征得被访者的同意。访问者应在访谈开始之前就向被访者呈现录音设备，并说明录音的原因、用处，以及对录音内容的保密措施。在征得被访者同意后方可开始录音。如果录音的请求遭到被访者拒绝，访问者也应欣然同意，并将录音设备放在被访者视力可及范围内，以打消被访者的疑虑。

应使用一定的笔录辅助录音。如上文所述，被访者的非言语信息对分析访谈内容至关重要，但录音设备却无法对其进行记录，这时就需要访问者使用笔录的方式作为补充，并在后期整理资料时将两种记录内容整合。

（2）笔录

在没有录音条件，或者被访者拒绝录音的情况下，访问者就必须使用笔录。

笔录需注意以下问题：

记录的内容方面，除了访谈双方的谈话内容外，也要尽量涵盖现场的环境、被访者的表情动作和衣着等内容。有些访问者甚至会将访谈的方法，访谈的过程，以及对访谈过程的反思也记录下来。一般来说，记录内容越详细准确，访谈的结论也就越精确。

在记录的过程中不要忽视对被访者回答的思考和呼应。如果访问者忙于低头记录而忽视对被访者的回应，就不能获得对方面部表情信息，对方也会感到自己说话不被充分关注，不利于整个访谈的进展。访问者可使用速记方式，用符号、代号记下大概内容，访谈结束后再梳理，补记详细。

记录要注意尽量使用被访者自己的语言和说话的方式，保持原话。访问者的反思、分析应与内容记录分开，以免影响记录内容的客观性。

8. 结束访谈

访谈应何时结束、如何结束应注意以下问题：

（1）根据被访者的要求和表现状态决定访谈结束时间

在访谈过程中可能出现一些突发状况，如被访者有急事需要离开、有人拜访等。此外，访问者也要善于"察言观色"，如果被访者面露疲惫，或不愿继续交谈，这时访问者应尊重被访者的要求，立即结束访谈。

（2）结束提示语应尽量委婉

为避免访谈"虎头蛇尾"，维护与被访者建立的良好关系，访问者也要注意结束访谈的方式。如果已经收集到充足的信息，而被访者还在"高谈阔论"，访问者便可通过一些动作来提示被访者访谈即将结束，如看手表，整理录音设备、记录本等，这既达到了提示功能，又不会显得生硬。如被访者也已停止叙述，便可以用言语方式提示访谈结束，如"您还有其他的想法吗？""今天，与您交流非常愉快，希望后面还有机会继续与您沟通交流"等。

（六）整理、分析访谈资料

学前教育研究中对原始资料的利用非常重要。要从大量的事实证据中抽象出关于事物本质的知识,就应对资料进行梳理和分析,这样既可以系统地把握研究资料,也可以为后续研究的资料收集提供方向和聚焦的依据。

1. 及时全面整理访谈记录

如果记录内容是录音,那么研究者首先要将录音整理为文字形式。这种转录工作最好能做到逐字录入,并将其中所有语言信号都记录下来,如咳、笑声、停顿、叹气、环境中的噪声等。转录访谈录音是一项比较耗费时间和精力的工作。但是研究者通过在转录过程中重新回顾访谈过程,可以更好地理解访谈内容。

在具体整理访谈资料之前,研究者应先对每一份资料的基本信息进行编码。这些基本信息应包括:

(1) 被访者的基本情况(姓名、性别、职业等);

(2) 访问者的基本情况(姓名、性别、职业等);

(3) 访谈的时间、地点和当时情境;

(4) 资料的排列序号(对某人的第几次访谈)。编码是为了方便对访谈记录的分析,研究者可以在大量的访谈记录中,只通过表头的简单编码就可找到自己需要的那份资料。编码可使用英文首字母或其他研究者感到方便、能够理解的方式来进行。例如,当看到表头"×××,F,S,20091201-3",研究者便会清楚此份访谈记录的是对名叫"×××"的、职业为学生(S 代表 student)的女性(F 代表 female)在 2009 年 12 月 1 日(20091201)进行的访谈,并且是对该被访者的第三次访谈(-3)。

2. 分析访谈资料

对访谈资料进行合理分析,是深入获取信息和理解研究对象的关键手段,而且是揭示潜在趋势、支持决策和策略制定的重要工具。在分析处理访谈资料时,应注意以下一些关键的步骤和事项。

(1) 整理资料:将访谈录音转录为文本,确保每个访谈的记录都是完整和准确的。同时,应仔细阅读所有访谈资料,对内容有一个整体的了解。

(2) 初步分类与编码:根据访谈问题或主题,将资料进行初步分类,这有助于后续的深入分析。同时,对资料进行编码,即标记出关键信息和重复出现的主题,可以使用定性分析软件如 NVivo 辅助进行。

(3) 分析主题:识别资料中的主要主题。这些主题可能是预先设定的,也可能是在资料中自然显现的。对关键主题进行深入分析,探讨其含义、关联和潜在的因果关系。通过成员检查或与同行讨论来检查分析结果的一致性和可靠性。

(4) 引用证据:使用访谈中的直接引语来支持分析结果,增强论证的说服力。同时可以使用图表、模型和框架来帮助解释复杂的关系。

(5) 考虑异常情况:注意资料中的异常或不符合预期的信息,这些信息可能指向新的研究问题。

(6) 撰写报告:将分析结果整理成报告,清晰地展示研究发现和推论。

(7) 反思和评估:在整个分析过程结束后,进行反思,评估分析过程中的假设、方法和结论的有效性。

（8）保持客观和公正：在分析和解释数据时，保持客观和公正，避免个人偏见影响结果。

（9）注意保密性：在处理和报告访谈资料时，确保遵守隐私保护和伦理准则，尤其是在处理敏感信息时。

拓展阅读

专家访谈

专家访谈是在自主性活动开展过程中，教师和幼儿积累了一定数量的且在班级内无法有效解决的共性问题时，邀请与主题相关并在某一领域中具有一定专业知识的人，来解决幼儿的问题、梳理经验的活动。

（一）背景分析

背景分析主要就当前主题活动进展到什么阶段，需要解决哪些问题来进行分析。如大班主题活动"蜡染"，在前期的活动中幼儿与家长收集了大量的蜡染制作方法、常用的蜡及电磁炉，为蜡染制作做了准备。但在实验的过程中却发现利用电磁炉熔蜡是非常难的，因为我们日常使用的蜡很难熔化，就此产生了蜡染使用的蜡与我们日常用的蜡是否相同，还可以使用哪些熔蜡工具，制作蜡染的颜料与我们绘画用的颜料是否一样等问题。

（二）访谈对象

应了解访谈对象的职业、联系电话、特长等。正由于在实践中出现了难以解决的问题，而这些问题又是教师无法解答的，所以需要借助在这方面有着专业知识的专家的帮助。在邀请专家来班级解决这些问题前，需要对专家的基本情况进行了解和记录，建立课程专家资源库，这样便于联系以及为今后相关主题开展及需要提供专家资源。

（三）访谈目的

专家访谈活动是幼儿带着任务，解决困惑、梳理经验的一种活动，有助于培养幼儿主动获取信息、分析处理信息的能力。

（四）访谈提纲

教师与幼儿一起商讨出以幼儿为主体的访谈提纲。教师和专家可以加入既有价值，又想要幼儿学习的内容。在访谈之前，由幼儿根据问题运用图文并茂的方式制订访谈提纲，并推选出提问人与记录人。

（五）访谈准备

在访谈开始前应与访谈对象沟通，并做充分的准备。为了保证访谈的良好效果，应在访谈之前将访谈的内容告知访谈对象，这样可以使访谈对象围绕幼儿的问题进行充分的知识准备，保证访谈达到良好效果。

1. 备提纲

活动前与幼儿共同制订图文并茂的"问题表",准备提纲。

2. 备教学方法

活动前应与专家沟通教学方式、方法。由于访谈的对象可能是从事非教育专业的人士,虽然具备较高的专业知识,但对学前教育方式、方法不够了解,可能使访谈无法达到预期的效果,因此在活动开始前教师应主动与访谈专家沟通,针对本班幼儿的特点及可选用的教育方法与策略给予建议。

3. 备幼儿

幼儿进行问题的收集、整理,教师以幼儿能理解的方式呈现这些问题。教师分配任务,确定提问、记录的幼儿人选。

4. 备场地

选择最适宜的空间位置,让每位幼儿都能够参与活动各环节。访谈活动前教师在安排座位时应保证让每一位幼儿都能看到专家演示的全过程。

5. 备教师

教师注意纪律的维持,保证活动的顺畅进行,但不能打断专家访谈。由于幼儿在活动中随着活动的发展往往出现情绪越来越激动或渐渐控制不住情绪的状况,尤其在讨论与发言的环节,往往出现七嘴八舌的场面,轻则使访谈内容偏离了既定的内容,重则使访谈变得场面混乱无法继续下去。因此教师应控制好访谈现场的纪律,及时提醒幼儿今天访谈的主要内容,教师还可将幼儿提出的问题展示在黑板上,避免幼儿重复提问或忘记问题。准备好问题纸,由幼儿进行访谈记录,便于之后由幼儿对访谈内容进行梳理与总结。而教师则应准备好录音、录像设备,做好访谈记录。

(六)访谈效果分析

在访谈结束后了解专家反馈意见。及时总结幼儿通过访谈已解决的问题。通过访谈效果分析,教师可以更加明确访谈中存在的问题及影响访谈效果的因素,从而找到分析解决问题的办法,这有助于在以后的专家访谈环节避免同样的问题再次出现,从而提高专家访谈效果。

专家访谈书面计划详见表6-2。

表6-2　××班专家访谈计划书

时间：　　　　　　　主题名称：

访谈目的：描述这次访谈能够解决主题中产生的哪些突出的问题。

访谈对象：针对主题,访问或征询有相关知识经验的人,获取丰富的信息,推进活动的开展。

姓名：　　　　性别：　　　　职业：　　　　领域特长：

访谈准备

1. 空间位置安排

教师需根据场地、参加人数和访谈环节的转换来适宜地调整空间位置,要保证每个参加活动的幼儿能够看到专家操作或展示。

马蹄形:适宜观看录像等影像资料时使用。

阶梯形:较多用于观看专家操作或展示,座位分布为高中低三个层次,第一排坐在地板上,第二层坐矮凳,第三层则坐高凳或站立。

2. 设备与材料

记录的设备:□照相机　□手提摄影机　□录音机　□录音笔　□实物投影仪
□记事夹板　□纸　□笔

问题墙的准备:教师要把幼儿提出的问题收集起来,记录并展示在问题墙上,访谈中,专家可根据自己的讲解风格整合这些问题,有序地作出解答。

幼儿访谈记录分工安排

在访谈前,幼儿可根据自己的优势和特长自行分工。

1. 发言人

主要负责提问与梳理同伴提出的问题。

2. 记录员

可用画图的形式记录专家的回答。

访谈过程

1. 专家自我介绍

2. 幼儿提问(幼儿发言人结合问题墙,提出核心问题)

3. 专家详细解答幼儿提出问题,讲解方法可选择(如下):

① 出示图片

□ 使用PPT课件展示照片　□使用实物投影仪展示照片

② 出示实物

□介绍实物　□使用实物投影仪展示实物的细节

③ 实物操作

□一边示范操作一边讲解　□用摄像机拍摄操作过程,投影在电视中

④ 作品展示

□使用实物投影仪展示实物的细节

总结

□指导个别幼儿操作

□总结幼儿在操作过程中的突出问题

第三节　问卷法及其应用

问卷法是学前教育研究中最常用的方法,尤其是在调查研究中,它的使用更为普遍。可以说,问卷法在学前教育研究中具有重要的作用,而优质问卷的建构对于学前教育研究者来说则是一项重要的研究能力和实践技巧。

一、问卷法的含义和优缺点

(一) 问卷法的含义

问卷法是研究者用来搜集资料的一种技术和工具,是通过用一份精心设计的问题表格来研究对象的行为、意见、态度和兴趣,收集资料和数据的方法。

问卷法主要通过邮寄、个别分送或集体分发、网上填写等多种方式发放问卷,经被试填答,从而收集到有关被试对某项问题的态度、意见,然后比较分析研究对象对该项问题的看法,以供研究者参考。

拓展阅读

"问卷"源于法文 questionnaire,其原意是"一种为了统计或调查用的问题表格"。问卷中的问题之所以用"question"而不用"problem"是因为"question"都要求被试能够回答,而有些"problem"不是每个被试都能解决的。这是问卷与测量的最大区别。

(二) 问卷法的优缺点

问卷法的特点是相对于观察法、实验法等其他研究方法而言的,当它与访谈法等其他研究方法结合使用时,能发挥出更大的优势。

1. 问卷法的优点

(1) 调查效率较高

问卷法简便易行,不像访谈法一样需要对研究对象逐一进行调查,可以在一个单位时间内或短时期内收集到大量被试的数据资料,有效地节省人力、物力、时间和经费。特别是当某些主客观条件限制了其他方法的使用,或需要以最快的速度收集尽可能多的数据资料时,问卷法的作用就显得更加重要和突出。

(2) 私密性强

调查对象在填写问卷时,一般不要求署名(匿名),尤其是邮寄或网络调查的形式,更增加了私密性,使调查对象可以在不受别人干扰的情况下,自由地表达自己的真实态度和想法。在对一些敏感性问题进行调研时,填写问卷比面对面接受访谈会使调查对象感到更轻松,不会感到尴尬或者存在害怕打击报复之忧。

(3)标准化程度较高,资料便于统计

问卷调查过程一般需要严格按照操作流程和设计原则,问题的选择与排序、答案的编制、填答方式以及结果处理都要预先进行操作化和标准化设计,从而保证问卷法的科学性、准确性和有效性,避免研究的盲目性和主观性。正因如此,问卷法收集的资料也便于进行定量处理和分析,一般借助计算机以及相应专业软件如 SPSS、STATA 等进行数据分析。

2. 问卷法的缺点

(1)对问卷的设计有较高要求

由于问卷发放后一般由被调查者自行填写,研究者无法从旁解释说明,因而若问题表述含糊不清、逻辑混乱,则容易导致被调查者误解,从而得不到准确的回答。同时,问题多少也需考虑,问题太多会令填答者生厌,导致漏答、弃答;若问题太少,又无法收集到全面的资料,影响研究的科学性。

(2)对调查对象有一定要求

虽然在问题设计时已经考虑了被调查者的接受程度,但问卷中仍然有大量问题需要被调查者阅读、理解,若其文化程度过低,则无法独立完成问卷填写。因此,问卷调查法只适用于有一定文化水平的调查对象,不适合读写水平有限的幼儿;另外,如果调查前期的引导解释工作不到位,被调查者不合作或言不由衷时,所得结果也会不可靠。

(3)选项固化,缺乏弹性

问卷调查设计的标准化问题,答案事先都划定了范围和备选答案,调查对象的作答会受到限制。尤其是有些事情非常复杂,或者调查对象者选择某项的理由等,不能用问卷的简单问答来说明。特别是当设计问卷时,若对实际情况了解不足,预设答案(选项)范围过窄,更容易导致乱填或弃填,极少被调查者会主动补充真实答案或说明。

二、问卷的类型和结构

(一)问卷的类型

1. 开放式问卷

开放式问卷的题目是一种让被试自由反应,很少给予反应限制的问题,也叫无限制式问卷。它可用于探索性研究,给回答者以较多的创造性或自我表达的机会,比较适用于小样本研究。但是,它可能导致搜集到许多与研究课题无关的资料,回答的内容常常非标准化,故难以进行量化或比较;并且回答者要花较多的时间和精力,所以容易拒绝回答。

拓展阅读①

《幼儿教师心理资本》开放式问卷

调查对象:幼儿教师

指示语:非常感谢您对本次调查的支持!本次调查的目的主要在于了解幼儿教师心理资本题项构成情况。本调查采取匿名的形式进行,您所填写的内容仅用于学术研究,不会对您及单位、任何他人带来任何不良影响,请您无需顾虑,如实填写。再次感谢您的参与和支持! ——×××课题组

一、心理资本定义

借鉴卢坦斯对心理资本的定义,将心理资本定义为"组织中个人可发展和被开发的积极的心理状态",具体可表现为:自我效能感(efficacy),有信心呈现和投入必要的努力以完成挑战性的工作;乐观(optimism),人把积极的事件归因于内部、持久、普遍深入的原因;希望(hope),为了成功照着预定的目标坚韧不拔的前进;坚韧力,(resilience)当面临困难和危机时,持续保持韧劲从中迅速恢复,甚至摆脱困难走向成功。

二、开放式问卷问题

(1)您认为幼儿教师应该拥有什么样的积极心理要素,具体表现为哪些?请尽可能多地写出您的看法。

(2)结合卢坦斯的心理资本的定义,您是如何理解心理资本的?在平时的工作中,幼儿教师的心理资本如何?

(3)您认为,从幼儿教师个人方面看,会有哪些因素能影响到他的心理资本?或者就您自己而言,哪些您自身的因素会影响您的心理资本?

2. 封闭式问卷

封闭式问卷题目的特点是提供几个固定反应项目,由回答者从中选择填写,对回答的问题有一定的限制,也称为限制式问卷。封闭式问卷的答案标准化,资料易于统计分析;所问的问题具体而清楚,所得的资料信度较高;容易回答,有助于提高问卷回收率。但是,回答者不能自由发挥,所得的材料不够深入详尽;容易导致回答者随便乱答,甚至往一个极端去选择,如都选高等级或中等级的答案。

封闭式问卷的问题具体有以下几种形式。

(1)类别式,供被试选择的答案是类别型的。比如:

---

① 许颖. 组织支持感、心理资本与周边绩效关系研究. 北京:燕山出版社,2016.

您的性别：　　　　A. 男　　　　　B. 女

您的婚姻状况：　　A. 已婚　　　　B. 未婚

您所在的幼儿园属于：A. 教办园

　　　　　　　　　　B. 外系统园（院校附属、部队附属、机关附属幼儿园等）

　　　　　　　　　　C. 集体园

（2）等级式，供被试选择的答案是有等级或顺序的。比如：

我觉得教学工作很有趣

A. 很不同意　B. 不同意　　C. 不确定　　D. 同意　　　E. 非常同意

我对我所从事的工作本身非常满意

A. 很不符合　B. 不太符合　C. 无法确定　D. 比较符合　E. 非常符合

您是否考虑要辞去目前的工作

A. 经常　　　B. 偶尔　　　C. 甚少　　　D. 从不

（3）排列式，比如：

请将下列电视节目按照你的兴趣给予排列，最有兴趣的请填1，其次是2，以此类推。

电视剧（　　）　电影（　　）　娱乐节目（　　）　曲艺（　　）　体育（　　）

（4）等距量表式，比如：

年龄（岁）：　A. 20以下　　B. 21—25　　C. 26—30　　D. 31—35

　　　　　　　E. 36—40　　　F. 41以上

月收入（元）：A. 2 000（不含）以下　　　B. 2 000—3 000（不含）以下

　　　　　　　C. 3 000—4 000（不含）以下　D. 4 000—5 000（不含）以下

　　　　　　　E. 5 000以上

（5）评定量表式，比如：

————————————————————————

　　　1　　2　　3　　4　　5　　6　　7　　8　　9　　10

非常赞成　　　　　　　　　　　　　　　　　非常不赞成

封闭式问卷与开放式问卷是两种互补的问卷形式，采用单一的问卷形式可能都是片面的；但考虑到可操作性，采用问卷法时往往以封闭式问卷的形式为主。而开放式问卷的很多问题则转移到质的研究之中，比如，通过深度访谈来了解被试深层次的想法。

（二）问卷的基本结构

一般而言，一份完整的问卷包括以下三个部分：

1. 标题

标题是问卷内容的反映，一份问卷必须有一个标题。问卷的标题是整份问卷设计的总目的，是进行目的分解及设计问卷的主要依据，也是衡量问卷效度的一个重要标准。

但问卷的标题有时需要中性化和模糊一些，以避免暗示，特别是对一些比较敏感的主题。比如,调查教师的工作压力,就不要直接用"压力问卷",可用"教师基本情况调查问卷"。因为当教师知道是有关压力问卷时,会把平时觉得压力大的想法间接投射出来,以致选择答案时出现较大的偏差。

2. 指导语

一般而言,标题之下就是指导语。指导语包括几个方面的内容:第一,对填写问卷的人应该有一个称呼,比如,"亲爱的同学们,大家好!""尊敬的老师,您好!"等。第二,简要介绍问卷调查的目的,不要太长,一句话足矣。第三,指出问卷是否与填写者有切身利益,让其如实填写,一般采用匿名形式。第四,介绍如何填写这份问卷。第五,表达对问卷填写者的谢意。第六,署上研究者姓名或者课题组名称。指导语一段话就足够,一般五行左右,切忌啰唆。

亲爱的老师:

您好! 我们谨邀请您参加"电子产品对幼儿的影响"这一研究。我们非常愿意依靠您在这方面已有的研究和知识与您一起讨论这些问题。您及其他专家的意见将帮助我们探索电子产品对幼儿各方面发展的影响。如果您愿意了解这项研究的结果,我们很乐意向您提供。

谨致敬礼和谢意!

×××课题组

---

3. 问题内容

问卷中的问题是问卷的核心内容,大致可以涉及以下三方面:

(1) 有关个人静态资料方面的内容

这方面问题主要了解被试的基本情况,比如性别、年龄、学历、职称等相对稳定的且与研究有关的内容。如果研究不涉及这些变量,可以没有这一部分内容。

(2) 有关行为方面的内容

这方面问题主要是了解被试的行为表现,但这种了解不是靠观察的方法,而是把被试可能出现的行为描述出来,让其自己进行判断。比如,"我经常迟到",答案有五个级别:很不同意、不同意、一般同意、同意、很同意,让被试从中选择一个最符合其情况的答案。这种了解是建立在大多数被试诚实的基础之上,所以本节后面会谈及问卷的信度问题。

(3) 有关态度方面的内容

这方面问题是了解被试对某些行为的态度、评判,而不是了解其行为本身,是问卷研究中使用最多的一类问题。比如,"经常迟到是不对的",答案也是五个等级:非常不同意、不同意、一般同意、同意、非常同意,从被试的选择可以看出其态度。这种了解是建立在被试对其态度的准确认知的基础之上。

以上三类问题并不要求同时出现在一份问卷之中,但第二种和第三种中至少应该有一种会出现在一份问卷之中,因为一份问卷研究一般不会只是了解被试的一点基本情况,对被试的行为或者态度方面的信息也需要了解。不管选择什么样的内容,都要与研究目的有关,不要问无关的内容,特别是敏感的或隐私方面的问题。

三、问卷效果的影响因素

(一) 被试的主观倾向

在问卷调查的过程中可能出现系统变异和随机变异。系统变异指的是比较稳定的变异,随机变异则是偶然出现的,而这两方面的变异会影响问卷的效果。

系统变异往往和被试的主观倾向有关。例如,被试倾向于以符合社会要求的方式答卷和倾向于以默认或接受的方式答题。另外,有的被试希望表现出合作,显示出深思熟虑,从而造成某种反应偏向。如果被试在不同测量情境中都有比较相似的反应偏向,则表现出某种个性倾向,需要在问卷设计中控制和克服。

随机变异主要是由一些偶然因素造成的。比如,填写者填问卷时身心状态不佳,或者由于其他因素的影响导致没有如实填写。

(二) 工具方面的因素

这是由测量工具本身造成的误差,有时也可看成被试与测量工具之间的交互作用。例如,过多的问卷项目会使答卷者身心疲劳、焦虑、注意力下降,使问卷结果(特别是后半部分问卷)的质量大受影响。研究表明,问卷项目的数量一般不要超过60—70项。有的国家规定,在学校与企业中从事任何问卷调查或研究时,问卷项目不能超过80项。

(三) 情境方面的因素

这实际上也是随机变异方面的影响,主要包括问卷实施现场的条件与特点、主持问卷研究的人的行动与态度、实际学习或工作任务的干扰等。

一个比较容易造成问卷"污染"的问题是其他人或同事(同学)的干扰。因为许多问卷以团体方式进行,受试人有机会相互讨论或启发,结果使问卷受到严重"污染",导致信度偏低。这是经常出现的现象,有人以没有时间或者不愿填写为由,照抄别人的问卷回答。因此,问卷填写情境的控制是保证问卷质量的非常重要的一环。

四、问卷的编制

微课

问卷的编制

(一) 问卷的效度

问卷的效度是指问卷题目的有效性和准确性,即问卷题目是否准确地代表或反映了调查者的调查目的和目标。也就是,如何确保问卷能够获得设计者真正需要的资料。

要提高问卷的效度,有两种方法:

1. 搜集已有的信度、效度较高的问卷,特别是已有质量指标的问卷

前人已经编制了众多问卷,这些问卷是后人研究的非常重要的参考资料。关于很多问题的研究已经有了全世界公认的、著名的问卷,也有很多研究已经采用了问卷研究的方法,如果我们进行相关研究,完全可以参考别人的问卷。这实际上也是搜集资料的一个很重要的方面。搜集已有问卷可以采用多种方法,比如,可以查找其他人的毕业论

文（论文后面是附所使用的问卷的）。

2. 自己编制问卷

并非每个研究都能找到现成的合适的问卷，找不到适合自己的已编好的问卷就只有自己动手编制问卷了。一般可以采用以下步骤：

（1）明确调查目的，并对之进行逐级分解

将目的一步一步具体化，建构有层次的目标结构。这是采用分析法的思路，把总的目的分解成一级一级的具体明确的目标。实际上是对目标进行分层，总目标是什么，它包含多少二级指标，每个二级指标又包含多少三级指标，每个三级指标又包含多少四级指标，以此类推。比如，研究问题是"影响教师积极性的因素"，假如把影响教师积极性的因素分解成学校领导、教师待遇、学校环境与设备、教师提升、学生、家长六项二级指标，研究者还需要再对每个二级指标进行分解，依此类推。

那么，究竟怎样逐级分解？这是问题的关键所在。下面以设计学生压力的问卷为例进行解答。首先，查阅资料，清楚什么是压力，什么是学生压力，它包括哪些部分，已有的研究结果是什么，提出了什么理论，存在什么问题，有没有相关的问卷，等等。其次，认定自己的理论。关于这个问题可能有很多研究，结论不一定一致，我们要从中做出自己的选择。比如，你选择什么定义，或者你自己怎么定义压力，你认同什么压力理论，你认为压力包括哪些部分，这就是你的分解思路。这个环节我们称为"请进来"。最后，在实际中去了解，采用座谈、个别访谈等方式去了解学生的压力，每个人的感觉不一定全面，但搜集的资料多了，覆盖面就宽了。这个环节叫做"走出去"。在这个基础上我们就可以得出学生压力的指标体系了。还有一个不能回避的问题：分到多少级为好？关于这个问题也没有定论，我们认为，一般不要超过三级指标。因为指标层次越多，分解的难度就越大，分解到基本清楚就可以了。

（2）精心设计问卷的题目

有了问卷的目标分解之后，接下来就要设计问卷的题目。设计题目的依据是根据问卷目标体系的末级指标进行设计，每个末级指标包括若干个具体的问题。这里需要注意三个问题：第一，保证题目的完备性。这是指设计的问题最好不要遗漏某一个重要的方面，即问卷的题目要全面，从而保证测量的内容效度。如果遗漏了某些重要的方面，结论也就不全面了。第二，保证题目之间的独立性。这是指题目之间不能相互包含、互相重叠，否则就会累加某些方面的因素。第三，适当设计一些反向题也称"测谎题"。设计反向题的目的主要是避免被试选择答案的时候往一个极端靠或由此判断答者是否在应付假答。比如，有的被试以为等级高就好，所以整份问卷都选择高的等级。但最终处理数据时要把反向题变换成正向题，即还原回来，只要把相应的等级颠倒过来就行了。反向题不用在问卷中注明，研究者自己清楚就行了。

（3）编制初稿，征求有关专家的意见

有了问卷的问题，加上指导语，就形成了一份问卷的初稿。初稿形成之后，还要再征求有关专业人士的意见，做进一步的修改。即使找不到专家，也可以咨询同学或同行、同事，让他们提提意见，也许都会有所启发。

（4）进行预试

对于修改后的初稿,在一定的范围内进行预试,样本不要太大。主要是为了更进一步地了解可能存在的问题,包括被试是否能够读懂题目,表达方面是否准确,被试能否了解真实意图等,这些都属于表面效度的问题。预试问卷还有一项重要工作就是进行问卷的质量分析,包括量的分析和质的分析。

首先,质的分析。要对被试召开座谈会,了解被试对这份问卷的看法。也许,被试能提出研究者预想不到的问题,使研究者发现新的可能被忽略的问题。研究者应当注意对座谈会做好记录。当然,也可以采用个别谈话的方式,更进一步地了解问卷存在的问题。

其次,量的分析。主要是采用统计的方式进行分析,可以进行描述统计分析、相关分析、信度分析、因素分析,甚至结构效度的分析等。

（5）修改初稿,形成正式问卷

通过对预试问卷的进一步修改,形成正式问卷。但一份问卷的最终形成,还得经过实测的过程,这一过程还需要对问卷进行最后的修改,特别是进行质量分析。有些质量指标是必须提供的,比如,信度、常模等。

（二）问卷的信度

问卷的信度是指问卷资料的可靠性和真实性,即问卷资料能否客观地反映问卷对象的情况。这是保证问卷质量的必要条件,这一问题相对效度而言要容易控制一些。

在问卷的设计中要注意以下几个问题:

（1）认真撰写问卷的指导语。要按照要求撰写指导语,说明研究目的,不要使填答者产生情绪困扰。

（2）问卷题目不能过长。因为一般填写问卷都是义务性的、免费的,所以如果题目太多的话,被试就不一定愿意填写了,即使填写也可能是应付性的。

（3）问卷中不要出现过于敏感或有较大争议的问题。

（4）问卷设计不能过于复杂。至少被试要能够很容易地选择答案。

（5）匿名填写。主要是为了减少被试的心理负担,让其如实填写。当然,在交代清楚的情况下,一些中性的研究问题可以让被试填写姓名。比如,要研究学生学习兴趣、态度与学习成绩的关系,问卷只是测量学生的兴趣和态度,学习成绩要去查阅学生的学籍档案,就必须要求填写姓名了。

（6）注意排列顺序。一般而言,排列顺序是从易到难,从封闭式到开放式,先了解基本情况,再测量行为或态度方面的特性。

（三）问卷资料的统计与处理

问卷搜集数据的类型决定了统计处理的方法,所以在设计问卷的同时,就要考虑将来准备用什么统计方法进行数据的处理,因为不同类型的数据采用的统计分析方法往往是不同的,而有些统计分析又必须要求达到相应的条件才能进行。数据的类型一般有类别型数据和等级型数据。

1. 类别型数据

类别型数据只能进行非参数检验，如卡方检验，所以一般不要只设计类别型的变量。但有时，类别型数据也是在问卷法调查中必需的，比如，要研究某一变量的性别差异、年级差异、班别差异。

2. 等级型数据

等级型数据能做的统计分析比较多，包括聚类分析、信度分析、相关分析等。等级的数量（也称为点数）是设计中的一个重要问题。研究表明，多点数一般优于少点数。当量表等级的数量从2级增加到7级，信度显著提高；7级以后，信度提高幅度趋向平稳；当量表点数达到11级以上时，信度提高得很少；20级以上时，信度下降。因此，量表点数在5级到11级这个范围，是比较理想的。但我们建议，一般4到7级就可以了，等级太多被试也很难判断。对于具有较强的"趋中"定势的项目，应选用偶数等级。"趋中效应"是一种非常普遍的趋势，指的是避开两个极端往中间靠的现象，因此，有时问题的等级数是偶数时信度会高一些。

拓展阅读 ☞

《幼儿教师离职倾向》的调查问卷

亲爱的老师：您好！

欢迎参加本次调查！这份问卷希望借由您的回答，能深入了解幼儿教师这份工作的一些情况。研究结果仅供学术研究之用，且各题项的答案没有好坏对错之分，所得的结果也只用于团体性的数据统计分析，不涉及对任何学校、领导及教师个人的评价，绝不对外公开，所以请依据您自己在幼儿园教学工作中的真实感受，放心填答。

您认真、客观的回答，将为本研究提供相当宝贵的数据资料，衷心感谢您的支持！

×××课题组

第一部分：个人基本资料

请填好下面有关您的基本情况，在适当的□打"√"，这很重要，请不要遗漏任何一题。

1. 性　别：□（1）男　　　□（2）女
2. 婚姻状况：□（1）已婚　　　□（2）未婚
3. 职称：□（1）未定级　□（2）幼教二级　□（3）幼教一级　□（4）幼教三级
　　　□（5）其他高级
4. 出生年月：_____
5. 教龄（年）：_____

6. 最高学历：□(1) 高中　　□(2) 中专　　□(3) 大专　　□(4) 本科
　　　　　　　□(5) 研究生及以上

7. 教师编制：□(1) 正式　　□(2) 人事代理　　□(3) 非正式　　□(4) 其他

8. 月收入(元)：□(1) 2 000 以下　　□(2) 2 000—3 000　　□(3) 3 000—4 000
　　　　　　　□(4) 4 000—5 000　　□(5) 5 000 以上

9. 所带班级：□(1) 托班　　□(2) 小班　　□(3) 中班　　□(4) 大班
　　　　　　　□(5) 混龄级

10. 担任职务：□(1) 主班教师　　□(2) 配班教师　　□(3) 保育教师
　　　　　　　□(4) 行政领导　　□(5) 其他

11. 所在园的类型：□(1) 公办　　□(2) 民办　　□(3) 企办　　□(4) 其他

12. 所在园的层次：□(1) 省级示范园　　□(2) 市级示范园　　□(3) 一级
　　　　　　　□(4) 二级　　□(5) 其他

13. 园所在的地区：□(1) 农村　　□(2) 乡镇　　□(3) 城市

第二部分：

请您根据自己的实际情况,在每题相应数字前的□上打"√"。

1. 您是否考虑要辞去目前的工作？
　　　□(1) 经常　　□(2) 偶尔　　□(3) 甚少　　□(4) 从不

2. 您是否想要寻找其他相同性质的工作？
　　　□(1) 经常　　□(2) 偶尔　　□(3) 甚少　　□(4) 从不

3. 您是否想要寻找其他不同性质的工作？
　　　□(1) 经常　　□(2) 偶尔　　□(3) 甚少　　□(4) 从不

4. 以您目前的状况及条件,您认为在别的机构找到合适职位的可能性如何？
　　　□(1) 极有可能　□(2) 有可能　　□(3) 不可能　　□(4) 极不可能

5. 如果您知道别的机构有一个适合您的工作空缺,您认为您获得这份工作的可能性如何？
　　　□(1) 极有可能　□(2) 有可能　　□(3) 不可能　　□(4) 极不可能

6. 您是否会辞职去现在的工作？
　　　□(1) 肯定会　　□(2) 可能会　　□(3) 可能不会　□(4) 肯定不会

第四节　测验法及其应用

一、测验法的含义和优缺点

(一) 测验法的含义

测验法是指根据研究需要,研究者运用客观性的测量工具,按照规定程序,收集研究对象心理品质和学习结果的数量化资料,进而分析数据,探索规律的一种研究方法。与问卷法相比,测验法也是通过事先设计的问题来研究被试,但不同的是,测验法是一种更加标准化的问卷形式,同时它不再局限于文字形式,还可采用非文字形式即操作形式进行研究。

学前教育研究中的测验法指通过标准化的测验,按照规定的程序研究学前儿童身体发展和心理品质的方法,其具体含义可以从以下三个方面进行理解:

(1) 按照一定的标准和程序进行的。研究者通常借助著名的标准化测验、量表等量具对学前儿童进行测定,研究者不可随意改变量具的稳定性。

(2) 对象通常是学前儿童,研究内容常常围绕儿童的发展与学业,收集的资料会涉及儿童多种心理品质和内在特征,如儿童的各科成绩,智力、创造力、语言、认知、注意力、态度、动作技能、熟练程度、反应速度等。

(3) 多为间接测量。例如,对幼儿的智力测验是根据对幼儿一些智力因素的测量去推知他们智力的整体发展水平,这种测量是一种间接测量。因此,为了保证测验的质量,必须考虑测验的效度、信度和区分度。

对学前儿童的测验应注意以下几点:

(1) 测验人员必须经过专门训练,不仅要掌握一般的测验技术和工作技巧,还要掌握学前儿童的心理特点。

(2) 由于学前儿童独立完成测验的能力较差,且容易受他人的影响,因此对学前儿童的测验多是个别测验,较少使用团体测验。

(3) 由于学前儿童的心理发展尚不成熟,稳定性较差,因此不可仅以一次测验结果作为判断儿童发展水平的依据,还需使用多种方法,多方面、全方位进行考察。

(二) 测验法的优缺点

在实际运用中,测量法可以单独使用,也就是研究者直接选取某个测验或标准化量表作为收集资料的工具,测量的结果就是研究的成果,如测定智商、诊断学业情况等;也可以与其他研究方法结合使用,作为研究组合中的一部分。

1. 测验法的优点

测验法是学前教育研究的重要方法和辅助决策的有效工具,有以下优点:

(1) 测验量表的编制科学、严谨,测验结果准确、可靠。

（2）测验量表标准化程度较高,施测、计分、评价等均有统一标准,操作便利、易于控制,测验结果易于解释。

（3）测验法经济实用,省时省力,研究者只需要根据研究直接选择合适的标准化测验或量表施测即可。

（4）测验法定量化程度高,与其他研究方法相比,施测过程较少受主观因素影响,所获得的均为客观的数据资料,研究效率高。

（5）测验法一般都有常模,可以进行对比研究。

2. 测验法的缺点

测验法并非十全十美,它也有其自身难以克服的缺点和不足,主要有以下:

（1）标准化测验或量表专业化程度高,编制难度大,费时费力,对于编制者和研究者专业化程度要求高。

（2）测验法难以进行质性分析和整体分析。测验法注重数量化分析,研究结果多停留在表面水平上的描述和解释,难以进行质性分析;同时测验法只局限于由测验专家事先确定好的研究内容,不能描述关于儿童的技能、能力和学习方式的全貌。

（3）测验法灵活性较差。测验量表题目内容固定,必须按测验程序严格进行,无法根据研究的实际需要增删内容,不能灵活调整。

二、测验法的基本要素和主要类型

（一）测验法的基本要素

1. 测量客体

即测量的对象。测量的客体可以是人,也可以是学前教育研究中的事物或现象。

2. 测量内容

指测量客体的属性和特征。测量内容有些是外显的,如幼儿的性别、身高、体重、行为等;有些则是内隐的,如兴趣、动机、知识等。

3. 测量规则

指测量的准则或方法。任何测量必须按一定的规则对测量内容进行规范的、标准化的操作。

4. 测量工具

指测量的指标体系。在学前教育研究中通常要借助标准化测验或量表这类工具对测量客体的属性和特征进行测定,没有工具,测量难以进行。

（二）测验法的主要类型

在教育研究中,常见的测验类型依据行为目标和测验内容可分为能力测验、成就测验、个性人格测验;依据评价所参照的标准可分为常模参照测验和标准参照测验;依据测验的方式可分为个别测验和团体测验;依据标准化程度可分为标准化测验和非标准化测验;依据测验的目的可分为诊断性测验、描述性测验和预测性测验;依据测验材料可分为语言文字测验、非语言文字测验。

1. 按行为目标和测验内容分类

（1）能力测验

能力测验可以进一步分为一般能力测验和特殊能力测验。

一般能力是指个体在日常活动中必须具备且广泛使用的一般智力，如观察能力、想象能力、思维能力、记忆能力、注意能力等。一般能力测验则是测量个体一般智力水平的标准化测验，通常以被测试者对量表中题目的回答情况为依据判定其智商（IQ）水平。常用的著名智力测验工具有：世界上最早的智力量表比奈—西蒙智力量表、首次引入比率智商的斯坦福—比奈智力量表、第一个成人智力量表韦克斯勒智力量表等。

特殊能力是相对于一般能力来讲的，它是指个体在进行某项专业活动中所表现出来的能力，如音乐、绘画、色彩的鉴别及体育运动能力等。特殊能力测验则是测定个体在某个特殊领域的潜在才能，并以此为依据预测其将来学习或者工作的趋势和走向。测量个体音乐能力、美术能力、体育能力、空间关系力、机械能力等方面的测验均属于特殊能力测验。

（2）成就测验

成就测验旨在通过测验了解个人接受学习和训练后的学习成效，测验结果运用于教育领域或职业领域，测验得分可以作为反馈信息，调节学生的学习活动及教师的教学活动，也可以作为人才选拔的工具，用于各种招聘考试。测验时视需求选择内容，若鉴别学生对各类科目的掌握情况和大概成就，则综合测验多种学科，比如我国高考"3＋X"模式、斯坦福成就测验；若评定学生对学科的学习情况，进行单科测验即可，比如语文测验、生物测验等。

（3）个性人格测验

个性人格测验主要用于测量个性中除能力以外的性格、兴趣、态度、需要、气质、价值观等方面的诸多心理特征。最常用的方法有自我评定问卷和投射技术。较为著名的个性人格测验有"明尼苏达多项人格测验""卡特尔十六种人格因素量表""艾森克人格问卷""爱德华个性偏好量表"等。

2. 按评价所参照的标准分类

（1）常模参照测验

这类测验是以常模（一组人在某一特定领域内的平均表现水平）作为参照标准，判断被试在团体中相对位置的一种测验。这一测验更加关注个体间的差异，尤其是个体在常模中的相对位置，是一种相对评价。常模参照测验主要用于个体间的比较和选拔工作，公务员考试、事业单位公开招聘考试、各种竞赛性考试等都属于此类测验。

（2）标准参照测验

标准参照测验与常模参照测验最大的不同是前者有清晰的界定标准，标准参照测验以某一特定的标准作为参照，将被试得分与这一标准进行比较，看其是否达到预期目标。测验更加关注个体是否达标，是一种绝对评价，大学英语四六级考试、驾照考试等都属于此类测验。

3. 按测验的方式分类

（1）个别测验

个别测验是主试与被试一对一、面对面进行的测验，这是最常用的心理测试形式。其优点在于可靠性较高，具体表现在：测验过程中主试可以有效地观察被试言语、动作和情绪反应，可以多维度接收被试的反馈；在必要时可以及时采取措施消除不利因素，确保测验顺利进行。当被试是口头语言表达尚不成熟、书面语言表达初步发展的学前儿童时，只能由主试代为记录学前儿童的反应，此时必须进行个别测验。其缺点是费时费力，短时间内难以获得大量资料，并且要求主试有较为扎实的专业素养，甚至需要经过专门训练。

（2）团体测验

团体测验是一对多的测验，也就是一个主试能同时对多个被试进行的测验，多应用于天才儿童选拔测验。其优点在于省时省力，短时间内能够获得大量资料，效率较高，测验程序相对简单，主试不必接受严格的专业训练即可担任。其缺点是主试对每位被试的行为反应不能进行仔细观察，所得结果不及个别测验可靠，容易产生测量误差。

4. 按标准化程度分类

（1）标准化测验

标准化测验是由专家学者或专门机构采用科学程序编制的，在测验的实施过程、评分手续和分数解释上具有统一标准，并严格控制误差的测验。测验的编制具体包括确定测验目的，科学命题，选取有代表性的样本进行试测，根据数量化指标筛选测验题目，鉴定整个测验的信度和效度，建立常模，确定指导语、时限和施测条件，规定评分标准、分数转换和解释方法等。标准化测验所获得的测量结果比较客观、可靠，应用范围较广，通常测量法所用的测验工具均为标准化测验。

（2）非标准化测验

非标准化测验又称为自编测验，是在测验的编制、实施、评分和分数解释等方面没有严格按照标准化程序进行的测验。通常由教师或研究人员自编，如课堂测验、期中、期末的测验，这些测验是教师根据人才培养方案、教学目标和教学经验编制而成，与日常教学工作紧密联系；测验内容与教材内容、教学进度一致；难易程度由教师把握；针对性较强。非标准化测验的编制灵活、方便、省时、省力。不足之处在于测验的客观性和标准化程度不如标准化测验，测验的实施和记分也不太严格。

5. 按测验目的分类

（1）诊断性测验

诊断性测验是以诊断个体或团体的行为问题为目的的测验。在教育工作当中，主要用于教育教学活动正式开始之前，为了了解被试目前所能达到的水平，发现问题，找到原因，进而采取适当的帮助和补救措施。如幼儿园可以通过诊断性测验判断幼儿已有的发展水平和个体差异，为合理编班和组织教育教学活动提供参考依据。在临床上，诊断性测验主要应用于对各种智力障碍、精神疾病、发育不良的筛查和诊断，从而及时发现并采取补救措施。

（2）描述性测验

描述性测验是以描述个体或团体的能力、性格等特点和差异为目的的测验。例如，心理学上关于智商在不同年龄阶段的稳定性研究、关于智力水平与学业成就关系的研究等都是通过智力测验完成的，测验研究的目的都是为了描述和说明一个问题。在教育工作中描述性测验常用于了解被试在教育过程中知识、技能、思想、品德等方面的形成情况。当结束一个课题或一个单元的教学之后，为了了解学生对该课题或单元知识掌握的情况，所举行的测验即属描述性测验，能够及时反馈信息，弥补教学中的不足，改进教学工作。

（3）预测性测验

预测性测验是以预测个体将来的表现和所能达到的发展水平为目的的测验。预测性测验用来了解个体间的某些差异，并由此预测不同的人在将来活动中可能出现的差别。如 GRE 考试，就是用来预测被试将来在学校的学业表现的工具。

6. 按测验材料分类

（1）语言文字测验

语言文字测验又称纸笔测验，是指运用由词汇、语句等文字材料组成的测验内容，且被试要用文字进行作答的测验。此类测验实施简单方便，便于回答和统计分析，效率较高，适用于团体测验。但语言文字测验易受被试的教育水平和文化背景的影响。

（2）非语言文字测验

非语言文字测验又称操作测验，其测验内容不涉及文字，而是以实物、模型、图形、工具等来呈现，被试只需动手操作即可完成测验。因此，此类测验对幼儿或文盲十分适用，适合不同文化背景的比较研究。如绘人测验和瑞文测验都是非语言文字测验。

三、测验法的实施程序

（一）标准化测验的实施程序

（1）依据研究目的选择合适的测验工具。研究者需要大量收集相关的标准化测验和量表，依据研究目的和研究内容选择标准化程度较高的测验工具。收集的相关资料越丰富，研究者的选择余地越大，开展研究也越方便。反之，研究开展难度大。

（2）做好施测前的准备工作。施测人员需要提前熟悉本次测验量表的内容、相关要求及操作程序；准备测验所需的材料和场地；对学前儿童进行测试前需要与被试建立良好的信任关系，解除学前儿童过度紧张和不适感等负面情绪。

（3）按标准化测验的要求施测。取得被试的信任，消除被试的胆怯行为，使之能充满信心地、轻松自如地参加测验。要严格按照测验手册上规定的标准化程序执行，指导语的解说要统一，不应以测验手册以外的话语去解释被试的疑问，避免给予被试任何暗示，要严格控制测验时间。同时，也要善于处理测试过程中的突发事件。

（4）及时地、客观地记录被试反应。应公平地对待每一位被试，评分标准要统一、客观准确、前后一致。

（5）合理解释测验结果。对测验结果的解释通常要求经过培训的专业人员主持。

在解释测验结果时,要做到有依据、有分寸,不武断地作绝对性的结论,也不作无限度的推论。

(二)自编测验的步骤

测验量表的编制是一个复杂的系统工程。当已有的标准化测验或量表满足不了研究者的需求,且测验法又是本次研究不可或缺的研究方法时,研究者就只能自编测验工具了。编制过程会因测验的内容、性质的不同而有所不同。但是,由于测验原理大致相同,自编测验大致可分为以下几个步骤:

(1)确定测验目标、对象和用途;

(2)拟定编题计划;

(3)编制测验题目;

(4)试测和项目分析;

(5)修订、筛选测验题目;

(6)组成正式测验;

(7)检验测验的可靠性和有效性。

四、学前教育研究常用的标准化测验

(一)中国比奈智力测验

中国比奈智力测验是基于中国情况,修订斯坦福—比奈智力量表而成的一种测量智力的工具。该测验共有 51 个项目,从易到难排列,每项代表四个月智龄,每岁三个项目,测验 2—18 岁被试的语言文字、数目、解题、技巧四大类智力水平。在评定成绩的方式上用离差智商代替了比率智商,智商平均数为 100,标准差为 16。中国比奈测验必须个别施测,并且要求主试必须受过专门训练,对量表相当熟悉且有一定经验,能够严格按照测验手册中的指导语进行施测。

(二)韦克斯勒幼儿智力量表

韦克斯勒幼儿智力量表的内容适用于 4—6.5 岁儿童,也可用于比较聪明的 3 岁儿童,或比较迟钝的 7 岁及更大的儿童。韦氏量表把智力分成语言和操作两部分,共 10 个分测验。语言测验包括常识、词汇、算术、类同、理解 5 部分;操作测验包括动物房子、图画补缺、迷津、几何图形描绘、积木图案 5 部分。测定项目由易到难排列,以便能更好地维持幼儿的兴趣和合作。

(三)中国儿童发展量表(CDCC)

中国儿童发展量表是北京师范大学张厚粲主持编制的,适用于我国 3—6 岁儿童的发展 量表。量表的内容由语言、认知、社会认知以及动作四个方面构成。为了便于使用,形成了智力发展量表与运动发展量表相互联系的两个部分。智力发展量表由 11 个项目 106 个题目构成,主要对幼儿言语发展、注意、感知、记忆、想象、社会认知发展以及判断推理能力与计算能力的发展进行评价,由此探索幼儿智力发展的规律。运动发展量表由 5 个项目构成。主要对幼儿身体素质与动作发展进行评价。

（四）瑞文标准推理测验

瑞文标准推理测验，原名"渐进方阵"。该测验是一种非文字的智力测验，用来测量一个人的观察力和思维能力，适用于从5岁半至成人的对象。瑞文测验的每一题均由无意义的抽象图案构成一个方阵，其中大图的右下角缺了一块，要求被试从给定的一组小图（6—8块截片图案）中选出一个最合适的图形填补大图的空缺，要求与大图的图案或图中横竖关系完全吻合，较少受文化知识背景的影响，所以该量表在全世界得到广泛地的使用。瑞文测验内容有5个单元，每个单元12题，共60题。5个单元分别是知觉辨别能力、类同比较能力、比较推理能力、系列关系能力、抽象推理能力。通过5个单元得分的结构来分析和了解被测者的智力结构。

（五）绘人测验

绘人测验是一种能引起幼儿兴趣而且简便易行的智力测验方法。该测验的具体操作要求是：给幼儿一支铅笔、一张白纸和一块橡皮，在良好的照明条件下，让其舒适地坐着，然后要求幼儿画一个"全身人"或两个"全身人"。根据幼儿画出来的结果评价其智力发展情况。

绘人测验的适用年龄为4—12岁。既可以个别施测，也可以团体施测，时间不限。在测验的过程中，测试者除指导语外不给任何语言和行为指导，让幼儿尽量详尽地绘出一个人。指导语可以是："妈妈（爸爸、老师）最喜欢看你画人了，请你画一个全身的人，男人、女人都行，随便画。要记住，画一张全身的人像，可不是画机器人，也不要画跳舞的、演戏的人。要画一个平常的人。"说完之后，让儿童开始画。

最终将儿童的作画过程和完成水平与50项计分标准进行对照，并按照该测验的"智龄换算表"换算出智力年龄（月龄），最后用比率智商公式即可计算出儿童的智商。画人测验不仅可以求解出儿童的智力年龄，同时还可以较为直观地观察儿童绘画的技能和手眼协调等精细动作的发展。但是绘人测验适用于有一定绘画技能的儿童，对绘画水平过高或过低的儿童的评价应慎重。进行智力评价时，还应结合儿童平时表现来考虑。

📖 **拓展阅读** ☞

画人也能测智商？
——绘人测验的50项计分标准

结合50项计分标准，为幼儿所画的"全身人"打分，每项凡与记分标准相符合的，给1分。这50项计分标准如下：

1. 有头形，任何形状都行，但是没有头形轮廓的不给分。

2. 头形是有意识画出来的,不是大圆圈、椭圆形或三角状。

3. 头的比例正确,头的面积是躯干的 1/2 以下、1/10 以上。

4. 有上肢,形状不限,但必须是正面的两条,侧面的一条。

5. 上肢比例合适,长要超过躯干、短于膝,长大于宽。

6. 上肢有关节,包括肩和肘,肘要求在中部,曲线描画的不行。

7. 有下肢,线状也行,但必须是两条腿,并在一起也行。

8. 下肢膝关节要在中部,曲线不行,骨及膝关节必须画出来。

9. 腿和脚都有轮廓,足的比例正确:足的长度大于厚度,足是腿长的 1/2 以下、1/10 以上。

10. 上下肢比例正确,两者都要有轮廓。

11. 上下肢轮廓不是圆形、长圆形,是有意识画出的。肢的轮廓与躯干相连处过细的不给分。

12. 肢的连接位置大致上要正确,上肢从胸廓上方出来,下肢从胸廓下方出来。

13. 上下肢位置正确,上肢从肩或相当于肩部出来,下肢由胸廓下边正确的位置出来。

14. 肩要明显地画出来,圆形也行。

15. 能看出是足跟的样子,是有意画出来的,取分要严格。

16. 有躯干,线形、圆形都行。

17. 有躯干,长大于宽,有轮廓,一根线不行,裙子边宽可大于身长。

18. 躯干是有意识画出来的,不是圆、方、环等形状。

19. 有衣服,表明非裸体即可,画了兜、扣的也可以,但没有表示出上衣样子的有扣、兜也不给分。

20. 两件服装不透明的:帽、袜、裙、上衣、裤等。

21. 全部服装不透明的,制服上衣要有纽扣(没上衣的不给分)。

22. 服装的标志在四个以上:鞋、袜、帽、衣、裤等,但必须是不透明的。

23. 服装齐全,全部没有不合理的描画,取分要严格。

24. 面形左右对称,眼、鼻、口都有轮廓,比例合适。每项画的都合理,侧位、头大小比例合适,要严格取分。

25. 有下巴及额。

26. 有意识地画出下巴及额部。

27. 有眼,点、圆、一线的都给分。

28. 有眉毛或睫毛的。

29. 双眼都有瞳孔。

30. 眼的长大于宽(两眼一致),不是圆、线形状。侧位时位置要求合适。

31. 眼光(瞳孔)的方向一致,侧位时瞳孔在前面。

32. 有鼻子,仅有鼻孔也行,一个也行。

33. 仅有鼻孔也行,正面两个或侧面一个,有凹形也行,位置要对。

34. 有口,位置无关,任何形状都行。

35. 有鼻、口轮廓,不是三角、圆和点的,口要有两片唇。

36. 有耳,形不限。

37. 耳有细节,位置、大小都合适,长大于宽,耳不超过头横径的 2/3(侧位的要有耳孔)。

38. 有颈,形不限,根状、线状都行。

39. 颈部有轮廓。

40. 有头发或帽,两者都有的也给1分。

41. 有头发的细节,比树状好些,全涂抹的也行。

42. 有手指,数、形无关,区别于上肢即可。

43. 双手各有五指,形无关。

44. 手的细节正确:有轮廓,长大于宽,两指间小于180度,形为主,数不限。

45. 拇指与其他指有区别,比上一项细节更进一步。手指的长短、位置要求正确。

46. 有手掌,能区别于上肢、手指就行。

47. 侧位时画出头、躯干、足的位置,要正确。

48. 侧位,除眼的形状外,一切完全是侧面的要求。关于眼的形状,侧位时可以正位看。

49. 画线清楚、干净利索的,没有重复、交叉、锯齿状及过线的。

50. 较上项更为优秀的,表现出艺术水平的,笔道优美、轻松有风格的。

本章主要内容导图

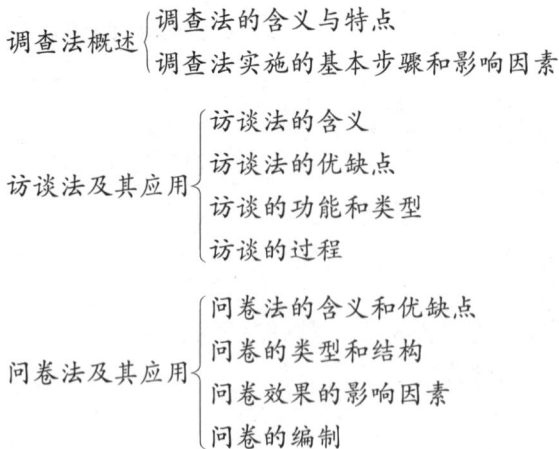

调查法概述 ┤ 调查法的含义与特点
　　　　　 └ 调查法实施的基本步骤和影响因素

访谈法及其应用 ┤ 访谈法的含义
　　　　　　　 ├ 访谈法的优缺点
　　　　　　　 ├ 访谈的功能和类型
　　　　　　　 └ 访谈的过程

问卷法及其应用 ┤ 问卷法的含义和优缺点
　　　　　　　 ├ 问卷的类型和结构
　　　　　　　 ├ 问卷效果的影响因素
　　　　　　　 └ 问卷的编制

测验法及其应用 ｛
测验法的含义和优缺点
测验法的基本要素和主要类型
测验法的实施程序
学前教育研究常用的标准化测验

思考与练习

1. 调查法的基本步骤有哪些？

2. 访谈法的基本环节有哪些？

3. 如何设计问卷？

4. 与问卷相比，访谈的灵活性表现在哪里？

5. 在访谈过程中应该如何回应？

6. 测验法有哪些类型？

第七章　行动研究法及其教研应用

本章概要

　　行动研究法的本质是在幼儿园保育教育工作的动态过程中开展研究,行动者即研究者,教师就是行动者、研究者,使研究推动改进保育教育工作。该方法具有重解决实际问题,强调在行动中的研究,研究与实践融为一体,研究过程是探索性的、系统的等特点。研究方式是边行动边研究,边研究边行动,二者融为一体,基本过程大致分为计划、行动、观察与反思四个循环渐进的环节。

案例导引

　　柳老师,35岁,从事幼教工作11年,小教一级职称,经常参与一些课题研究。最近她想研究《基于故事情境化建构游戏的大班幼儿创造力培养的行动研究》课题。但是,她想要打破以往研究范式的使用惯例,以自己的真实感受去体验、理解、关注,进而发现问题,解决问题。她想根据她在教育活动中不断反思的过程进行研究,所以哪种研究方法更适合她呢?她该具体怎样设计她的研究呢?具体应该有哪些步骤呢?让我们一起对学前教育研究中的行动研究法进行探索,去帮柳老师找到适合她的答案吧!

第一节　行动研究法概述

微课

行动研究法概述

一、行动研究法的概念与特征

(一) 行动研究法的概念

　　行动研究法是研究人员和教育实践工作者针对实际的教育活动或者教育实践中的问题,不断提出改进教育的方案或计划,用以指导教育实践或教育活动,同时又根据教育研究计划实施进程中不断出现的新问题,对计划或方案进行充实和修正、完善,不断提出新的目标的研究方法。行动研究法是20世纪40年代中期由美国心理学家勒温首先提出的,最初行动研究法运用于心理学、民族学领域研究中,50 年代后期开始在教育研究中运用,之后逐渐被教育理论研究者、教育实践工作者和教育行政管理人员认识、接受并采纳。发展至今,行动研究法已经成为主要的教育研究方法之一。

"行动"和"研究",原是两个用以说明由不同的人从事的不同性质的活动的概念。"行动"主要指实践者、实际工作者的实践活动和实际工作;"研究"则主要指受过专门训练的专业工作者、学者专家对人的社会活动和社会科学的探索。对行动研究的不同认识,归纳起来大致有三种:一是行动研究即行动者用科学的方法对自己的行动所进行的研究;二是行动研究即行动者为解决自己实践中遇到的问题而进行的研究;三是行动研究即行动者对自己的实践进行批判性思考,以"理论的批判""意识的启蒙"来引起和改进行动的研究。第一种定义强调行动研究的"科学性";第二种定义更关注行动研究对教育实践的"改进"功能;第三种定义突出了行动研究的"批判性"。

学前教育行动研究是针对学前教育实践中产生的问题,在学前教育情境中,情境参与者(如教师)与专家学者或其他相关人员协作,边研究边反思,以解决学前教育实际问题为目的的一种研究方法,打破了传统研究目的的局限性。行动研究的根本目的不是为了理论上的产出和普遍规律的发现,而是为了行动的改变、实践的改进;但这并不是说它轻视理论,而是重在以先进的理论指导行动实践的改进。

(二) 行动研究法的特征

行动研究法的突出特点有以下:① 重在解决实际问题;② 强调在行动中的研究,研究与实践是融为一体的;③ 研究过程是探索性的、系统的。从研究目的看,是"为行动而研究";从研究对象看,是"对行动进行研究";从研究环境看,是"在行动中研究";从研究人员看,是"行动者进行研究";从研究范围看,是"研究者行动所涉及的范围",研究者研究的是自己工作中涉及的人、事物;从研究进程和方法看,是边行动边调整;从研究结果看,是行动的改进、发展。由此可知,与其说行动研究法是一种研究方法,倒不如说它是一种研究形式。

行动研究法的优点主要表现为:适应性和灵活性,评价的持续性和反馈及时性,较强的实践性与参与性,多种研究方法的综合使用。行动研究法的局限性主要表现为:由于其非正规性而缺少科学的严密性。在实践研究中,不可能严密控制条件,其结果的准确性、可靠性不够;研究只是遵循日常生活解决问题的方式,过于自然,所有方法都可以拿来用,没有形成自己独立的研究方法;研究过程松散、随意,缺乏系统性。

二、行动研究法的意义

1. 行动研究法有益于将学前教育研究与实践紧密结合

行动研究一般是针对即时问题加以研究,通过研究使问题切实地得到解决。行动研究能够有效地改进日常学前教育工作,因而有益于弥合理论走向应用之间的裂痕,改变长期以来理论和实践二者脱节或各说各的话等"两张皮"倾向。

2. 行动研究法有益于推动群众性的学前教育研究

行动研究中,教师及一线学前教育实践工作者参与研究,同时作为教育主体与研究主体。行动研究法适合于幼儿园教师的工作实际,可促进教师在教育过程中学习和研究教育问题,自觉探索规律,提高教育教学效果。

3. 行动研究法有益于幼儿园教师自身素质的提高

有人称"行动研究方法的独特优势在于,它可以改变教师的态度和行为"。幼儿园教师在学前教育实践中研究,能够通过研究提高自身素质和教育技能水平。

第二节 行动研究法的运用

微课

行动研究法的
运用案例

一、行动研究法的步骤

行动研究法的操作有勒温模式、凯米斯模式、艾略特模式、艾巴特模式、麦克南模式等。学前教育研究中,较为常用的是凯米斯四环节模式,包括"计划—行动—观察—反思"四个环节。具体操作步骤是:

1. 第一环节:计划

要以大量事实发现和调查研究为前提,从解决问题的需要和设想出发,对各种知识、理论、方法、技术、条件进行综合。计划包括总体设计和每一个具体行动步骤方案,计划要具有灵活性、开放性。在实施过程中,根据情况的发展变化作出调整和修正。

2. 第二环节:行动

行动就是实施方案,根据实际情况的变化,不断调整和修正行动。

3. 第三环节:观察

观察就是对过程、结果、背景等进行考察,这个环节的任务是搜集资料,对整个过程、结果等进行详细了解,使用各种有效的方式方法推进研究。

4. 第四环节:反思

这个环节是对行动研究的结果和原因进行思考,包括整理、描述、评价、解释,将观察到和感受到的与计划相对比,对各种现象进行归纳,描述和判断行动研究的过程和结果,分析原因和做出解释,并制订下一步行动的计划。

以上四个环节是不断循环的,每一次循环都要有所改进和提高,要形成反思意识,不断复盘。根据第一次行动发现的问题,提出改进和修正意见,设计第二次行动方案。进行第二次行动(行动实践、观察分析、反思评价),通过若干次循环,直到解决问题(见图7-1)。

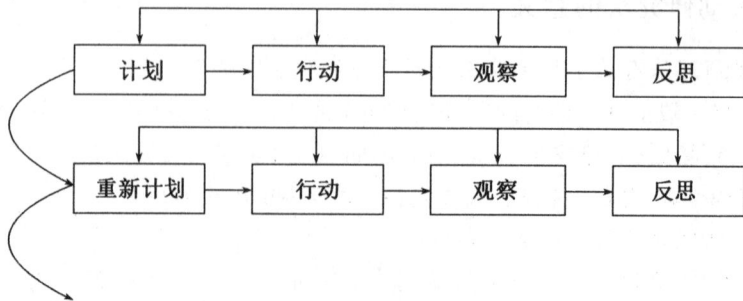

图7-1 行动研究的螺旋循环图

拓展阅读

行动研究法具体步骤的实践案例[①]

上海青浦县的教育改革实验起始于 1977 年,改革的思路是以数学教学方法的改革为突破口,探讨如何促进学生有效地学习,大面积提高教学质量,并且注重总结和推广新的教学原理与新的教学结构模式,实现学校教育整体改革。

1980 年前后,他们开始有意识地采用国外流行的行动研究方法,并把这一方法融入新的机制之中,改造成为实践筛选的研究方法,这是他们改革走向成功的关键步骤。

他们采取的实践筛选方法具体包括以下程序:

1. 总结各种教学经验,了解本门学科教学以及与它有关的一些学科,如心理学、逻辑学和哲学认识论等的研究成果,然后运用这些经验和成果,结合施教对象的现状和要求提出计划;

2. 按预定计划在授课中实施这些经验(理论成果将体现在某些经验中);

3. 组织有经验的教师亲临教学现场(一般不是实验环境下的现场),对施教情况进行系统的考察和评价;

4. 根据考评结果对原有经验进行调节——淘汰、发展或优化组合;

5. 再计划、再实施、再考评,多次往复,直至筛选出有效的经验系统。

只要对上述五步骤程序稍加分析就不难看出,这套程序与行动研究法的研究过程四阶段基本吻合。具体对应情况如下:

第一步制定计划相当于行动研究法的计划阶段。研究人员认识到教学质量是一种因变量,决定教学质量的因素很多,例如,对前人总结的各种教学经验能否借鉴和继承,对有关教育学、心理学、认识论和教学法原理能否消化理解,并用来指导实践,对教学对象现状是否了解,等等。这些应作为自变量分析,从而明确研究的问题是什么。

第二步相当于行动研究法的行动阶段。教师积极改进教学,学习别人的有益经验,用有关理论指导实践;

第三步相当于行动研究法的观察阶段。教师还应形成自己独特的经验,接受有经验的教师或教育理论工作者的指导,不断创新发展,提高教学质量。

第四步相当于行动研究法的解释结果阶段,也就是反思阶段。这时,用实施研究阶段的考评结果来调节最初的研究计划,去粗取精,优胜劣汰,为进一步的研究活动做好准备。

第五步实质是又一轮新的研究启动。这也是行动研究法的本质特征的体现,即

---

① 袁桂林,孙彩平.行动研究法及其在教育科研中的应用[J].现代中小学教育,1997(02):50-52.

行动研究应是一个周而复始的不断循环过程。

上海青浦县的实践筛选方法不仅在程序步骤方面与行动研究法一致，而且他们的科研人员队伍构成以第一线教师为主体，这也是符合行动研究法的基本要求的。第一线教师开展教育科学研究有利于教师自我提高，增强职业意识，有利于理论联系实际提高教育教学质量。这对幼儿园开展行动研究具有较大启示。

技能训练

实训项目 7-1

下图是柳老师根据自己的研究题目《基于故事情境化建构游戏的大班幼儿创造力培养的行动研究》[①]，制定出的行动研究流程图。请您根据她的行动研究流程图，结合以上所学内容，帮她写出详细的研究方案内容。（注：TTCT 是托兰斯创造性思维测试—图画版，ATDE 是故事化情境模式。）

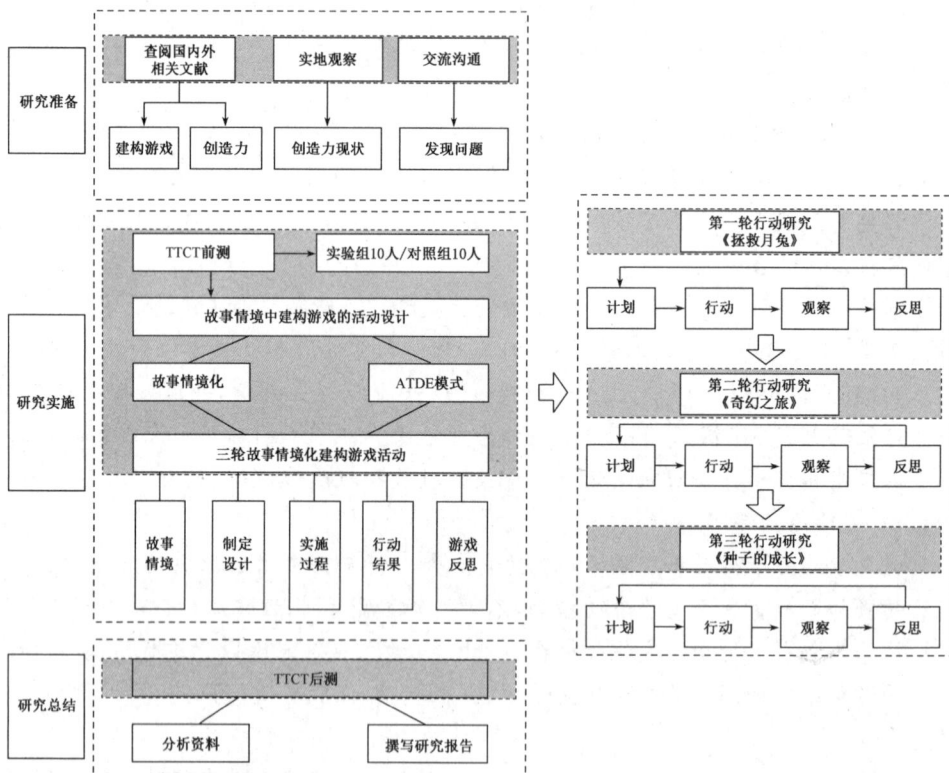

---

① 张莉琴,罗茜.基于故事情境化建构游戏的大班幼儿创造力培养的行动研究[J].陕西学前师范学院学报,2021(05):53-74.

* *

　　请你帮助她进行全面分析,她的行动研究方案有什么问题吗? 如果你是该研究负责的老师,请问该如何研究? 请设计研究方案。

　　指导要求与目标:

　　要求结合该案例,根据行动研究法的基本步骤和要求来设计。

* *

二、行动研究法的使用注意事项

1. 明确自己在行动研究中的身份与职责

行动研究对于每一个参与研究的人员来说,既是一个工作过程也是一个学习过程。在研究中,教师的角色不再只是单纯的幼儿教育者,而是集问题发现者、研究者、观察者、访问者、行动实施者、分析者等多重角色于一身。

2. 做到研究的可操作性和规范性

研究者应结合实践经验,以科学理论为指导,并运用科学理论对学前教育实践进行诊断,发现问题,同时注重研究的可操作性和规范性。在研究的各个阶段都应尽可能使用观察、调查、测量和实验等规范的研究方法,运用多种科学的研究手段来收集资料、形成结论。最后,还要根据科学理论针对问题制定出科学的解决方案,并加以检验。

3. 建立研究档案,详细收集各种研究资料

行动研究的数据收集工作贯穿于研究全过程。在研究开始之时,研究者就应该着手建立研究档案,将包括研究计划制定的过程,具体行动中遇到的问题、解决的方式以及计划的调整,研究者之间的讨论过程,儿童行为的观察记录、作品,教师对行动的思考与研究心理路程等全部收集起来。

三、行动研究法的适用范围

1. 适用人群

行动研究主要适用于学前教育实际问题而不是理论问题的研究,以及中小规模而不是宏观的实践研究。针对教育的实际情境而进行,从实际中来又回到实际中去。单个教师的行动研究的特点是规模小,问题范围窄,具体易于实施,但力量单薄,很难开展深入的、细致的、说服力强的研究。协作性行动研究的特点是可以发挥多个教师的集体智慧和力量,但可能在理论的指导方面较欠缺,需要专业人员(专家)指导。学校范围内的联合行动研究是由专业研究人员、教师、政府部门、学校行政领导等组成的较为成熟的研究队伍共同进行研究。这是较为理想的行动研究,它的特点是有专业人员参与,有较强的理论指导,研究力量大,充分地发挥领导、教师、研究人员的作用。

2. 具体举例

(1) 课堂教学研究方面,将改革措施实施于教学过程;

(2) 对课程进行中小规模的改革研究;

(3) 教师职业技能训练,提供新的技术和方法;

（4）幼儿园管理评价领域的优化改进；

（5）对已确诊的问题所施行的改革措施，如不良心理行为的矫正，环境因素的变革等。

技能训练

实训项目 7－2

教师要研究幼儿 A 的攻击性行为，她将这名幼儿和其他幼儿隔离开，发现幼儿 A 的攻击行为没有减少，继而她建议被 A 欺负的幼儿还击，结果发现幼儿 A 的攻击行为继续增加，为此，她十分苦恼……

请你帮助她进行全面分析，她的行动研究方案有什么问题吗？如果你是该班的老师，请问该如何研究？请设计研究方案。

指导要求与目标：

要求结合该案例，根据行动研究法的基本步骤和要求来设计研究方案。

本章主要内容导图

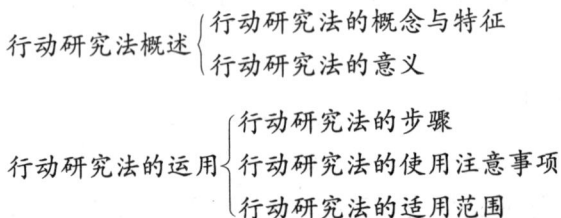

行动研究法概述 ｛行动研究法的概念与特征
行动研究法的意义

行动研究法的运用 ｛行动研究法的步骤
行动研究法的使用注意事项
行动研究法的适用范围

思考与练习

1. 行动研究法的基本过程和特点是什么？与其他研究方法的区别在哪里？请选择一种研究方法与其比较进行说明。

2. 请根据柳老师的行动研究计划图，绘制你感兴趣的选题的行动研究计划图。

第八章　其他研究方法及其教研应用

本章概要

　　除了之前所学过的观察法、调查法、行动研究法外,你还知道哪些研究方法? 在学前教育研究过程中,如何使用这些方法? 这些研究方法的概念和内涵,你是否清楚? 本章将继续学习案例研究法、教育实验法、教育叙事研究法、德尔菲法和层次分析法。

案例导引

　　西安市某幼儿园正在进行教研活动,教研组长李老师把大家申报的课题放在了一起进行研讨。教研组一共收到了老师们的五个研究题目,题目如下:

　　1. 西安市某幼儿园实施情感教育的案例研究(案例研究);

　　2. 幼儿园教师视角下的跨学科整合教学实践研究(教育叙事研究);

　　3. 游戏化教学对幼儿语言发展的影响研究(教育实验法研究);

　　4. 西安市幼儿园教师对数字化教育工具的未来预测研究(德尔菲法调查);

　　5. 幼儿园师生互动评估指标体系的构建研究(层次分析法研究);

　　在教研活动中,李老师鼓励大家就每个题目所对应的研究方法进行讨论,探讨其可行性和实际应用,确保选题和方法的匹配,为未来的研究奠定坚实的基础。大家围绕这些题目展开了热烈的讨论,并对各个研究方法的适用性进行了深入的分析。这些方法你都了解过吗? 具体怎么用? 又有哪些研究步骤呢?

第一节　案例研究法及其应用

微课

案例研究法概述

一、案例研究法的概念

　　案例研究法,也称个案研究法或个案研究,是社会科学研究中常用的方法之一,其源头大约可以追溯到 20 世纪初期人类学和社会学的研究,如英国人类学家马林诺斯基对太平洋上特洛布里安岛原住民文化的研究。

美国社会科学家德尔伯特·米勒和内尔·萨尔金德在《研究设计与社会测量导引》一书中指出：尽管文化共享群体或具体的个人会被视为一个"个案"，但是定性研究中的个案研究法不那么关注群体的模式，而更在乎对一个过程、事件或行动的深度描述。有人认为"个案"只是研究对象，也有人认为它是一种研究方法。只不过这两种观点都认为个案研究是通过在多种信息来源和丰富的背景中收集深入、详细的资料，对一个或多个个案进行历时性的探讨。

不论外国学者对于案例研究法的概念如何界定，都为我们的研究提供了一些思考与讨论的空间。关于案例研究法的概念，我国的社会科学研究者们也给出过自己的定义。个案研究（案例研究）即对一个个人、一件事件、一个社会集团，或一个社区所进行的深入全面的研究。

二、案例研究法的分类

案例研究的类型可以根据其不同的性质和数量建立一个 2×3 的矩阵模式，可以形成 6 种不同的案例研究类型。具体分类如下表 8-1：

表 8-1　案例研究法的分类表

数量＼性质	探索性	描述性	解释性
单一案例研究	探索性单一案例研究	描述性单一案例研究	解释性单一案例研究
多案例研究	探索性多案例研究	描述性多案例研究	解释性多案例研究

从案例的数量上来说，可以划分为单一案例研究和多案例研究两个类型。而从案例的性质不同上来说，可以划分为探索性案例、描述性案例和解释性案例三个类型。探索性案例是指在未确定研究问题和研究假设之前，凭借研究者的直觉线索到现场了解情况、收集资料形成案例，然后再根据这样的案例来确定研究问题和理论假设。描述性案例研究是通过对一个人物、团体组织、社区的生命历程、焦点事件以及过程进行深度描述，以坚实的经验事实为支撑，形成主要的理论观点或者检验理论假设。解释性案例研究旨在通过特定的案例，对事物背后的因果关系进行分析和解释。在解释性案例研究中，案例中所包含的一些事实被作为自变量，另外一些事实被作为因变量，通过对案例背景的研究，寻找不同变量之间的相关性或因果关系。[1]

根据案例数量和案例性质的不同，可以交叉获得不同的六类案例研究法。分别是：探索性单一案例研究、描述性单一案例研究、解释性单一案例研究、探索性多案例研究、描述性多案例研究和解释性多案例研究。根据上文对不同性质的三类案例的概念解释，分别结合案例的数量就是六类案例的概念解释。例如：探索性单一案例是指在未确定研究某一个问题和研究假设之前，凭借研究者的直觉线索到现场了解情况、收集资料

---

[1]　王金红. 案例研究法及其相关学术规范[J]. 同济大学学报(社会科学版),2007(03):87-95+124.

形成案例,然后再根据这样的案例来确定研究问题和理论假设。

三、案例研究法的过程

案例研究法是一种广泛应用于社会科学、管理学和教育学等领域的研究方法,旨在通过详细调查和分析具体案例来深入理解某一现象或问题。以下是案例研究法的七个基本步骤的详细说明:

1. 确定研究问题

(1)明确研究主题:首先需要确定研究的主题或领域,这是研究的起点。例如,研究幼儿园管理中的某个问题或学前教育系统中的某个现象。

(2)界定研究问题:将广泛的主题具体化为一个或几个明确的问题或假设。明确研究的目标,了解现有文献中关于这个问题的讨论,并找出研究的空白点。

(3)设定研究目标:明确研究要达到的具体目标,是为了探讨某个现象的原因,还是为了验证某种理论。

2. 选择研究对象

(1)选择案例:根据研究问题选择合适的案例。这些案例应该具有代表性或能够提供丰富的信息。

(2)确定案例类型:选择单一案例研究或多重案例研究。如果需要深入了解某个特定现象,单一案例研究可能更合适;如果需要对比不同情况下的现象,多重案例研究可能更有意义。

(3)考虑可行性:评估案例的可行性,包括获取数据的难易程度、案例的时间和资源要求等。

3. 确定研究方案

(1)制定研究设计:详细规划研究的步骤和方法。包括确定研究方法(如定性研究或定量研究)、数据收集方法(如访谈、观察、文件分析等)和数据分析方法。

(2)制定时间表和预算:为研究的各个阶段设定时间表,并预估所需的资源和预算。

(3)伦理审查:如果研究涉及人类参与者,需要考虑伦理问题,可能需要通过伦理审查委员会的批准。

4. 收集研究案例的相关资料与数据

(1)设计数据收集工具:根据研究方案设计合适的数据收集工具,如访谈提纲、观察记录表、问卷等。

(2)实施数据收集:按照既定的方法和步骤收集数据,确保数据的真实性和完整性。

(3)多源数据收集:使用多种数据来源和收集方法,以增强研究的可靠性和有效性。

5. 分析资料与数据

(1)数据整理:对收集到的数据进行整理和编码,建立数据分类系统。

（2）数据分析：使用合适的分析方法对数据进行深入分析。定性数据分析可能涉及编码和主题分析，定量数据分析可能涉及统计分析。

（3）模式和关系识别：在数据中寻找规律和模式，识别出与研究问题相关的关键因素和关系。

6. 解释说明研究成果

（1）结果解释：将分析结果与研究问题联系起来，解释结果的意义和影响。

（2）与理论对比：将研究发现与现有理论进行对比，探讨研究发现对理论的贡献和挑战。

（3）提出建议：基于研究结果，提出具体的建议或对策，为实践提供指导。

7. 撰写研究报告

（1）报告结构：报告一般包括引言、文献综述、研究方法、研究结果、讨论、结论和建议等部分。

（2）清晰逻辑：确保报告逻辑清晰，层次分明。每一部分内容要有明确的目的和联系。

（3）详细记录：详细记录研究的全过程，包括数据收集和分析的方法、研究发现和结论，以便其他研究者能够理解和复现研究。

（4）参考文献：列出所有引用的文献和资料，确保报告的学术规范性。

通过详细解释每个步骤，可以更好地理解案例研究法的实施过程和每个环节的重要性。

拓展阅读 ☞

问题儿童不良行为矫正的案例研究[①]

研究对象：本研究选取的对象名叫小烽，曾就读于上海某工读学校，现就读于上海市某高级技工学校钳工专业。小烽，男，出生于 1983 年 12 月 10 日。母亲在其三岁时因意外身亡，随后他的父亲也因酗酒过度导致酒精中毒去世。由于父母与双方各自家庭的关系不佳，小烽变成了无人认领的孤儿。尽管后来其母亲所在的单位领养了他，但没有得到真正意义上的家庭温暖和教育，这对他生理和心理上的发展均造成了不利的影响。他开始和社会上的一些不良青少年混在一起，经常打架、逃学、说谎、流浪不归甚至偷盗，终于在五年级时，被送进工读学校就学。据老师反映，小烽性格比较内向、孤僻、倔强，对事情大多表现出一种无动于衷的感觉，对人也比较冷淡，

---

① 张福娟,江琴娣. 问题儿童不良行为矫正的案例研究[J]. 中国特殊教育,2004(08):52－55.

有较强的自我中心和盲目的自我欣赏,自我感觉良好。

研究目的:(1)探讨问题儿童不良行为矫正的方法;(2)探讨学校在问题儿童教育过程中所处的地位;(3)提出不良行为和人格矫治的建议。

研究方法与结果分析:

本研究综合运用了访谈、问卷调查、心理测量等方法,全面了解和分析了该生不良行为和人格矫正的过程与方法,并对案主的人格、情绪、行为等各方面发展状况做了详尽的分析。分析造成小烽不良行为和人格的主要原因:缺少家庭温暖、缺乏良好的学校教育环境、缺少社会关爱。对各种不良行为的矫正方法包括对攻击性行为的矫治,对偷盗行为的矫正,对说谎行为的矫治,对逃学、逃夜行为的教育。

第二节　教育实验法及其应用

微课

教育实验法概述

一、教育实验法的概念

教育实验法是研究人员和教育实践工作者有计划地逐步变化实验条件,观察、记录、测定与此伴随的现象的变化,从而确定条件与现象之间的因果关系的研究方法。

二、教育实验的分类

可根据实验场所、实验性质、自变量因素和实验控制程度划分出不同类型的教育实验。

(一)自然实验和实验室实验

按照实验场所可以把教育实验划分为自然实验(现场实验)和实验室实验,自然实验是在教育教学现实情境中进行的,而实验室实验顾名思义是在严格控制条件的实验室条件下进行的。

(二)探索性实验和验证性实验

探索性实验具有独创性,探求未知,目的在于获取新知识。验证性实验是对已有知识、结论进行重复检验或对已有的实验成果进行再实验以移植、模仿和改造。

(三)单因素实验和多因素实验

单因素实验指实验中只有一个自变量,研究目的是探讨变量的一一对应关系。多因素实验指实验中含有多个自变量,研究目的是探讨多个变量之间的组合关系。

(四)前实验、真实验和准实验

前实验对无关变量的控制不够充分,是一种不理想的实验。真实验能比较满意地控制无关变量的影响,而准实验的控制程度介于前实验和真实验之间。

三、教育实验的假设与变量控制

（一）教育实验的假设

教育实验的假设可以分为两种——探索性实验中的假设和决断性实验中的假设。所谓探索性实验中的假设，指研究者可以通过探索性实验取得必要的事实数据，探明造成各种现象的原因究竟是什么，或操纵某些条件的变化会引起什么结果。例如，大班故事教学中，如果采用边讲边玩纸偶的方法，是否会提高故事教学的效果？这个假设就属于探索性实验假设。而决断性实验中的假设也称验证性实验假设，是为了验证假设是否成立的一种实验假设。例如，在大班故事教学中，如果采用边讲边玩纸偶的方法，就能够提高教学效果，这就是决断性实验假设。

（二）教育实验的变量控制

教育实验中的变量是指性质和数量上可以变化和操控观测的各种因素、现象或特征，教育实验变量包括自变量、因变量和无关变量。

自变量就是实验因子，是研究者要研究的问题所在。因变量也称结果变量，研究者通过操纵自变量来控制实验，从而得到实验的因变量。无关变量是影响实验结果的因素，是与实验目的无关的要素，所以要控制无关变量对实验自变量和因变量的影响。

具体控制实验无关变量的方法有三种：排除、平衡和抵消。"排除"就是把无关变量排除在实验之外，尽可使它不对实验结果产生影响。例如，心理学常常使用暗室、隔音室来消除噪声这个无关变量对试听刺激的影响，从而将无关变量排除掉。"平衡"是使无关变量以同一水平作用于实验班和对照班，平衡法也称为等组法。"抵消"指当实验变量是两个或者两个以上时，会出现新的问题：两个实验处理的前后顺序不同，结果就会不同，这时候必须使用抵消法也称循环组法或者 ABBA 法，详见图 8-1。

1/2	A	B
1/2	B	A

图 8-1　ABBA 法图

一项关于新教法与传统教法的比较研究就需要使用 ABBA 法，研究者可以使被试中的半数先作为实验组接受新教法，再作为对照组或控制组接受传统教法；另一半被试则先作为对照组或者控制组，先接受传统教法，再作为实验组接受新教法的处理，这样就可以抵消无关变量的影响。假设研究者在研究两种不同的记忆测试方法（A 和 B）对记忆效果的影响，有一个组的参与者需要进行多次测试，则研究步骤如下：

（1）参与者首先进行方法 A 的测试。

（2）接着进行方法 B 的测试。

（3）然后再次进行方法 B 的测试。

（4）最后再次进行方法 A 的测试。

这种安排（ABBA）确保每个测试方法都在不同的位置进行，从而抵消任何由于测试顺序引起的效应。例如,如果参与者在第一次测试时表现较差,或在最后一次测试时感到疲劳,这些效应将在 ABBA 设计中被均衡处理。

四、教育实验的类型

(一) 单组实验

单组实验是对一组被试施加某一种实验因素或是两种以上实验因素的影响,然后观察和测量其结果,比较施加实验因素前后效果有何差异,或是施加某一实验因素与另一实验因素在效果上有什么不同,从而确定实验因素的实际效果。例如,我们可以采用单组法做实验,对比游戏法或看图讲述法对大班幼儿故事教学的效果。做法如下:在幼儿园选取一个班作为实验班,前后实施这两种实验因素的处理。实验前,先对被试进行初测,了解幼儿原有水平,然后实施游戏法教学的实验,根据计划,实施实验一段时间后,再作复测。将前后两次测查的情况作比较,确定游戏法的效果。或是依次实施两种不同的教学方式,如先实施讲解法,再依同样程序实验操作法,把两次测查的效果加以比较,就能确定哪种方法好。单组实验步骤见表 8-2:

表 8-2 单组实验步骤表

	前测	实验处理	后测
实验组	√	√	√

或者:

	前测	实验处理1	复测1	实验处理2	复测2
实验组	√	A	√	B	√

单组实验效果＝后测－前测

单组实验法比较简单易行,但是如果实验周期较长,则幼儿在基础知识、技能、智力等方面的自然增长就会影响教育实验的效果。如果需要比较两个实验因素,则两个因素之间相互会产生干扰,因而影响实验效果的准确性。

(二) 等组实验

选择两个或两个以上条件基本相等的班或组作为实验对象。在实验过程中,对两组被试分别施加不同实验因子的影响,同时使两组其他条件保持不变,然后对不同实验因子所产生的变化或结果进行观测比较。

例如,我们可以使用等组实验来比较使用讲解法和操作法进行自然常识教学的效果。在实验前,先要对实验组与对照组作测查,确定这两组幼儿的原有基础、水平大致相同。对实验组用操作法进行自然常识教学,对照组则用传统的讲解法进行教学,其他条件保持一致,如幼儿发展水平、学习能力、教师的经验水平、教材内容、设备条件等。实验后再对两组作复测,从而确定不同教学方法的效果差异。等组实验的步骤见表 8-3。

表 8－3　等组实验步骤表

	前测	实验处理	后测
实验组	√	A	√
对照组	√	B	√

等组实验效果＝实验组（后测－前测）－对照组（后测－前测）

等组实验法被认为是实验法的基本形式，等组实验能够避免单组实验的局限性，因为两个实验因子分别在两个组施行，不会相互干扰；同时，两组对象均有成长因素，因而这一影响因素在两组中达成了平衡化。因此，实验结果比较精确可靠。

等组实验的关键在于使实验组与对照组的条件尽可能相等。在条件允许的情况下，应采用随机取样和随机分组的方法来确定实验组与对照组。研究者必须通过随机化来中立化那些不能被直接和充分控制的影响，以便有效地控制系统误差。通常认为，在实验中，这是唯一能确保所有无关因素都得到控制的方法。通过随机取样和随机分组，可以平衡无关变量，使实验组和对照组在组成上相等，确保两组来自同一总体。

然而，在教育实验中，常需利用现有班级，这使得两个班级在各方面条件完全相同几乎不可能，只能做到大体相同。使用现有群体进行实验通常称为"准实验设计"，这种设计采取非随机分组，是对严格实验方法的变通。在这种情况下，不一致的条件可能会影响实验效果。研究者应对此有所预见，并在得出研究结果和结论时作出适当说明。

采用准实验设计时，控制程度相对较低，可以用增大样本容量的方式提高结论的精确可靠程度。研究者可以通过几个园所协作，选择多个条件基本相等的班进行实验，如设计多个实验班和对照班，事先测试确认其各方面因素基本相同，实施实验后再加以复测，在多个班级中相互比较和彼此对照，就可以获得比较准确可靠的结果。

（三）轮组实验

轮组实验，也称循环组实验，是把两个（或两个以上）实验因子轮流在两个（或两个以上）组内施行，然后求每个实验因子的变化与效果的总和，并加以比较的实验方法。简单地说，就是使两组被试都参加不同的实验处理。

例如，"活动幻灯与图片在故事教学中的效果的比较实验"采用轮组法，实验因素是两种不同的直观教具，如以活动幻灯这种直观教具辅助大班故事教学作为实验因素 A，传统的教具图片作为实验因素 B。实验前，用相同的内容对两组儿童进行初试测查，每轮实验处理之后进行一次复测，然后将两组运用活动幻灯（实验因素 A）和图片（实验因素 B）所得成绩分别相加，再来比较两种方法在效果上的差异。实验效果＝（A 实验 1 组＋A 实验 2 组）/（B实验 1 组＋B 实验 2 组）

用循环实验的步骤见表 8－4：

表 8 - 4 轮组实验步骤表

	前测	第 1 次实验处理	复测 1	第 2 次实验处理	复测 2
实验 1 组	√	A	√	B	√
实验 2 组	√	B	√	A	√

循环组实验的优点是各个实验因子轮换施于各组,因而其发生影响的机会均等,同时抵消了非实验因子的影响,两组被试并不要求基础相同,教师等无关因子的不同影响也可抵消,但循环实验中每组均要实施两种以上实验处理,因而实验周期比较长;并且,要准备两份性质、难度相同的教学内容以及两套难度相同的测试题也是较难做到的。

五、教育实验的程序

完整的教育实验程序应包括四个基本环节:提出问题和确立假设、设计实验、实施计划、总结整理。

(一)提出问题和确立假设

关于教育实验研究课题的确定,可以根据日常观察,从教育实践中提出问题;也可以通过教育理论的推导,发现和提出问题;还可以通过对他人研究的考察和发现,提出并选择研究课题。在此基础上,要对课题所涉及的范围、对象等作一定的理论探讨和初步调查分析,使课题具体化,对所要研究的问题加以清楚地界定,形成研究假设并明确地做出陈述。可以提出如何解决实验问题的初步设想,或是对实验条件与教育心理反应现象之间的关系进行推测。在确定研究课题时,要认真查阅文献,借鉴其他人已有的研究成果与方法,并加以参考和比较,确定本课题的理论意义与应用价值。

(二)设计实验

实验设计中通常要考虑以下问题:

首先,被试的选择。涉及研究场所、被试范围、年龄、性别等条件,取样标准与样本容量及如何分组等。

其次,实验方案的设计。考虑实验的组织形式、实验条件的设计,包括实验因子的确定及其呈现,与操纵变化等有关实验处理的方式、次序,如何排除或控制无关因子的干扰;还应设计好实验效果即因变量的观测方法,确定适用的研究工具量表等。根据研究所需收集的资料种类预先考虑适用的统计方法。

最后,实验的步骤和时间安排。精心设计实验步骤和科学有效地安排实验时间是实验取得成功的重要条件。

(三)实施计划

在这一阶段,研究者要根据方案规定的程序认真进行操作,收集有关的事实材料和积累研究数据。在实验过程中,一定要严格控制实验条件,把握实验的进程和阶段。

(四)总结整理

整理加工事实材料,需要认真对材料加以核对、筛选,进而将其分类组织,汇总统计。对统计出来的结果作分析研究工作,运用理性方法和逻辑分析方法,对研究结果的本质意义加以讨论,并作出推论。最后验证假设,得出结论。研究者在总结阶段,还要客观地分析研究存在的问题与不足,并思考仍需进一步研究解决的新课题,在总结整个研究过程的基础上,将研究结果及其来源按一定格式写成研究报告。

教育实验是一项复杂的、创造性的系统工程。为了揭示教育现象内在规律和因果联系,必须遵循教育科学研究的一般原则和实验法的基本要求,认真对待教育实验过程和每一个环节、每一个步骤程序。①

拓展阅读

实验案例:父亲参与对儿童延迟满足能力的影响:儿童性别的调节作用②

1. 研究背景

延迟满足是一种为了更有价值的长期结果而放弃即时满足的选择能力。父亲参与抚养(包括互动性、可及性和责任性)在儿童成长中起重要作用。研究发现,母亲和父亲在抚养孩子中的作用不同:母亲更多照顾生活,父亲则更多陪伴游戏。本研究旨在通过实验法考察父亲参与对儿童延迟满足能力的影响,并探讨儿童性别的调节作用。

2. 实验设计与实施

研究对象:江西省铜鼓县某幼儿园的 92 名儿童(男童 42 名,女童 50 名)及其父母。

(1)研究材料和工具

材料:儿童教室套间、QQ 糖等。

工具:父亲参与问卷和母亲参与教养问卷。

(2)实验程序

实验刺激物:选择 QQ 糖作为实验奖励物。

正式实验:儿童在等待期间,如果能等主试回来可获得两颗 QQ 糖,提前吹口哨则只能得到一颗糖。

问卷发放:实验后由家长填写问卷。

3. 实验结果和研究结论

(1)控制儿童年龄、儿童性别及母亲参与后,父亲参与的互动性、可及性和责任性三个维度均能显著预测儿童自我延迟满足能力。

① 张燕,邢利娅.学前教育科学研究方法[M].2 版.北京:北京师范大学出版社,2014.
② 聂晋文,芦咏莉.父亲参与对儿童延迟满足能力的影响:儿童性别的调节作用[J].心理发展与教育,2014,30(02):121-128.

（2）儿童性别可以调节父亲参与的互动性和责任性与儿童延迟满足能力的关系。具体而言，互动性可以显著预测男童的延迟满足能力，但不能预测女童的延迟满足能力；责任性可以显著预测男童的延迟满足能力，但不能预测女童的延迟满足能力。

第三节　教育叙事研究法及其应用

微课

教育叙事研究法概述

一、教育叙事研究法的概念和特点

（一）教育叙事研究法的概念

教育叙事研究法是一种质性研究方法，通过收集和分析个体的学前教育经历和故事，以深入理解学前教育现象和过程。它强调研究对象的主观体验和情感，关注学前教育情境中的具体事件和个人经历，旨在揭示学前教育实践中的复杂性和多样性。

这种研究方法通过记录和解读个人或群体在学前教育中的真实经历，揭示他们在特定学前教育背景下的行为、思考和情感变化。教育叙事研究法通常包括访谈、观察、日记、反思性写作等数据收集方式，通过系统分析这些叙述内容，提炼出具有普遍意义的学前教育理论和实践启示。

（二）教育叙事研究法的特点

"教育叙事"是研究者以叙事、讲故事的方式表达对教育的理解和解释。它不直接定义教育是什么，也不直接规定教育应该怎么做，它只是给读者讲一个或多个教育故事，让读者从故事中体验教育是什么或应该怎么做。写教育叙事的过程，就是对自己的教育教学进行全程监控、分析、调整的过程，是更彻底的自我反思、自我培训学习的过程，真正能达到"为自己的教育教学进行研究，对自己的教育教学进行研究，在自己的教育教学中进行研究"的目的。①

具体而言，教育叙事研究法具有如下特点：

（1）教育叙事所叙述的内容是已经过去的教育事件，而不是对未来的展望。

教育叙事所报告的内容是实际发生的教育事件，而不是教育者的主观想象。在教育叙事中，叙述者既是说故事的人，也是他们自己故事里或别人故事中的角色。叙述的故事中必然有与所叙述的教育事件相关的具体人物。

（2）教育叙事所报告的内容具有一定的"情节性"。

叙事谈论的是特别的人和特别的冲突、问题或使生活变得复杂的任何东西，所以叙事不是记流水账，而是记述有情节、有意义的，相对完整的故事。

---

① 杨宏伟.教育叙事与幼儿园教师文化建设.基础教育参考[J].2005(04):4-5.

（3）教育叙事获得某种教育理论或教育信念的方式是归纳而不是演绎。

也就是说，教育理论是从过去的具体教育事件及其情节中归纳出来的。

教育叙事特别适合于教师。因为教师的生活是由事件构成的，这些事件就如同源于教师经验的短篇故事。对教育事件的叙说，能使教师看到平时视而不见的例行事项的意义，并把自己遇到了什么问题、怎样遇到这个问题和怎样解决这个问题的整个过程叙述出来。这就意味着教师在和自己的教育教学实践进行对话，这就是教育反思，这就是自我培训，会极大促进教师的专业化水平。

莎士比亚告诉我们"世界就是一个舞台"。在教育这个舞台上发生着许许多多平凡的和不平凡的故事，这些在教育教学活动中所发生、出现、遭遇、处理过的各种事件，不是瞬间即逝、无足轻重、淡无痕迹的，它会长久地影响教师的教育教学和生活。从这些事件中，我们能够学到很多东西，得到很多启发，甚至会产生心灵的震撼。

二、教育叙事研究法的分类

教育叙事研究法包括三种类别：一是典型的教育叙事研究法：教育自传、教育传记与教育故事；二是艺术化的叙事研究法：自传体小说、传记体小说与成长小说；三是科学化的叙事研究法：经验的叙事研究、调查的叙事研究与类比的叙事研究。

（一）典型的教育叙事研究法

"有情节的故事"是所有教育叙事研究的核心精神。离开了这个核心精神，就失去了教育叙事研究的本分。如果某份教育叙事研究报告完全没有故事情节，那就是"伪教育叙事研究"。所谓典型的教育叙事研究，意味着这种研究维护了教育叙事研究的核心精神，即"故事精神"。维护了"故事精神"的典型的教育叙事研究主要包括三个形态：教育自传、教育传记和教育故事。前两者是真实的教育叙事研究，后者是虚构的叙事研究。从已有的教育叙事研究文献来看，在教育自传、教育传记和教育故事三者之中，一般研究者往往选择真实的叙事研究（教育自传和教育传记），较少有人创作虚构的教育故事。而在教育传记与教育自传两者之间，理论研究者（主要是大学研究人员）往往选择教育传记的形式，而行动者（中小学、幼儿园教师或校长、园长）往往选择教育自传的形式。

拓展阅读

自传不只是一种文学的体裁，它还作为研究的方法而广泛应用于历史学、社会学以及心理学、教育学等研究领域。"传记法"正式作为社会科学研究的一种方法始于20世纪20年代。当时美国芝加哥大学社会学研究者开始将"传记法"作为社会学史的一个部分。至1970年代，随着解释学方法受到广泛的重视，"传记法"再度引起人们的兴趣。国际上出现"传记研究"的专门组织和专门的学术刊物。不少社会学专业杂志和人类学专业杂志也频繁地发表传记体的研究文章。1998年阿本(Erben M.)主编出版《传记与教育》一书,专门讨论教育研究中的传记方式。教师在讲述自己的教育经历时,这种教育经历及其体验就为读者提供了理解教师的个人化实践知识的材料。同时,教师的个人自传也为推动教师本人自我反思和教师专业发展提供了启动装置。表面看来,自传不过是讲述自己的故事。可是,讲述自己的故事主要的目的不在于炫耀自己的过去或给后来者留下经验教训,作为教育自传,教师在讲述自己的故事的当下,就可能发生自我反思、自我唤醒的效应。人往往以机械重复的方式展开自己的日常生活,人在日常生活中不断重复,也因此而失去反思能力。对于那些长久地沉沦于日常生活中的人来说,说出自己的故事,就可能因此而引发自我唤醒教育效应。正因为自传具有自我唤醒和自我反思的效应,不少研究者鼓励教师以讲述自己的故事的方式来构建自己的个人化教育理论或保存自己的教育信念。教师个人自传的另一个价值在于:它使教师的个人知识(或称为个人化实践知识)在教师的个人生活史的叙说中不知不觉地显现出来。

(二)艺术化的教育叙事研究法

艺术化的教育叙事研究包括自传体小说、传记体小说和成长小说,前两者既有传记的真实,又有小说的虚构,后者(成长小说)则完全虚构。如果说在教育自传、教育传记和教育故事三者之中最能够显示教育叙事研究精神的是教育自传,那么,在自传体小说、传记体小说和成长小说三者之中,最能够显示教育叙事研究精神的是自传体小说。

(三)科学化的教育叙事研究法:调查的叙事研究、经验的叙事研究与类比的叙事研究

典型的教育叙事研究向科学化的方向扩展,就显示为调查的叙事研究、经验的叙事研究和类比的叙事研究。具体来说,调查的叙事研究侧重于通过研究者的调查和分析来揭示参与者的生活经历和行为模式,通常采用访谈、观察和文献分析等方法收集数据。经验的叙事研究则关注个体的主观体验和个人故事,强调个人经验的独特性和其对个人身份认同与世界观的影响,常通过自传式或自述式的研究方法进行。而类比的叙事研究则通过比较不同情境或案例中的故事,揭示相似或不同的主题、模式和意义,这种方法有助于我们理解更广泛的社会现象或人类行为。

这三种叙事研究方法虽然各有侧重,但都致力于通过故事和叙述来丰富我们对人类经验的理解。前两者是求真的叙事研究,后者是诗化的、想象的、隐喻式的叙事研究。科学化的叙事研究之所以重要,主要的原因在于:它以实证的方式提供真实的事件;它以拿证据来的态度用事实说话;它少了虚构的浪漫,但增长了真实的信心。在经验的叙事研究、调查的叙事研究和类比的叙事研究三者之间,类比的叙事研究虽然也是重要的方式和方向,但它要求研究者有发达的想象力和诗意的语言能力,非一般研究者所能操持。于是,理论研究者往往选择调查的叙事研究,而行动者一般选择经验的叙事研究。

拓展阅读 ☞

经验的叙事研究以及教育自传的方法之所以被"重用",主要受课程变革研究、教育行动研究的推动。在西方行动研究领域,不少研究者如英国学者埃利奥特、麦克尼芙等人就采用"自传法"来讲述行动研究的故事。在课程改革研究领域,美国学者派纳把自传作为重要的"存在体验课程"和教师教育研究的途径,在美国一度掀起"传记运动"。到20世纪70年代,自传理论成为派纳倡导的"概念重建运动"的重要一端(另一端是政治理论)。派纳本人说,在自己的研究领域遇到困难时,他总是试着"重新回到自传"。在派纳和他的合作者格鲁梅特的倡导下,自传成为课程变革、"课程概念重建"的一个重要途径。自传被用来重新发现"课程中的个体"。许多大学和本科教育中的教师教育者,为了把"讲述他们的故事"作为考察和建构教学假设和实践的一种方法,鼓励学生以自传的形式来写作或讨论。

三、教育叙事研究法的步骤

无论采用历史研究的方式,还是采用调查研究的方式,其基本路径是收集资料—解释资料—形成扎根理论,其重点是分析资料并形成扎根理论。

(一)分析资料

研究者在以访谈或者观察、问卷的方式收集资料之后,接下来便需要对资料进行整理和分析。分析资料的过程就是从"一团乱麻"中"理出头绪"。但是,在实际的研究过程中,分析资料与收集资料是一个相互推动的过程,如果没有分析资料的意识,研究将不知道从哪里开始收集资料,甚至可能在收集大量的资料之后,等到分析资料时,发现所收集到的资料只是一堆没有意义的"废料"。因此,分析资料应该与收集资料同时进行。收集资料一旦开始,分析资料也就同时启动。分析资料时,研究者可以考虑一些基本的策略:及时撰写备忘录,并从备忘录中寻找"关键事件"与"本土概念"。

1. 调查"关键事件"

调查研究表面上看是从"进入现场"开始的,但实际上是从研究者发现值得调查的"关键事件"开始的。一旦在调查的过程中发现了某个值得关注的"关键事件",那么,研究者就可能因此而进入正式的调查研究。关键事件是教育叙事研究中的核心组成部分,它们是那些在教育环境中显著影响教育过程和结果的事件。这些事件可能是显而易见的,也可能隐藏在日常教学活动中的细微之处。

(1)识别"关键事件"的方法

观察:通过持续的观察,研究者可以捕捉到那些在课堂上自然发生的、影响学生学习的关键事件。

访谈：与教师、学生和家长的深入访谈可以帮助研究者了解他们认为重要的事件和经历。

文档分析：分析学校的政策文件、教学计划和学生作业等，可以揭示那些在书面记录中反映的关键事件。

（2）"关键事件"的类型

显著事件：如学校的重大活动、教学改革的实施或学生的特殊表现。

日常事件：如教师的常规教学方法、学生的日常互动或学校环境的微小变化。

（3）"关键事件"的意义

通过对"关键事件"的深入分析，研究者可以揭示教育现象背后的深层次原因，理解教育过程中的复杂性和动态性。"关键事件"还有助于研究者发现教育实践中的成功经验和存在的问题，为教育改进提供依据。

2. 寻找"本土概念"

所谓"本土概念"，主要是指本地人（或称之为当地人）所使用的某些特别有影响力的词语。"本土概念"是教育叙事研究中用来描述和理解特定教育环境中独特现象的词汇或短语。这些概念是当地人在长期生活和教育实践中形成的，具有深厚的文化和历史背景。

（1）"本土概念"的识别过程

深入观察：研究者需要深入教育现场，观察和体验当地人的日常生活和教育活动，从中发现那些反复出现的词汇或短语。

参与式观察：通过参与当地人的教育活动，研究者可以更自然地了解和感受"本土概念"的实际应用和意义。

访谈和对话：与当地人的深入交流，特别是开放式的对话，可以帮助研究者捕捉到那些能够反映当地人教育观念和价值观的关键词汇。

（2）"本土概念"的特点

文化特异性："本土概念"往往与特定的文化背景和教育传统紧密相关，反映了当地人独特的教育观念和实践。

实践导向性：这些概念通常在教育实践中被广泛应用，指导着教师的教学行为和学生的学习活动。

（3）"本土概念"的作用

"本土概念"是理解特定教育环境的关键，它们帮助研究者揭示当地人的教育价值观和行为模式。通过对"本土概念"的深入分析，研究者可以更好地理解教育现象的文化根源，为教育实践提供更有针对性的建议和策略。

（二）形成"扎根理论"

所谓扎根理论（Grounded Theory），也就是在收集和分析资料的基础上归纳出相关的假设和推论。"扎根理论"最初由美国学者格拉塞和斯特劳斯在1967年《扎根理论的发现》中提出来。在此基础上，1990年，斯特劳斯和柯宾发表《质的研究基础：扎根理论的技术与程序》，对扎根理论再次进行整理和解释。斯特劳斯等人对扎根理论的解释是："透过有系统的收集和分析资料的研究历程之后，从资料所衍生而来的理论。在这一方法中，资料的收集、分析和最终形成的理论，彼这具有密切的关系。""扎根理论"这个词语的提出是重要的，它提醒研究者，尤其是质的研究者在进行调查研究时，不仅需要调查事实，也需要提升理论，并且理论必须从调查的资料中产生。扎根理论的形成以及相应的"写法"通常有以下三种方式。

第一是"叙事"。叙事的写法是将调查研究中所获得的材料整理成一份有情节、有内在线索的故事，将相关的教育理论隐藏在故事的深处，当然，研究者也可以在叙述故事的过程中跳出来发表有节制的议论。这种方式的优点是将教育道理比较巧妙地隐含在有情节的故事中，让读者在阅读故事的过程中发生某种"隐性学习"的效应；缺点在于教育道理一旦隐藏在故事中，道理就可能被故事淹没而化为无形，教育道理是否能够被领会，不仅取决于故事本身的质量，还取决于读者的理解水平。

第二是"聚类分析"。"聚类分析"的写法就是将调查研究中所获得的材料分门别类，每一个类别实际上就是一个相关的教育主题或教育道理。分类之后，再用相应的材料或故事来为这些教育主题或教育道理提供证据。这种方式的优点是主题清晰，直接将相关的教育道理告诉读者，不用读者自己去猜想和琢磨；缺点是可能过于直接地将相关的教育道理强硬地公布出来，没有给读者留出足够的想象空间，而且这类报告很可能因缺乏内在的情节与线索而降低读者的阅读兴趣。

第三是先叙事，后解释。"先叙事，后解释"是前两者的综合：在整体上保持故事的完整性和情节性，但每一个故事都有一个相应的教育主题或教育道理。而且，各个教育主题和教育道理之间有某种内在的连接。具体的"写法"要么显示为"夹叙夹议"，要么显示为"先叙后议"，"先叙后议"是本科学位论文常见的形式。[①]

拓展阅读

光彩绽放下的教育叙事的病症与治疗之我见[②]

作为校本研究的有效载体，教育叙事研究在我国教育界开展得可谓如火如荼，不但涌现了数以万计的爱上教育随笔写作的教师，还出现了教育叙事研究博客群。一时间，教育报刊纷纷开辟"变大而无当的宏观研究为细致入微的教育叙事"专栏。一批批优秀教师从教育叙事研究中脱颖而出。但毋庸回避的是，由于这样或那样的原因，教育叙事日趋"变味"了，似乎越来越多地表现出一些病症。若不及时、认真地加

① 刘良华.教育叙事研究：是什么与怎么做[J].教育研究，2007(07)：84-88.
② 罗卫华.光彩绽放下的教育叙事的病症与治疗之我见[J].中国教师，2009(17)：17-18.

以治疗,教育叙事研究很可能偏离良性发展的轨道,沦为"看上去很美"的作秀。

病症一:虚构化

有些教师写教育叙事的初衷就是盼望在报刊上发表。他们把主要精力放在研究报刊的用稿特点上,而不是通过教育叙事来研究教育教学。只要是报刊喜欢发表的内容,他的教育叙事统统都有。即使没有,他也能够虚构出来。不但虚构事例,而且虚构教育效果。如某报刊开辟"课堂突发事件的处理"专栏征稿。

一些教师不是回顾自己的课堂,而是先研究一下类似的作品,然后依葫芦画瓢,进行虚构:人家的课堂来了一只蝴蝶,我的课堂上就进了一只麻雀;人家的课堂得益于突发事件而形成了精彩的生成,我的课堂也因"教育机智"而大放光芒……这样的作品看上去很美,有教育问题,有解决措施,有教育成效,主题积极向上、演绎水到渠成,文笔细腻流畅,颇能得到编辑的青睐。一旦文章发表了,名利就一起来了,岂不快哉! 只是,这样的教育叙事,到底是贴近教育,还是贴近小说? 这些虚构出来的教育叙事,还是有意义的教育研究吗? 还是教师成长的快车道吗?

病症二:摄像化

有些教师坚决不虚构。他们的教育叙事俨然就是一部摄像机,把每天的工作很客观地"摄"了下来。由于强调记录"最真实的教育生活",他们的教育叙事就变成了随便观察到的、零散、庸俗、偶然的教育表象。这些教育叙事有多少研究价值和反思意义? 这样的教育叙事,哪怕教师每天写 1 000 字,坚持写 10 年,能成为名师吗?

病症三:消极化

所谓消极化,就是在教育叙事作品中,教师对自己的教育教学进行了自以为正确而实际上是错误的"反思"。曾见过这样一则教育叙事:小许是一位刚走上工作岗位的年轻教师,有工作热情,与学生的关系也很融洽。可是,期末考试时,他所任教的两个班的考试成绩都不理想。小许面对这样的成绩当然很着急,他反思自己短暂的教学生涯,想找出原因,改进工作。经过反思,原因找到了:没有能"熊"住学生,学生才不听话,导致学习成绩才不好,诸君怎么看待?

第四节　德尔菲法与层次分析法

一、德尔菲法的概念

德尔菲法(Delphi Method)是一种系统且交互的预测方法,通过多轮匿名调查,收集和汇总专家的意见,以达到一致性。最初由兰德公司在 20 世纪 50 年代开发,德尔菲法广泛应用于预测、决策制定、政策分析和技术评估等领域。其核心理念是通过匿名性和迭代反馈过程,减少群体讨论中的偏见和压力,提高预测和决策的准确性。

二、德尔菲法的基本步骤

（1）挑选专家组成员。德尔菲法成败的一个关键问题是挑选专家。一般要选择在所研究的领域有一定的造诣，有经验，且对研究感兴趣的专家。

（2）编制调查问卷。调查问卷主要由开放式的问题组成，围绕所研究问题及相关要求，以及相关的背景材料，采用匿名方式进行问卷调查，收集专家的反馈信息。

（3）实施调查。将已经编制好的调查问卷通过信件或电子邮件的形式寄（发）给专家组成员进行调查。

（4）回收、汇总和分析问卷信息。将各位专家反馈的信息进行汇总、整理和分析制定第二轮调查问卷，同时附上第一轮的结果再分发给各位专家。

（5）调查结果的统计分析。专家问卷回收以后对问卷信息进行汇总，进行统计分析，包括专家的基本信息及条目的打分情况。

（6）对专家意见进行整合处理，形成调查结论。

三、德尔菲法的评价

德尔菲法在各个领域的广泛应用，这种定量与定性相结合的预测方法，在发挥它独特的优点的同时，在实践的检验过程中它的不足之处也不可避免地被显露出来。

1. 德尔菲法的优势

（1）专业性强。该方法为预测性方法，可用于多种形式的研究，如：长期规划、预测调查课题，实际工作的决策调查，甚至专业性、学术性的课题调查。

（2）匿名性。所有的参与专家均互不知情，在互不见面和没有讨论的情况下回答所提出的问题，这种背对背匿名的方式给专家提供了一个平等表达观点的机会，可以避免领导、同伴或者其他人的影响和压力。

（3）信息反馈性。一般进行两轮或两轮以上的专家意见和建议征询，统计处理每轮的资料和结果，并在下轮征询时反馈给专家。

（4）统计推断性。研究者通过对调查结果的统计处理和分析，经多次反馈最终使专家意见逐渐趋于一致。

2. 德尔菲法的局限性

（1）通常所需时间周期较长，对时间要求严格的项目具有限制性。

（2）德尔菲法属于专家预测法，既是预测就很难避免专家的主观因素对研究的问题本身的影响，容易受到研究者在设计问题时为达到预测目的而产生的主观偏倚。

（3）德尔菲法对于研究者要求比较严格，除了需要妥善处理与专家之间的各种联系外，更需要对咨询的结果进行统计分析，从而把握大局来制定各轮的问卷及咨询表，保证咨询顺利进行。

由于德尔菲法固有的局限性，指标体系大多是在文献分析法的基础上再运用德尔菲法构建的,近年来在选题小组法①基础上,进一步采用德尔菲法构建指标体系的模式崭露头角,此方法克服了德尔菲法的某些不足,减少了专家筛选指标的次数,提高了专家对指标体系评价的一致性系数。但是在应用德尔菲法的过程中很多专家渐渐发现,在运用德尔菲法确定指标权重时,单一使用德尔菲法很容易出现偏倚,有文献对于几种确定指标权重的方法做了比较,因此采用不同类的赋权方法确定指标权重是可取的,也是一种趋势,不同类的方法相结合可克服各种赋权方法的缺点使其优点融为一体,这样综合运用和发挥最佳的效应。

拓展阅读 ☞

德尔菲法与专家咨询法的区别

德尔菲法和专家咨询法都是利用专家知识进行决策的方法,但它们在流程和结构、反馈机制、匿名性以及时间效率等方面存在差异。

流程和结构:德尔菲法通常采用多轮问卷调查的方式,每一轮结束后都会对专家的意见进行汇总和反馈,专家们在新一轮的调查中可以参考其他专家的意见来调整自己的看法。而传统的专家咨询可能只进行一次或几次讨论,且不一定有系统的反馈过程。

反馈机制:德尔菲法强调匿名性,专家们互不见面,不知道其他专家的身份,这减少了权威人士主导意见的情况,使所有专家的意见都能平等对待。而在面对面的专家咨询中,某些专家可能会受到其他因素影响,不愿意发表与众不同的见解。

匿名性:德尔菲法允许专家在保持匿名的情况下给出意见,这样可以减少来自其他专家的直接压力或是面子问题,有助于提供更真实的意见。与此相反,面对面的专家咨询法可能无法保证匿名性,导致某些专家的意见受到他人影响。

时间效率:由于德尔菲法需要经过几轮的征询和反馈,因此整个过程较为耗时。相比之下,专家咨询法可能在较短的时间内完成,尤其是当只需要一次性的建议或快速决策时。

两者在流程和结构等方面存在明显的区别。选择哪种方法取决于决策的具体情况、可用资源以及所需的准确性和可靠性。

---

①　选题小组法是一种程序化的小组讨论过程,召集一小群人(6—9 人)来讨论特定问题的各个方面及其种种原因,目的是要在一个由具体各种不同既得利益,不同思想意识和不同专业水平的人组成的小组中发掘问题并排出先后的顺序。

四、层次分析法的概念

层次分析法(Analytic Hierarchy Process，AHP)是一种用于决策分析的定量方法，由美国运筹学家托马斯·萨蒙提出。它通过分解复杂的决策问题，帮助决策者在多个准则(criteria)和备选方案(alternatives)之间做出最优选择。AHP 结合了定性和定量的分析方法，特别适用于那些具有多个评估标准和多个备选方案的复杂决策问题。

五、层次分析法的步骤

层次分析法的基本原理是将复杂的问题按照性质和总目标进行层次化分解，形成一个多层次的分析结构模型。这个模型通常包括高层的目标层、中间层的准则层和低层的方案层。通过构建判断矩阵并进行一致性检验，最终确定各层次要素的相对重要性权重，从而得出最优决策方案。在教育研究中，可以将一个教育项目或政策的总目标分解为具体的子目标和评价准则，再进一步细化为实施方案，通过对各层次要素的量化评估，选择最佳策略。

层次分析法的实施步骤主要包括建立层次结构模型、构造判断矩阵、进行权重计算和一致性检验。首先，构建包含目标、准则和方案的层次结构；其次，通过成对比较法构建判断矩阵，并利用特征向量法等数学方法求解权重向量和最大特征值；再次，进行一致性检验以确保判断矩阵的逻辑一致性；最后，根据各要素的组合权重得出最终决策方案。这一过程不仅提高了决策的科学性和系统性，还能帮助研究人员有效处理教育系统中的复杂问题。

在教育研究中应用层次分析法时，需要注意要素选取的合理性及其相互关系的清晰定义，以确保分析结果的可靠性。同时，虽然层次分析法提供了一种有效的系统分析框架，但其基于主观判断的特性也可能导致一定的偏差，因此需要谨慎对待其中的定性评估部分。

总之，层次分析法为学前教育研究提供了一种系统化、结构化的决策支持工具。它能够量化复杂教育问题中的多种因素，帮助研究人员从多个角度进行全面评估，最终做出科学合理的选择。

本章主要内容导图

案例研究法及其应用 {
案例研究法的概念
案例研究法的分类
案例研究法的过程

$$教育实验法及其应用\begin{cases}教育实验法的概念 \\ 教育实验的分类 \\ 教育实验的假设与变量控制 \\ 教育实验的类型 \\ 教育实验的程序\end{cases}$$

$$教育叙事研究法及其应用\begin{cases}教育叙事研究法的概念和特点 \\ 教育叙事研究法的分类 \\ 教育叙事研究法的步骤\end{cases}$$

$$德尔菲法与层次分析法\begin{cases}德尔菲法的概念 \\ 德尔菲法的基本步骤 \\ 德尔菲法的评价 \\ 层次分析法的概念 \\ 层次分析法的步骤\end{cases}$$

思考与练习

1. 简述案例研究法的基本过程。

2. 简介教育实验法中的变量控制方法。

3. 简述教育叙事研究法的操作步骤。

4. 简述德尔菲法与专家咨询法的异同。

5. 留意身边学前教育领域发生的教育现象和问题,哪些是可以用本章所学的研究方法进行研究的? 试举例说明。

第九章　学前教育专业学位论文的撰写

本 章 概 要

　　本章主要学习学前教育专业学位论文撰写前的准备、构成要素、写作规范、答辩环节与注意事项等，同时了解研究过程中应遵守的伦理原则和行为规范，以及引用他人文献时要注意的问题。明确与被试合作过程中要注意的方面，知道针对研究对象的保护法规和研究过程中的学术诚信。

案例导引

　　学前教育专业本科学位论文是学前教育专业本科人才培养方案中的一项重要组成部分，是培养学生综合运用专业基础理论知识，提高创新意识以及工作能力的重要途径。张同学，学前教育专业大四应届毕业生，她即将迎来她的毕业论文撰写任务。但她在论文的开始环节就被难住了：该选择什么样的主题作为自己的研究选题呢？该怎么规划自己的论文写作呢？学前教育专业本科学位论文该写哪些部分呢？写的时候该注意什么问题呢？诸多问题萦绕在她的脑海，她十分的困惑，不知道该怎么办！本章将带领大家一同学习本科学位论文的前期准备、构成要素、写作规范与答辩注意事项等内容。

第一节　学前教育专业学位论文撰写前的准备

一、制订学前教育专业学位论文撰写研究计划

　　在开始正式收集资料并进行研究之前，研究者必须完成以下几个步骤。首先，研究者在个人学科专业知识的基础上，结合个人研究兴趣，在阅读大量文献后，选择自己要研究的领域。其次，在阅读文献的过程中，研究者要不断思考自己要研究的问题是什么。这需要研究者花较多的时间和精力去查找和阅读充足的文献。当然，在阅读文献

的过程中,研究者也会了解到各种各样的研究设计、研究方法以及有关伦理问题的讨论内容,这些内容非常有利于研究者形成自己的研究方案。最后,研究者要遵照规定和要求,了解提交论文的研究计划。一定要确保自己知道伦理问题审核的规定,知道研究要写什么内容,同时知道提交研究论文的准确时间。

在研究工作刚起步时,很多人会觉得结束时间还早,但是稍不留意,很快就到了结束时间。所以,为了确保自己能准时完成研究,研究者可以为自己制订一个研究时间计划,如表9-1所示,先列出结束时间,然后倒推出开始时间,这样就能确保准时完成。

表9-1　研究时间计划表框架

研究步骤	开始时间	结束时间
选择研究领域,聚焦研究问题		
阅读该领域已有论文,起草文献综述大纲		
形成并修正研究问题		
阐释研究方法论,选择研究方法		
申请研究并获得批准与导师沟通商定选题		
设计收集资料的具体方法,进行前测		
抽样,获得研究许可		
开始收集资料		

需要强调的是,研究方案的不同部分并不完全会按固定顺序依次进行。如有的研究者认为文献搜索和阅读是研究的第一步,那么从逻辑上来说,他的研究时间计划表的第一步就是先形成文献综述的大致框架,准时将文献综述框架提交给指导教师。研究者可以根据自身实际情况个性化制订自己的研究时间计划,以便按时完成研究。表9-2展示的是一个研究时间计划表案例。

表9-2　研究时间计划表示例

研究步骤	季节(月份)
广泛阅读,记录主要观点	春季及夏季
提交研究计划	10月
确定研究问题,征得指导教师同意	11月
提交研究申请书并获得批准	10—11月
联系研究机构(在实习单位研究)	11月
撰写文献综述,不断完善	11—12月
进行调查或观察等研究	11月—次年2月
分析数据,得到研究结果	次年2—3月
撰写研究论文	次年2—3月
提交研究成果	次年3月底
审查研究成果及答辩	次年4—5月

在制订研究时间计划表的过程中,需要与自己的指导教师不断地沟通,与指导教师建立良好的关系是至关重要的。可以采取电话、短信、微信、邮件、视频通话或者直播等各种双方方便的方式进行沟通。当然,双方都需要互相尊重、互相理解,才能保证学位论文保质保量、按时完成。

二、撰写学前教育专业学位论文开题报告

开题报告是一份详细说明研究课题的文字材料,通常在正式开展研究之前提交给指导教师或者学院管理部门,以确保研究方向和方法的合理性、科学性,并获得指导老师的认可和建议。

开题报告的主要内容有:① 课题来源、目的、意义;② 国内外研究现状及发展趋势;③ 预计达到的目标、关键理论和技术、主要研究内容、完成课题的方案及主要措施;④ 创新之处;⑤ 课题研究进度安排;⑥ 主要参考文献。

1. 课题来源、目的、意义

(1)课题来源

在开题报告中,需要明确说明选择该研究课题的来源和背景。课题来源可以包括以下几个方面。

个人兴趣与经历:研究者对学前教育领域特定问题的个人兴趣或经验,可能是通过实习、志愿服务或教学实践中观察到的问题而来。

社会需求:社会对学前教育质量、教学方法或特定教育政策的关注和需求,如提升学前教育的普及率、优化教育资源配置等。

学科发展需求:学前教育学科领域内新兴问题或研究热点,如新兴教育技术在幼儿园应用、跨学科教育模式等。

例如:选择《游戏化学习在学前教育中的应用》作为本科学位论文的研究课题,源于对幼儿园教学方法创新的兴趣和关注。在作者参与的实习经历中,注意到传统教学方法在激发幼儿学习兴趣和积极性方面存在一定的局限性,而游戏化学习作为一种新兴教育方法,对幼儿的学习动机和参与度有显著影响。

(2)研究目的

研究目的部分需要明确说明进行该研究的主要目标和预期成果,确保能够针对性地回答希望解决的问题或达成的目标。

明确研究问题:具体描述希望通过研究解决的问题或验证的假设。

界定研究范围:确保研究目标具体、可操作,同时考虑到研究的实施条件和资源。例如:

本研究旨在探索游戏化学习在北京市某幼儿园幼儿认知发展中的应用效果。具体目标包括评估游戏化学习对幼儿认知能力(如逻辑思维、问题解决能力)的影响,分析不同游戏化教学方法对幼儿学习动机和参与度的影响,为学前教育实践提供科学依据和教学策略改进的建议。

(3)研究意义

在开题报告中,研究意义部分需要清晰地阐述你的研究对学科发展、实际教育工作

以及社会的重要性和价值。

理论意义：指出研究对学前教育理论、方法的贡献，是否填补了研究领域的空白或提出了新的理论观点。

实践意义：说明研究成果如何能够指导教育实践，改善教育质量或促进幼儿发展。

社会意义：分析研究成果对社会的影响，如提升幼儿教育公平性、培养创新能力等方面的社会价值。

下面将以《AI技术在学前教育领域应用现状的调查研究》为例，分别从理论意义、实践意义和社会意义三个维度进行论述。

理论意义：本研究将对AI技术如何融入学前教育的理论基础进行深入探讨，旨在拓展教育技术领域的理论边界。研究将评估AI技术在学前教育中的实际应用情况，分析其对幼儿学习方式、教师教学方法以及教育互动模式的影响。通过这项研究，我们期望能够填补当前对于AI在学前教育领域应用研究的空白，提出新的理论观点和框架，为后续研究提供理论指导和参考。

实践意义：本研究的实践意义在于为学前教育机构提供关于AI技术应用的实证研究结果，帮助教育工作者理解AI技术在教育实践中的潜力与挑战。研究成果将指导幼儿园和早教中心有效整合AI工具和平台，以提高教学质量和效率。此外，研究还将探索AI技术在促进幼儿个性化学习、增强学习动机和提升学习体验方面的作用，为教育实践提供创新的思路和方法。

社会意义：从社会角度来看，本研究将分析AI技术在学前教育中的普及程度及其对社会价值观、教育公平和幼儿未来发展的长远影响。研究将探讨AI技术如何帮助解决教育资源不均、提升教育普及率，以及如何为不同背景的幼儿提供更加公平的教育机会。此外，随着AI技术的不断发展，本研究还将关注其在培养幼儿新时代技能，如创新思维、技术运用能力和问题解决能力方面的潜在价值，为社会培养适应未来挑战的人才提供支持。

2. 国内外研究现状及发展趋势

（1）国内外研究现状

在开题报告中，需要详细综述与研究课题紧密相关的国内外学前教育领域的研究现状，其中包括主流理论、研究方法和前沿进展。同样以《AI技术在学前教育领域应用现状的调查研究》为例：

AI技术在教育领域的应用概况：首先，综述AI技术在教育领域中的广泛应用，包括智能辅导系统、个性化学习路径推荐等，并指出AI如何为教育带来创新的教学模式和学习体验。

学前教育特有的AI技术应用：深入探讨AI技术在学前教育具体情境下的应用案例，如利用AI进行儿童行为分析、早期语言能力评估等，以及这些技术如何适应幼儿的学习特点。

研究方法和理论框架：概述当前研究采用的方法论，如教育技术实验、教学干预研究等，以及支撑这些研究的理论框架，强调它们如何与AI技术的学前教育应用相结合。

研究空白与挑战：识别现有研究中的空白区域，例如 AI 技术在不同文化和经济背景下的适用性问题，以及在实施过程中遇到的伦理、隐私和教师专业发展等挑战。

（2）发展趋势

在开题报告中，还需分析当前学前教育研究的发展趋势，包括新兴的研究方向、技术进展和理论创新。

AI 技术的发展趋势：分析 AI 技术的最近进展，如自然语言处理、机器学习和情感计算等，以及这些技术如何可能影响未来学前教育的教学方法和内容。

教育政策与 AI 技术的融合：探讨教育政策如何适应 AI 技术的发展趋势，以及政策制定者如何为学前教育领域 AI 技术的整合提供指导和支持。

跨学科研究的兴起：强调跨学科研究在探索 AI 技术与学前教育结合方面的潜力，包括教育学、心理学、计算机科学和数据科学等领域的交叉融合。

社会接受度和伦理考量：研究社会对 AI 在学前教育中应用的接受程度，以及伴随技术应用而来的伦理问题，如数据隐私保护、机器与人的互动等。

个性化教育的深化：预测 AI 技术如何进一步推动个性化教育的发展，包括对幼儿学习路径的定制化设计和学习过程中的即时反馈。

详细的国内外研究现状及发展趋势的分析可以为学前教育本科学位论文的开题报告提供充分的背景信息和学术支持，确保研究方向的科学性和前瞻性。

3. 预计达到的目标、关键理论和技术、主要研究内容、完成课题的方案及主要措施

（1）预计达到的目标

在开题报告中，需要明确说明研究的具体目标，即希望通过研究解决的问题或达成的成果。具体问题是指明确列出研究的核心问题或假设，确保目标具体、可操作。预期成果包括描述希望通过研究达到的主要成果，可以是新的理论洞见、实证数据、教育实践改进建议等。例如：

本研究旨在探讨游戏化学习在学前教育中的应用效果。具体目标包括评估不同游戏化学习方法对幼儿认知发展的影响，分析其在提升幼儿学习动机和参与度方面的效果，为学前教育实践提供科学依据和有效的教学策略。

（2）关键理论和技术

在开题报告中，需要介绍研究所涉及的关键理论和技术，这些理论和技术将是研究的基础和方法支撑。

理论框架：列出你选择的主要理论或理论框架，解释它们在研究中的作用和应用价值。

研究方法：描述你计划采用的关键研究方法或技术，如实验设计、问卷调查、案例研究等，以支持理论的验证和研究问题的解答。例如：

本研究将基于皮亚杰的认知发展阶段理论和维果斯基的社会文化理论，探讨游戏化学习如何促进幼儿的认知发展和社交能力。研究方法包括实地观察、问卷调查和教育游戏设计，以深入分析游戏化学习对幼儿学习和发展的影响机制。

（3）主要研究内容

详细列出计划研究的主要内容和具体步骤,确保能够全面覆盖研究问题的各个方面。研究问题是指具体阐明每个研究问题或假设,以及对应的研究方法和预期结果。研究步骤是指描述每个研究步骤的具体安排和时间表,包括数据收集、分析、结果解释等。例如:

研究内容包括① 文献综述,系统总结游戏化学习在国内外的研究现状;② 设计实验或案例研究,探索不同游戏化学习策略对幼儿认知发展的影响;③ 数据收集和分析,通过定量问卷调查和定性观察,收集实验数据并进行深入分析;④ 研究结果解释和讨论,总结研究成果并对学前教育实践提出建议。

（4）完成课题的方案及主要措施

在开题报告中,需要具体描述完成整个研究课题的具体方案和主要实施措施。研究设计:概述研究的整体设计和实施计划,包括时间安排、资源调配等。数据收集与分析:说明如何进行数据收集和分析,确保方法的科学性和可操作性。质量控制措施:描述确保研究质量的具体措施,如样本选择、研究工具的有效性检验等。例如:

完成课题的方案包括:① 设计研究方案和实施计划,确保数据收集的全面性和准确性;② 采用系统抽样方法选择研究对象,并使用标准化问卷和观察工具进行数据收集;③ 数据分析阶段,运用 SPSS 进行定量数据分析和 NVivo 进行定性数据分析;④ 定期组织研究进展会议,及时调整研究方向和方法,确保研究进度和质量。

通过以上详细说明和示例,可以编写出符合学前教育本科学位论文开题报告要求的预计达到的目标、关键理论和技术、主要研究内容、完成课题的方案及主要措施部分,确保研究的科学性和实施性。

4. 创新之处

一般来说,本科学位论文对创新性有一定要求,但相较于研究生学位论文或正式的课题研究来说,对创新性要求不高,如能有新发现、新判断、新思想、新视角、新方法、新数据等更好,没有的话,表现在研究对象、取样范围、研究内容等方面有一定创新之处亦可。

5. 课题研究进度安排

参考上文表 9-1 研究时间计划表框架和表 9-2 研究时间计划表示例的方式进行撰写。如学校有明确的时间节点要求,则遵照学校要求。

6. 主要参考文献

详见第二节参考文献相关内容。

第二节　学前教育专业学位论文的构成

一、学前教育专业学位论文的标题

俗话说"题好文一半。"标题是文章的眉目,是对文章最精粹的概括,也是连接文章和读者的桥梁。标题是文章呈现给读者的第一印象,不仅影响编辑用稿取舍、读者阅读选择,而且也提供了编制题录、索引等文献检索的特定信息。

(一) 常见标题类型

学前教育专业本科学位论文的标题可以根据研究内容和方法的不同,呈现多种类型。以下是一些常见的标题类型。

1. 描述性标题

描述性标题直接说明论文研究的对象和内容,通常包括研究对象、研究方法或者研究内容的关键特征。例如,"幼儿园情感教育方案的设计与实施研究""幼儿园教师跨学科整合教学实践的探索"。

2. 探索性标题

探索性标题暗示了论文的研究目的和方法,强调研究的新颖性或者研究对象的未知性。例如,"游戏化教学在幼儿语言发展中的应用效果分析""数字化教育工具未来发展趋势的预测——幼儿园教师的观点"。

3. 比较性标题

比较性标题指出论文中将进行的比较分析,通常涉及两个或多个变量或情境之间的对比研究。例如,"不同情感教育方案对幼儿情感发展的比较研究""传统教学与游戏化教学对幼儿语言发展的比较分析研究"。

4. 评估性标题

评估性标题突出了论文中将进行的评估或评价,通常包括评估方法和研究对象的评价指标。例如,"幼儿园师生互动评估指标体系的建立与应用研究""数字化教育工具在幼儿园教学中的实际效果评估研究"。

5. 预测性标题

预测性标题强调了论文中将进行的未来趋势或发展预测,通常基于现有数据和趋势进行分析。例如,"幼儿园教师对未来数字化教育工具发展的预测""幼儿园语言环境的未来发展方向预测"。

6. 方法论标题

方法论标题突出了论文中所采用的研究方法或方法论的应用。例如,"德尔菲法在幼儿园教育政策制定中的应用研究""层次分析法在幼儿园教学质量评估中的实证研究"。

这些类型的标题能够帮助读者快速了解论文的研究重点和方法选择,同时也有助于准确反映论文的学术贡献和实际应用意义。

(二) 常见标题问题

当撰写学前教育专业本科学位论文时,选择合适的标题至关重要,因为标题直接影响读者对论文内容的理解和吸引力。以下是一些常见的标题问题及其详细解释:

1. 标题过于笼统或抽象

例如,标题"学前教育的发展与实践",虽然看似涵盖广泛,但过于笼统,缺乏具体性和焦点。这种标题没有明确指出具体的研究内容、问题或方法，使得读者无法准确预期论文的核心内容和贡献。在学术写作中，需要确保标题能够精确反映研究的范围和目的，避免过于泛泛而不具体的描述。

2. 标题过于具体而缺乏深度

例如，"幼儿园教学中的数字化教育工具应用案例分析"，这样的标题虽然具体，描述了研究的对象和方法，但缺乏深度和学术性。它没有提及研究的理论框架、研究问题或研究的重要性，使得标题显得单一而缺乏维度。

3. 标题未能准确反映研究方法或方法论的应用

例如，"幼儿园教师的教学实践与方法分析"，这样的标题虽然描述了研究内容，但没有明确指出使用了哪些具体的研究方法或理论框架。在学术写作中，需要清晰地反映出研究所采用的方法论基础，以帮助读者理解论文的学术立场和方法论框架。

4. 标题过于冗长或复杂

例如，"对幼儿园师生互动评估指标体系建立及其在教学质量提升中的应用研究"，这样的标题描述了研究的广泛内容和应用，但标题过长且结构复杂，不易理解和记忆。在学术写作中，建议标题简明扼要地概括研究的核心内容和主题，同时保持清晰和具体，以便读者快速理解论文的重点。

5. 标题缺乏足够的创新性或研究新颖性

例如，"幼儿园情感教育的现状与挑战"，虽然这样的题目能反映出当前问题，但可能缺乏研究的创新性或新颖性视角。在学术写作中，需要确保研究具备独特的学术贡献和创新性观点，能够吸引读者的兴趣和提供新的见解。

总之，良好的论文标题应具备明确的研究对象、方法和问题，反映出研究的深度和学术性，同时简明扼要地表达研究的核心内容和独特贡献。通过精心设计的标题，可以有效引导读者对论文内容的理解和期待，提升论文的学术影响力和阅读价值。

二、学前教育专业学位论文的摘要

摘要又称概要、内容提要。摘要是以提供文献内容梗概为目的，不加评论和补充解释，简明、确切地记述文献重要内容的短文。具体来说，包括研究工作的主要对象和范围，采用的手段和方法，得出的结果和重要的结论，有时也包括具有情报价值的其他重要信息。论文摘要以浓缩的形式概括研究课题的内容，内容包括研究目的、方法、成果和结论等，不含图表，不加注释，具有独立性和完整性。英文摘要应与中文摘要内容相对应，用词准确，语句通顺，表达合理，符合英语语法，学前教育专业本科学位论文摘要字数不少于 200 字，一般在 300—500 字为宜。

学前教育专业论文摘要的撰写通常在整篇论文将近完稿期间开始，以期能包括所有的内容。写作论文摘要时应注意下列事项：

（1）整理材料使其能在最小的空间下提供最大的信息面。

（2）用简单而直接的语言表达。避免使用成语、俗语或不必要的技术性用语。

（3）请多位同僚阅读并就其简洁度与完整性提供意见。

（4）删除无意义的或不必要的字眼，但也注意不要矫枉过正。

（5）尽量少用缩写。量度单位应使用标准化符号，使用英文特殊缩写字时应另外加以定义。

（6）不要将在文章中未提过的数据放在摘要中。

（7）不要为扩充版面将不重要的叙述放入摘要中，以简洁精炼为主，切勿画蛇添足。

（8）不要将文中的数据大量地列于摘要中，平均值与标准差或其他统计指标仅列其最重要的一项即可。

（9）不要置放图或表于摘要之中，尽量采用文字叙述。

拓展阅读

幼儿教师教学智慧的内涵及其基本特征研究[①]

作者：郭　威

陕西学前师范学院幼儿教育学院

摘要：幼儿期是幼儿一生中的关键时期，幼儿教师在这一时段有着举足轻重的作用。在日常的教学活动中，幼儿的身心发展很大程度上受到幼儿教师的影响，幼儿教师的教学智慧在其中的作用更为明显。文章从幼儿教师教学智慧的内涵探讨入手，给出幼儿教师教学智慧的基本特征：内隐性、反思性、创造性和可传递性，可以为幼儿教师教育工作的开展提供一定的思路和方向。

关键词：幼儿教师；教学智慧；内涵；基本特征

三、学前教育专业学位论文的关键词

（一）关键词的概念与要求

关键词是反映学前教育专业本科学位论文主题内容的名词，应采用能覆盖论文主要内容的通用技术词条（参照相应的技术术语标准）。关键词一般为3—5个，按词条的外延层次排列（外延大的排在前面）。关键词可以直观地提示论文的主题内容，体现文章的核心思想；也可用于编制索引系统，学前教育专业学位论文入库或发表后一般都会被题录型或文摘型的检索工具所收录，或被全文数据库收录，关键词检索或主题词检索是检索到该论文的重要途径之一。

---

①　郭威.幼儿教师教学智慧的内涵及其基本特征研究[J].陕西学前师范学院学报，2016,32(04):113-116.

（二）关键词的常见问题

第一，关键词选取随意性太强，不能准确把握关键词的作用。关键词是主题词作用的延伸。许多论文没有准确把握关键词应起的作用，所列出的几个关键词的逻辑组合不能有效地提示论文主题内容，也谈不上有助于文献的标引了。随着信息技术的不断发展，通过计算机检索文献时不再局限于主题词了，可以通过输入多个关键词并采用一定的检索策略，就可迅速、准确、全面地获取所需文献。如果关键词选取太随意，会影响论文检索的效率。

第二，将泛义词选作关键词。要切实使关键词的逻辑组合能准确起到提示论文主题的内容的作用，就应使所选的关键词确实能准确提示该文主题内容，所以诸如"研究""使用方法""分析""问题""服务""质量"等词汇不能用作关键词。由于这些关键词几乎在大多数学术论文中都可使用，使其在提示某论文主题内容的专指性方面的作用就大大降低，失去了关键词应起的作用。

四、学前教育专业学位论文的绪论

（一）绪论的概念

绪论，又叫引论、引言或前言，是学前教育专业本科学位论文正文的开头部分。它的目的是向读者粗略地介绍论文研究的目的和意义，提示论文的主旨和总纲，引导读者进一步领会论文的内容等。可以说，绪论是读者阅读和理解论文的必要前提。从写作的角度来看，这一部分的内容可长可短，写法也不拘一格。

绪论（前言、序言）一般是学前教育专业本科学位论文主体的开端篇，包括学位论文的背景及目的，国内外研究现状和相关领域中已有的成果，设计和研究方法，设计过程及研究内容。

（二）绪论的组成部分

学前教育专业本科学位论文的绪论部分是论文的开篇，引导读者了解研究的背景、目的、意义、文献综述及研究内容的大致轮廓。绪论部分的组成可以按照以下几个主要方面来展开。

1. 研究背景

研究背景部分介绍研究的宏观背景和微观背景，说明为什么选择该研究课题。可以从以下几个方面展开：

（1）学前教育的重要性：阐述学前教育对儿童发展的关键作用，以及在社会、家庭和个人层面的意义。

（2）当前研究现状：回顾相关文献，概述当前在学前教育某领域已有的研究成果、存在的问题和研究空白。可以提及国内外的研究情况、主流观点和研究方法等。

（3）政策背景：介绍与学前教育相关的政策法规和政府支持的情况，如教育部的政策、地方政府的举措等。

（4）社会需求：探讨社会对学前教育的需求和期望，以及如何满足这些需求。

2. 研究问题及目的

研究问题及目的部分明确研究的核心问题和具体目标,回答"为什么研究"这个问题。可以包括以下内容:

(1) 研究问题:清晰陈述研究所要解决的问题或假设。

(2) 研究目的:说明研究希望达到的具体目标,可以是探索性的、描述性的或解释性的。

(3) 研究意义:阐明研究的理论意义和实际意义,解释该研究如何填补现有研究的空白,或者如何改进实践。

3. 文献综述

文献综述部分对相关领域的已有研究进行总结和分析,找出研究的空白点和争议点,奠定研究的理论基础。

内容包括:

(1) 现有研究成果:总结国内外相关研究的主要观点和发现。

(2) 研究不足或者文献述评:指出现有研究的不足和需要进一步探讨的问题。

(3) 理论框架(可选):介绍本研究所依据的理论基础和概念模型。

(4) 研究问题的定位(可选):结合现有研究和理论框架,定位本研究的问题和创新点。

4. 研究内容和结构安排

研究内容和结构安排部分概述论文的主要内容和结构安排,使读者对论文的整体框架有一个清晰的认识。可以包括:

(1) 主要研究内容:简要描述各章节的主要内容,可以采用思维导图结合文字的方式呈现回更为清晰明了。

(2) 论文结构安排:概述论文的总体结构安排,如每一章的内容大纲和逻辑关系。

5. 核心概念界定

核心概念界定,也称关键术语的定义。该部分提供对研究中使用的主要术语和概念的定义,以确保读者对这些术语有一个清晰的理解。

(三) 绪论的写作要求

1. 反映论文的研究背景及现状

绪论中需要介绍当前学前教育某领域的总体情况和发展趋势。可以参考上文内容从学前教育的重要性、当前研究现状、政策背景和社会需求来展开。

2. 提出"为什么研究"这个论题

绪论部分需要清晰地说明选择这个研究题目的原因,可以从以下几个角度展开:

(1) 现实意义:解释该研究对实际教育工作的指导意义,或者它如何能够改善现有教育实践,解决实际问题。

(2) 理论意义:探讨该研究在理论方面的价值,它可能会如何丰富和发展现有的学前教育理论。

(3) 个人兴趣:可以简单提及个人对这个研究题目的兴趣和动机,以及在研究过程中希望达到的目标。

3. 写作注意事项

(1) 简洁明了:绪论部分不需要写得太长,力求简洁明了,突出重点。

(2) 避免细节:绪论部分不需要涉及具体的图表、公式和正文中的详细内容。

(3) 逻辑清晰:确保绪论部分的逻辑结构清晰,能够顺畅地引导读者进入正文的阅读。

五、学前教育专业学位论文的正文

正文部分通常包括以下几个主要部分:研究设计、研究结果、讨论和结论。这些部分构成了论文的主体,分别承担不同的功能和目的。以下是对每个部分的详细陈述:

(一) 研究设计

在学前教育专业本科学位论文中,研究设计是关键部分,它详细说明了研究的整体框架和方法,确保研究的科学性和可操作性。研究设计需要明确描述研究类型、研究对象、数据收集方法和数据分析方法等内容。以下是研究设计部分的详细讲解和举例。

1. 研究类型

研究类型决定了研究的基本框架和方法,常见的研究类型包括定量研究、定性研究和混合研究。例如:

定量研究:如果你的研究旨在测量某种教育方法对学生成绩的影响,可以使用问卷调查法和统计分析。

定性研究:如果你要探讨教师对某种教学法的看法和感受,可以使用访谈法和观察法。

混合研究:如果你希望既量化某种现象,又理解其背后的原因,可以结合问卷调查法和访谈法。

2. 研究对象

研究对象是指参与研究的人员或分析的材料,包括样本选择标准和特征描述。例如:

样本选择标准:选择年龄在 3—6 岁的幼儿园儿童,确保样本具有代表性。

样本特征:描述样本的基本特征,如性别比例、年龄分布、家庭背景等。

本研究选择北京市某幼儿园的 3—6 岁儿童作为研究对象,共计 100 名儿童,男女性别比例为 1:1。样本选择的标准是儿童具有正常的认知和社交能力,且其家长同意参与本研究。

3. 数据收集方法

数据收集方法指研究中使用的工具和技术,包括具体的步骤和程序。常见的数据收集方法有问卷调查、访谈、观察和实验等。例如:

问卷调查:设计一份包含认知和社交能力评估的问卷,由教师和家长填写。

访谈:对教师进行半结构化访谈,了解他们对游戏教学法的看法和使用情况。

观察:观察儿童在游戏教学活动中的行为表现,记录其互动和反应。

实验:设计实验活动,比较实验组和对照组在某种教学法下的差异。

本研究采用问卷调查和课堂观察相结合的方法进行数据收集。问卷包含 20 道关于儿童认知和社交能力的问题,由教师和家长填写。课堂观察中,研究者记录儿童在游戏教学活动中的行为表现,每次观察持续 30 分钟,共进行 10 次观察。

4. 数据分析方法

数据分析方法描述了如何处理和分析收集到的数据,包括定量和定性分析方法。例如:

定量分析:使用 SPSS 软件进行统计分析,包括描述性统计、相关分析和回归分析等。

定性分析:使用 NVivo 软件进行内容分析,识别访谈和观察记录中的主题和模式。

本研究的数据分析采用定量和定性相结合的方法。问卷数据通过 SPSS 软件进行描述性统计和相关分析,了解游戏教学法对儿童认知和社交能力的影响。观察和访谈数据使用 NVivo 软件进行内容分析,提取教师对游戏教学法的看法和实际应用中的经验。

5. 研究的伦理考虑

研究的伦理考虑确保研究过程中遵守伦理规范,保护研究对象的权益。例如:

知情同意:在研究开始前,向家长和教师详细说明研究目的和过程,获得他们的知情同意。

隐私保护:对所有参与者的信息进行保密,数据处理过程中使用编号代替姓名。

研究者角色:研究者应保持中立,避免对研究对象造成任何干扰或影响。

本研究严格遵守伦理规范。在数据收集前,研究者向所有家长和教师详细说明研究目的、过程和潜在风险,获得他们的书面同意。所有数据均匿名处理,确保参与者的隐私得到保护。研究过程中,研究者保持中立,不干扰教学活动和儿童的正常生活。

(二) 研究结果

学前教育专业本科学位论文的研究结果部分是论文的核心之一,它详细呈现了研究过程中获得的具体数据和分析结果。这部分内容需要清晰、具体地展示研究发现,以支持在绪论中提出的研究问题或假设,并且在逻辑上要与研究设计中的研究范式相匹配,比如:论文主要采用的是问卷调查法,那么研究的范式就是定量研究,在研究结果部分必须有相关的定量数据分析的呈现。以下是研究结果部分应包括的内容,并结合详细的例子进行讲解。

1. 数据分析结果呈现

(1) 定量数据分析结果

定量数据分析结果部分主要包括对问卷调查或实验数据的统计分析。这些分析通常涉及使用统计软件进行数据处理和结果呈现,以揭示研究中变量之间的关系和差异。例如:

在研究中,使用了 SPSS 软件对收集到的问卷数据进行了分析。主要的统计方法包括描述性统计、相关分析和回归分析。研究发现,在实施游戏教学法后,儿童的认知能力得分平均提高了 15%,这一结果在统计上是显著的($p < 0.05$)。此外,还通过 t 检验发现,不同性别和年龄段的儿童在游戏教学法效果上存在一定的差异,这为进一步个

性化教学提供了依据。

（2）定性数据分析结果

定性数据分析结果部分描述了对访谈、观察或文本数据进行的内容分析或主题提取的结果。这些分析帮助深入理解研究对象的态度、看法和实际操作中的细节。例如：

通过对幼儿园教师的访谈和课堂观察数据进行了内容分析，发现教师普遍认为游戏教学法有助于激发儿童的学习兴趣和团队合作精神。教师们强调了游戏教学法在提升儿童自主学习能力方面的重要性，并提到了在实施过程中可能遇到的挑战，如资源不足和家长的理解和支持问题。

（3）混合研究数据分析结果

混合研究结果部分需要综合分析定量和定性数据的结果，结合前期文献综述和研究假设，讨论研究的学术贡献和实际应用意义。例如：

综合定量和定性数据分析结果，确认了游戏教学法在学前教育中的积极效果。定量数据验证了其对儿童认知能力的提升作用，而定性数据则进一步理解了教师和家长对该方法的看法和实际应用中的挑战。研究进一步讨论了游戏教学法的潜力以及未来研究可以探索的方向，如不同文化背景下的效果比较和长期影响的跟踪研究。

2. 数据的解释和讨论

在研究结果部分的最后，需要对所得的数据进行详细解释和讨论，将其与前期的文献综述和研究假设进行对比和分析，以展示研究的学术和实际意义。例如：

研究结果显示，游戏教学法在学前教育中有显著的正面效果，能够提升儿童的认知和社交能力。这与以往研究中的发现一致，支持了游戏教学法作为一种有效的教学策略的观点。我们进一步讨论了游戏教学法在不同文化背景和教育环境中的适用性和挑战，以及如何在实际教育实践中推广和应用这一教学策略。

（三）讨论与结论

学前教育专业本科学位论文的讨论与结论部分是整篇论文的结尾，它不仅总结了研究的主要发现，还对这些发现进行了深入的分析和解释。讨论与结论的组成部分包括：研究发现总结、研究结果的理论解释、实际应用与教育政策建议、研究局限性与未来研究方向。

1. 研究发现总结

在讨论与结论的开头，需要简明扼要地总结在研究中得到的主要发现。这一部分应直接回答研究问题或验证研究假设，并且与前文中的研究结果部分呼应。例如：

本研究通过实施游戏教学法探索了其对北京市某幼儿园3—6岁儿童认知和社交能力的影响。研究结果显示，游戏教学法能显著提升儿童的认知能力，尤其是逻辑思维和问题解决能力。同时，该方法也对儿童的社交技能和团队合作能力有积极影响。

2. 研究结果的理论解释

接下来，讨论部分需要对研究结果进行深入的理论解释，将其置于学术和教育理论的背景下，解释为什么会出现这样的研究结果。例如：

游戏教学法之所以能有效提升儿童的认知和社交能力，是因为游戏的情境化特性和互动性能够激发儿童的学习动机,促进其在探索和解决问题过程中的思维发展。此外,通过游戏,儿童可以在轻松愉快的氛围中学习合作、分享和解决冲突的能力,这些都是他们日后社交和学术成功的关键因素。

3. 实际应用与教育政策建议

讨论部分还需要探讨研究结果在实际应用中的意义,以及对教育政策和实践的建议。例如:

基于研究结果,研究建议幼儿园教师在教学实践中积极采用游戏教学法,并加强其在教师培训中的应用。教育政策制定者可以考虑将游戏教学法纳入幼儿园课程标准或推广其在其他教育环境中的应用,以促进幼儿全面发展。

4. 研究局限性与未来研究方向

最后,讨论与结论部分需要诚实地讨论研究的局限性,即研究过程中可能存在的限制因素,并提出未来研究的方向和建议。例如:

尽管本研究取得了一些积极的结果,但也存在一些局限性,如样本选择的局限性和数据收集方法的限制。未来的研究可以扩大样本规模和地域范围,探索不同文化背景下游戏教学法的效果差异,并进一步探讨长期实施的影响和可持续性。

六、学前教育专业学位论文的结论、致谢、参考文献与附录

(一) 结论

学前教育专业本科学位论文结论是对整个研究工作进行归纳和综合,阐述本课题研究中存在的问题及进一步展开研究的建议,结论要概括、简明。应该以正文中的实验或考察得到的现象、数据的阐述分析为依据,完整、准确、简洁,书写结论时应该注意:

(1)对研究对象进行考察或阐述研究得到的结果及所揭示的原理和其普遍性。

(2)研究中有无发现例外或本论文尚难以解释和解决的问题。

(3)不能模棱两可,含糊其词。用语应斩钉截铁,数据准确可靠,不用"大概""也许""可能是"这类词语,以免似是而非的感觉,怀疑论文的真正价值。

(4)不能用抽象和笼统的语言。一般不单用变量符号,而宜用变量名称,比如,不说"T与P呈正比关系"而说"父亲抚养与儿童乐群性呈正比关系"。

(5)结论不能写成对文中各段小结的简单重复。如果得出的结果的要点在正文没有明确给出,可在结论部分以最简洁易懂的文字写出。

(6)不要轻率否定或批评别人的结论,也不必作自我评价,如用"本研究具有国际先进水平""本研究结果属国内首创""本研究结果填补了国内空白"等语句来作自我评价。成果到底属何种水平,读者自会评说,不必由论文作者写在结论中。

(7)不要出现"通过上述分析,得出如下结论"这样的行文。

(二) 致谢

作为学位论文的有机组成部分,致谢最重要的是其感谢功能,即感谢那些在论文撰写过程中曾给予作者支持的机构和个人。但是,致谢绝不是一个简单的感谢清单。作

为一名研究者,应该对为研究提供帮助的单位、个人表达尊重,肯定他们在学术论文形成过程中所起的作用,但注意致谢不等同于参考文献和注释。

可以从以下方面进行致谢:

(1) 横向课题合同单位,资助或支持研究的企业、组织或个人;

(2) 协助完成研究工作或提供便利条件的组织或个人;

(3) 在研究工作中提出建议或提供帮助的人员;

(4) 给予转载和引用权的资料、图片、文献、研究思想和设想的所有者;

(5) 其他应感谢的组织或个人。

拓展阅读

学前教育专业优秀本科毕业论文致谢部分展示

(本文选自陕西学前师范学院2013级学前教育专业本科优秀毕业论文,作者:张梦茜)

··············正文部分省略··············

时光荏苒,岁月如梭,大学四年马上就要过去了,而这里有我熟悉的一切,有我热爱的一切。恍惚中,在美丽的校园中,我度过了人生中最为宝贵的年华。其间,虽朝暮勤勉,自奋扬鞭,师长激劝,同窗互促,虽学有偶成,但距恩师之期盼、时代前进与学科发展之要求,仍深感差距悬殊,故常觉内心惶恐,寝夜难眠。诚所谓,人生有限而学海无涯!

从论文的撰写到完成的整个过程中,我要感谢所有关心过我,陪我一路走到最后的人。

首先,要感谢学校,感谢学院给我提供了这样一个学习的平台和良好的学习环境。也要感谢院系所有的老师们,感谢他们在这四年来对我的悉心教导,他们严谨细致、一丝不苟的作风一直是我工作、学习中的榜样;他们循循善诱的教导和不拘一格的思路给予我无尽的启迪。他们的言传身教,将使我在今后的人生中受益匪浅。

其次,要特别感谢我的指导老师,从论文的立题到论文的撰写直至完成,整个过程无不浸透着老师的心血。正是在老师的悉心指导下,这篇论文得以顺利完成,在此对老师致以深深的谢意。老师广博的学识,严肃的科学态度,严谨的治学精神,灵活的思维方式,耐心细致的言传身教深深感染激励着我;但生活中她平易近人,对学生关怀备至,这份师恩令我永生难忘!

最后,我要感谢专业的所有同学们,感谢他们的鼓励和支持,感谢他们和我一路走来,让我在此过程中倍感温暖!

感谢所有关心和帮助过我的老师、同学、朋友,谢谢你们!

（三）参考文献

参考文献是在学术研究过程中，对某一著作或论文的整体的参考或借鉴。为了反映论文的科学依据和作者尊重他人研究成果的严肃态度，同时向读者提供有关信息的出处，正文之后应列出作者亲自阅读过或在正文中被引用过的文献资料。参考文献放在正文之后，用序号[1]、[2]、[3]……标出。参考文献格式按照GB/T（7714－2015）《信息与文献　参考文献著录规则》执行，依正文中参考文献序号的次序排列所有的参考文献。

1. 文献类型和电子文献载体标志代码

文献类型和标志代码如表9－3所法。

表9－3　文献类型和标志代码

文献类型	标志代码
普通图书	M
会议录	C
汇编	G
报纸	N
期刊	J
学位论文	D
报告	R
标准	S
专利	P
数据库	DB
计算机程序	CP
电子公告	EB

电子文献载体和标志代码如表9－4所示。

表9－4　电子文献载体和标志代码

载体类型	标志代码
磁带（magnetic tape）	MT
磁盘（disk）	DK
光盘（CD-ROM）	CD
联机网络（online）	OL

2. 几种主要参考文献著录格式

（1）普通图书格式

[序号]作者. 书名[M].（译者）. 出版地:出版者,出版年:起—止页码.

示例：[1]甄丽娜,唐海朋,郭威,等.学前教育心理学[M].长沙:湖南师范大学出版社,2018:35-60.

（2）期刊格式

[序号]作者.题名[J].刊名.年,卷号(期号):起—止页码.

示例：[2]江玉印,李鹏举,杨启国,张献华.幼儿园教师职业生活感知质量调查研究——基于山东、陕西两省的问卷数据[J].陕西学前师范学院学报,2024,40(1):86-96.

（3）学位论文格式

[序号]作者.题名[D].保存单位,授予年.

示例：[1]郭威.基于流程再造视角下的我国高校一站式服务中心发展现状研究[D].北京:首都师范大学,2013.

（4）报纸文章格式

[序号]作者.题名[N].报纸名,出版日期(版次).

示例：[5]丁歌.学前教育立法之路[N].中国教育报,2020-11-20(15).

（5）电子文献

[序号]主要责任者.电子文献题名[EB/OL].(更新日期或修改日期)[引用日期].获取和访问路径.

示例：[1]中国互联网络信息中心.第29次中国互联网络发展现状统计报告[R/OL].(2012-01-16)[2013-03-26].http://www.cnnic.net.cn/hlwfzyj/hlwxzbg/201201/P020120709345264469680.pdf.

（四）学前教育专业本科学位论文的附录

凡不宜收入正文中而又有价值的内容,可编入毕业论文(设计)的附录中。附录内容主要包括:

1. 正文中所使用公式的推导与证明过程;

2. 使用的主要符号、单位、缩写、程序全文及其说明等;

3. 在正文中无法列出的实验数据;

4. 重复性数据图表;

5. 调查问卷等。

拓展阅读

学前教育专业优秀本科毕业论文附录部分展示

（本文选自陕西学前师范学院2013级学前教育专业本科优秀毕业论文，作者：张梦茜）

·········正文部分省略·········

附录一：学龄前儿童情绪调节策略调查问卷——陆芳

请您根据下面所提出的问题，设想当您的孩子遇到这样的情况时，他会如何表现？选择会出现这种行为的可能概率：1——从来没有；2——偶尔这样；3——有时这样；4——经常这样；5——总是这样（从1到5出现的频率逐渐增加）

1. 在和同伴玩耍的时候，别的小朋友如果不小心撞疼了你的孩子，孩子会：

① 认为没关系，他是不小心才碰到我的，不是故意的。（　　）

② 立即也去推他一下。（　　）

③ 立刻退到别的地方，避开那个孩子。（　　）

④ 对那个孩子说："你为什么要碰我啊，你把我给撞疼了！"（　　）

⑤ 虽然也有些不高兴，但能很快就接着去玩自己的。（　　）

2. 在搭建积木时，同伴把他的积木故意推倒了，估计他会：

① 坚持要求对方道歉，或者要求对方帮他在搭建一个，或者警告那个孩子："你再这样，我就打你了，要不我就去告诉老师/妈妈！"（　　）

② 愣好半天，什么也不做，或者远离那个同伴，不和他在一起。（　　）

③ 转而去玩其他玩具，或者进行其他活动。（　　）

④ 用手去推或者用脚去踢那个孩子。（　　）

3. 孩子要看他最喜欢的动画片，妈妈说："你已经看了不少了，今天不许在看电视了。"孩子会：

① 很快就转向自己喜欢的其他玩具或游戏，或者去做其他的事了。（　　）

② 大哭大闹，甚至要摔东西要过很久才能平息下来。（　　）

③ 会找出各种理由，想尽办法要求看电视，或者讨价还价，比如说："为什么你能看我就不能看呢？"或者说："昨天我没看啊，今天应该给我看了吧。"（　　）

④ 能从其他角度来考虑问题，比如"那我明天可以看到更好看的动画片"，或者说："不看也好，这样我的眼睛才不会近视呢。"（　　）

⑤ 无奈地盯着电视机看，或是发呆好久，不知道干什么。（　　）

⑥ 会说"不给我看，我还不想看呢"之类的话。（　　）

4. 如果突然临时有事而取消孩子盼望已久的游玩计划，再给孩子解释了原因后，孩子会：

① 依旧大哭大闹地缠着你，不肯罢休。　　　　　　　　　　（　　）

② 虽然有些不高兴，但很快把注意力放在其他事情上去了。　（　　）

③ 会以某种方式跟你谈判，讨价还价，例如说："妈妈，那你说什么时候会带我去?"　　　　　　　　　　　　　　　　　　　　　　　　　　（　　）

④ 自言自语地说："不去就算了，我是个乖孩子啊。"　　　　（　　）

⑤ 没精打采，沮丧，很久都提不起精神玩。　　　　　　　　（　　）

⑥ 很快能理解并接受你的理由，不再生气。　　　　　　　　（　　）

5. 孩子努力地想做好一件事，比如想完成一个难度很高的拼图，如果试了几次还没有成功，他会:

① 对着拼图发愣很久，无心再干其他事。　　　　　　　　　（　　）

② 动脑筋思考："我到底哪里犯错了呢?"再重新尝试。　　　（　　）

③ 会安慰自己："做不好也没关系，反正不会有人笑话我。"　（　　）

④ 气得干脆把拼图推到一边。　　　　　　　　　　　　　　（　　）

⑤ 把拼图放置一边，开始玩起其他玩具或者做其他游戏去了。（　　）

6. 当孩子遇到比较害怕的事情，比如看到电视里的鬼怪时，他会:

① 主动找别人来陪着一起看电视，或者调换频道，关电视。　（　　）

② 安慰自己:电视上的这些鬼怪都是假的，都是人装的，并不可怕。（　　）

③ 自言自语地说："我不怕，我不怕，我是大孩子了。"或者紧紧地抱着最喜欢玩具。　　　　　　　　　　　　　　　　　　　　　　　　　　（　　）

④ 把目光转离电视屏幕，或者故意跟别人说话，转移注意力。（　　）

7. 当孩子叫其他小朋友一起来做一个合作游戏的时候，别的小朋友没有理他，他会:

① 考虑同伴不想玩的原因，理解并接受。　　　　　　　　　（　　）

② 觉得很尴尬，愣半天，没精打采。　　　　　　　　　　　（　　）

③ 不受太大影响，转而接着玩其他游戏。　　　　　　　　　（　　）

④ 继续努里的劝说其他同伴："为什么不跟我玩啊? 这个游戏可好玩了!"

（　　）

8. 孩子在见到陌生的大人跟他说话或逗他玩时，如果他非常不喜欢这个陌生人，他会:

① 有些紧张，搓着手，或者身体扭来扭去，或者不停地摸着受伤的玩具。（　　）

② 目光避开陌生人，或者躲着他。　　　　　　　　　　　　（　　）

第三节　学前教育专业学位论文的写作规范

一、学前教育专业学位论文的行文与用语规范

学前教育专业学位论文写作与一般性的写作不一样,有比较独立的结构体系、语言特征。学前教育专业学位论文追求立论新颖,论证严密,结论富有说服力。学前教育专业本科学位论文写作规范上要求特别严格,文章中所引用的引文必须标明来源出处,实证研究的数据收集和实证设计必须合乎规范,对数据的分析、结果的讨论应严谨、充分,不留漏洞,内容整体布局应有条理性等。

针对具体写作过程中出现的问题,注意事项如下:

第一,认真区别直接引用与间接引用。所谓直接引用是指引用内容与原文完全一致,用引号,注明来源及具体页码。所谓间接引文是指作者用自己的语言总结他人观点,解释性引用他人成果,不用引号,注明来源。

第二,注意简洁,不参引与文章主题的发展不相关的引文。著名学者王力先生在指导本科论文时强调:"不要求写长文章,不但不要求,而且反对长篇大论。"

第三,注意使用书面语言,不用口语体表达,如"我认为""我觉得""众人皆晓"等表达。

第四,不剽窃与抄袭他人观点。在学习过程中养成好的习惯,做摘抄时标明出处,论文写作时才能避免无意的抄袭和剽窃。

第五,多模仿重要文献的行文规范、格式,当然,前提是不剽窃。

第六,不用想当然的看法、观点,以免造成证据不够充分。避免虚张声势的表达法,比如"笔者一贯主张""绝大多数学者认同此观点",等等。

二、学前教育专业学位论文行文与用语中的常见问题

1. 表述论证材料时缺少论据与论点的整合,论证不够严密

对已收集到的大量材料,应该审视材料的中心意思或视角,留用那些能够阐明所论观点的,择其必要而取之。之外,还应整合论据论点。有的毕业论文不加择取地把材料原封不动地移用到文中,结果,取舍不当,所用非所论;有的毕业论文则是停留在说事实上,以叙代议,不是以论为主,没有遵循"事"从"理"的论文原则,喧宾夺主;有的本科学位论文对某一问题的分析或对某一现象的解释只是简单地堆积材料,没有阐明对客观事物的认识过程,缺少较为完整的判断、推理的过程,缺少强有力的论证。

2. 语段缺少关联或关联不当

本科学位论文是以逻辑思维为主的文章样式。论证要严密、富有逻辑性,这样才能使文章具有说服力。有的毕业论文虽然概念判断准确、有层次,但行文时缺少衔接、过渡,使逻辑程序和认识程序的显现大打折扣。这样,论文不能很好地形成一个逻辑

整体。

3. 引述论证材料时简单、空泛

本科学位论文是用论据去证明论点的。充分典型的论据是成文的必要条件。有的毕业论文往往在思想理论论述上"多言多语",在证明思想理论的具体材料上"少言寡语"或"不言不语",缺少对作为立论之基的丰富而切合实际的材料的表述,使得毕业论文旁征博引、多方佐证的特点弱化了,使所立之论虚浮不实,也使毕业论文与一般性议论文无甚差别。

4. 语言表达不够准确、简明

本科学位论文的语言是本科学位论文赖以探讨或解决本学科某问题的唯一工具。本科学位论文写作的选题、取材、构思等都必须通过语言来体现。语言表达的水平直接影响论文的表现力和感染力,语言的表达效果,直接关系着论文的质量。本科学位论文行文常见的问题有用语不够准确、表意含混、言不及义、句法错误等。①

第四节　学前教育专业学位论文的答辩环节与注意事项

一、学前教育专业学位论文答辩的相关环节

(一) 答辩前的准备工作

1. 全力消化自己所写的论文

答辩是学校对本科学位论文成绩进行考核、验收的一种形式。学生要明确目的、端正态度、树立信心,通过本科学位论文答辩这一环节,来提高自己的分析能力、概括能力及表达能力。在反复阅读、审查自己的论文的基础上,写好供 10—20 分钟用的答辩报告书,特别要注意以下几点:

(1) 突出选题的重要性和意义。

(2) 介绍论文的主要观点与结构安排(这部分只说明标题就行,不要论述内容,因老师已经看过论文)。

(3) 强调论文的新意与独创性。

(4) 说明做了哪些必要的工作。

(5) 要制作一个图文并茂的简要提纲或 PPT,报告书尽量读熟,达到脱稿,照着讲稿或者 PPT 直接念,效果会比较差。

2. 准备参加答辩会所需携带的用品

(1) 本科学位论文的底稿。

(2) 答辩报告书。

(3) 主要参考资料。答辩时虽然不能依赖这些资料,但带上这些资料,当遇到一时

---

① 郭晓凤. 毕业论文行文问题探析[J]. 鸡西大学学报,2006(04):12-13.

记不起来时,稍微翻阅一下有关资料,就可以避免出现答不上来的尴尬和慌乱。

（4）记录用稿纸。以便把答辩老师所提出的问题和有价值的意见、见解记录下来。通过记录,不仅可以减缓紧张心理,而且还可以更好地领悟老师所提问的要害和实质是什么,同时还可以边记边思考,使思考的过程变得很自然。

还要注意衣冠整洁、庄重,着衣能给答辩老师一个最直接的印象,展现你对答辩的重视程度。

3. 调整好心态

要进行答辩,首先就要明确论文答辩想考察什么——本科教育重在训练科学的思维。因此,论文答辩可重点考察如下内容:

（1）考察论文的真实性。实事求是乃科学研究的基础,论文本身必须真实可靠,弄虚作假难逃答辩委员会专家们的"火眼金睛"。如果在这方面出现问题,论文势必不能通过专家评审。

（2）考察相关知识与应用能力。

（3）考察本科生的综合素质,包括答辩者的表达能力。扎实的专业知识和细致周到的答辩准备工作是成功的前提,可以充分展示整理研究材料、展示研究成果的能力,让专家知道自己都做了什么。要对答辩的目的、程序,可能遇到的问题及解决方法进行深入剖析,做到胸有成竹。

（二）论文答辩程序

1. 本科生向答辩委员会报告自己本科学位论文的简要情况（时间约 10—20 分钟）

答辩报告的内容主要包括:

（1）论文的内容、目的和意义,所采用的原始资料;

（2）本科学位论文的基本内容及主要方法;

（3）成果、结论和对自己完成任务的评价,强调论文的新意与独创性。

2. 答辩委员会专家提出问题（时间 10—15 分钟）

提问一般包括以下三个方面的内容:

（1）需要进一步说明的问题;

（2）论文所涉及的有关基本理论、知识和技能;

（3）考察本科综合素质的有关问题。

答辩老师一般的提问类型:

（1）对选题意义提问;

（2）对重要观点及概念提问;

（3）对论文新意提问;

（4）对论文细节提问;

（5）对论文数据来源提问;

（6）对论文薄弱环节提问;

（7）对建议可行性提问;

（8）对研究者所做工作的提问;

（9）对超出论文范围的提问；

（10）对格式是否规范化的提问。

提问后可在规定教室里有一定的准备时间，可参考相关资料，但必须自己独立完成。回答问题时间约 3—10 分钟（由学校规定）。

📖 **拓展阅读** ☞

学前教育专业本科毕业论文答辩评分表部分展示

（本文选自陕西学前师范学院答辩评分表模版，作者：陕西学前师范学院教务处）

陕西学前师范学院××××届本科毕业论文（设计）答辩小组评分表

答辩人		论文题目				
答辩小组成员对论文（设计）的评分记录	姓名	职称	工作单位		得分	签名
	答辩平均成绩					
答辩小组对论文及答辩情况的意见	（针对毕业论文的选题、内容及答辩过程） 答辩小组组长（签名）＿＿＿＿＿ 　　　　　　年　　月　　日					
学院答辩委员会意见	论文合格答辩通过 同意申请学士学位 （学院公章）答辩委员会主席（签名） 年　　月　　日					

二、学前教育专业学位论文答辩的注意事项

答辩时要做好总体把握，要做到脱稿汇报，突出重点，抓住兴趣，掌握时间，留下伏笔。

（一）准备开场白

答辩开始时要向专家问好，开场白是整个论文答辩的正式开始，它可以吸引注意力、建立可信性、预告答辩的意图和主要内容。好的开场白，要切合主题、符合答辩基调、运用适当的语言；应避免负面开头，如自我辩解等（如我最近找工作压力太大，准备不充分……我工作太忙，准备不太好……），既不能体现对答辩委员会专家的尊重，也是个人自信不足的表现，会使答辩者在各位专家心中的第一印象中大打折扣。同时也要避免自我表现，扬扬得意，寻求赞赏，过度的表现会引起答辩委员会专家的反感。

（二）报告论文

报告时应注意：掌握时间、扼要介绍、沉着冷静，语音优美，抑扬顿挫，表情丰富，表达淋漓尽致，语气上要用肯定的语言，是即是，非即非，不能模棱两可。内容上紧扣主题，表达上口齿清楚、流利，声音要响亮，富于感染力，可使用适当的手势，以取得答辩的最佳效果。声音洪亮有三个好处：一是增强胆量，减少怯场，二是更加引起老师的注意力，三是会使自己更富激情，从而感染老师。任何毕业论文，无论是文科还是理科都或多或少地涉及用图表表达论文观点的可能，故应该提前准备。在论文答辩过程中适当穿插图表或类似图表的其他媒介能够引发听者的关注，从而提高答辩成绩。此外，还应注意保持良好的体态以及目光接触，以展现自信、自如的演讲风采。最后，要注意对论文答辩时间的掌握和把控，到该截止的时间立即结束。因此，应在答辩前估时练习，答辩中灵活增加或减少某部分用时。

第五节　学前教育研究的基本伦理与行为规范

某幼儿园老师开展一项研究时，在对儿童进行观察和访谈的过程中未经监护人同意就收集儿童的个人信息、行为数据和家庭信息，并在公开发表的成果中暴露儿童的实名和正面照。这种行为可取吗？为什么？

《纽伦堡法典》中有两条内容涉及研究对象保护问题：第一，"（研究）须取得受试者知情且出于自愿同意"；第二，"研究设计必须是科学有效的方法，并能为人类带来利益（利大于弊）"。此后，"自愿参与"和"知情同意"成为每一项研究必须遵守的要求。美国为了促使法律规章得以实施，要求任何由美国政府部门提供基金进行研究的机构都要设立审核委员会，委员会有责任就研究中提出的道德问题进行调查。《高校人文社会科学学术规范指南》中也提出，人文社会科学应将体现人性、尊重人格、保障人权作为基本价值取向，将增进全社会和每个社会成员的进步和幸福作为终极目标。人文社会科学

研究既要考虑全社会的整体利益，又要尊重人的个性发展。

一、所应遵行的基本伦理原则

1. 尊重被试原则

每一个生命都有尊严，尤其是以人为研究对象，人格的尊严和平等是高于一切的。因此，尊重被试是学前教育研究中应该遵循的第一伦理原则。尊重被试就是研究人员在研究过程中要负责维护尊重被试享有各种人身权利，包括不参与协作权、知情权、保密权等。如调查留守儿童现状时，要尊重留守儿童及其看护人的意愿，不得使用胁迫、欺骗或利诱等方式获取其不愿透漏的信息。

2. 知情同意原则

知情同意是指研究人员要让研究对象知晓研究的目的，研究可能存在的危险，研究人员的基本情况等有关该研究的信息，并在这个基础上获得研究对象的同意。要保护研究对象的两项权利：一是知情权，让研究对象清楚研究目的、设计、风险等信息；二是自愿参与权，研究对象必须是在清楚研究设计之后自主决定参与研究。在学前教育研究中，遵循知情同意原则一般有三个步骤：信息、理解、自愿。信息主要包括研究目的是什么，研究的发起者是谁，怎样进行研究，需要多长时间等。理解即研究者的表达习惯和艰深的专业术语等问题可能会导致潜在研究对象的不理解研究信息，这就需要研究者了解潜在对象的理解能力和语言习惯，用他们容易理解的语言传递研究信息。研究者通过宣传、说理、鼓励等积极方式来赢得研究对象的合作，自愿指研究对象应该是在没有顾虑，非常情愿的情况下参与到研究中来，并且在研究过程中研究对象的自由不受限制，他们可以自愿选择继续参与实验或是退出研究。

3. 隐私保护原则

学前教育研究中很多时候会使用匿名，以对研究对象主体给予隐私保护，为其保密信息。匿名是指研究者无法根据所收集到的资料判断出提供资料的个人身份，匿名不仅是对研究对象的保护，更主要的是当研究结果公开的时候，研究对象不会因为他提供研究信息而被认出来。隐私是指外界无法探析某一特定对象所提供的资料。研究对象就敏感问题提出信息可能会对他们造成一些麻烦，这时研究者应该严格地对研究对象的姓名、身份和家庭住址等个人信息加以保密，保密的意义首先有利于研究者和被研究者之间建立相互尊重、平等合作的研究关系，避免给被研究者的工作、学习、生活造成不必要的伤害。其次有利于消除被研究者的顾虑，从而向研究者提供真实的信息资料，以保证研究的科学性。

4. 不欺骗原则

不欺骗原则指研究者必须诚实、真诚地对待研究对象，尽可能不采用欺骗方式的研究设计，除非不用欺骗方式的设计无法取得研究结果。但是即便采用了欺骗，研究者一定要在研究结束后向研究对象解释、说明研究设计的目的和过程。对于是否应该在研究中采用欺骗还存在争论，有人认为这种行为是不道德的，也有一些人持反对意见，认为这种方式是为了实现研究目的，对研究对象欺骗是善意的，并在研究结束后会向研究对象澄清一切,把不利影响降到最低。

5. 文化平等原则

在研究中不可避免地会遇到有不同文化背景的研究对象,其在性别、民族、文化背景、经济地位等方面都存在差异,但在研究中应该得到一视同仁的对待。研究中收集到的数据资料也应该公正地评估处理,不能因为研究者的喜好,或为了证明研究目的而隐瞒或消除某些资料。

二、研究过程中的人际关系

人际关系是指研究过程中各方利益的处理要符合基本学术规范和伦理原则。

(一) 要注意研究者与研究对象的关系

第一,研究者要警惕研究是否会对研究对象造成不利影响。研究者应该意识到一些工作可能造成的影响。研究者没有权力毫无禁忌地刺探研究对象的所有方面信息,研究的发展和知识的进步不能压倒其他社会伦理道德。

第二,研究者对研究对象进行的一切调查研究都要获得知情同意。知情同意不仅是研究应该遵守的基本伦理准则,也是与研究对象建立良好关系的基本条件。

第三,积极采取措施保护研究对象的利益。保护研究对象的利益主要指为了避免对研究对象造成伤害,要为研究对象享有一切权利提供便利。研究中研究者与研究对象之间出现矛盾主要是因为双方利益的冲突,因此从道义来讲研究者应该把研究对象的权益放在第一位加以保护。

第四,做好保密工作。为了能让研究对象提供真实有效的信息,在研究开始之前研究者有必要向研究对象解释这些信息的用处以及承诺做好匿名和保密工作。因为要让研究对象放下防备与研究者建立相互信任的关系,研究者必须让研究对象觉得安全放心,消除他们的后顾之忧。

第五,持有平等态度。研究者应明确自己在研究中的位置,不要居高临下,应该把自己看作研究情景中的一分子,与研究对象仅仅是在研究中的分工不同,研究对象提供信息数据,研究者分析信息数据,而最终的目的都是一样的:共同认识和解决某个问题或现象。另外,研究者也不能因为自己的文化背景和喜好而不公正地对待不同研究对象。研究过程中歧视或不公正对待是最容易激发矛盾的,因此研究者确立平等的态度是建立与研究对象良好关系的前提。

(二) 注意研究者与幼儿园管理者(单位)的关系

教育研究为了获得合法性并能够顺利地开展,必须得到相关单位的许可和支持。由于教育研究通常需要到幼儿园实际情景中做研究,因此获得研究对象所在幼儿园的管理者(单位)的允许是必须的。另外,教育科学研究者多数是高校教师或一线教师,为了让自己的研究项目得以开展,此研究课题需要获得研究者所在学校的批准。因此,也就是说科学研究者要处理好与两方单位的关系。之所以会涉及两方面的管理者,主要是因为一个研究课题跟他们都发生了利益关系。必须:

第一,采取正常的办事渠道;

第二,研究方案需经过两方单位的审核;

第三,研究中各自承担的责任和获得的利益要明确;

第四,研究成果发表时需要经管理者同意并根据实际情况署名。

三、研究过程中的学术诚信

学术诚信包括两个方面:引注的规范和数据资料处理的规范。

(一) 应当保证引注的规范

引注包括引用和注释,引用是指转述或直接陈述他人的观点内容,注释是针对应用的内容所作出的注解,以此来说明引用内容的出处。在撰写学术著作时,必然会借鉴和转述别人著作的观点内容,如果在借鉴和转述别人观点内容时不说明出处误把别人的东西当成自己的,则是学术剽窃。

学术引用应体现学术独立和学者尊严,引用必须尊重作者原意,不可断章取义,引用观点应尽可能追溯到相关论点的原倡者,写作者应该注意便于别人核对引文,应尽可能保持原貌,如有删减必须加以明确注明,引用应以必要为限,引用已经发表或出版修订的作品应以修订版为依据,引用未发表的作品须征得作者或相关著作权人的同意,引用应伴以明显的标识,以避免读者误会,引用须以注释形式标注真实出处,并提供与文献相关的准确信息。

(二) 应当保证数据资料收集的规范

数据资料收集的关键是真实地展现数据和资料,在研究过程中不能为了让数据资料成为证明研究问题的有力证据而自己篡改编造数据资料;更不能根本没有做实验或调查而把别人的数据拿过来,根据自己的研究目的,将数据做一些改动就直接使用。

拓展阅读

教育部《本科毕业论文(设计)抽检办法(试行)》节选

第二章　评议要素和重点

第五条　省级教育行政部门要参照《普通高等学校本科专业类教学质量国家标准》等要求,结合本地区工作实际,按照《普通高等学校本科专业目录(2020 年版)》学科门类分别制定本科毕业论文抽检评议要素。

第六条　本科毕业论文抽检应重点对选题意义、写作安排、逻辑构建、专业能力以及学术规范等进行考察。

第三章　工作程序

第七条　教育部建立全国本科毕业论文抽检信息平台(以下简称抽检信息平台),面向省级教育行政部门提供学术不端行为检测、毕业论文提取和专家评审等定制功能,对各省级教育行政部门开展本科毕业论文抽检工作实行全过程监督。

第八条　省级教育行政部门基于抽检信息平台和本地区学士学位授予信息,采取随机抽取的方式确定抽检名单。抽检论文要覆盖本地区所有本科层次普通高校及其全部本科专业。

第九条　省级教育行政部门利用抽检信息平台对抽检论文进行学术不端行为检测,检测结果供专家评审参考。

第十条　省级教育行政部门采取随机匹配方式组织同行专家对抽检论文进行评议,提出评议意见。每篇论文送3位同行专家,3位专家中有2位以上(含2位)专家评议意见为"不合格"的毕业论文,将认定为"存在问题毕业论文"。3位专家中有1位专家评议意见为"不合格",将再送2位同行专家进行复评。2位复评专家中有1位以上(含1位)专家评议意见为"不合格",将认定为"存在问题毕业论文"。

第四章　结果反馈与使用

第十一条　本科毕业论文抽检结果由省级教育行政部门向有关高校反馈、抄送省级学位委员会,同时报教育部备案。

第十二条　本科毕业论文抽检结果的使用。

(一)抽检结果以适当方式向社会公开。

(二)对连续2年均有"存在问题毕业论文",且比例较高或篇数较多的高校,省级教育行政部门应在本省域内予以通报,减少其招生计划,并进行质量约谈,提出限期整改要求。高校应对有关部门、学院和个人的人才培养责任落实情况进行调查,依据有关规定予以追责。

(三)对连续3年抽检存在问题较多的本科专业,经整改仍无法达到要求者,视为不能保证培养质量,省级教育行政部门应依据有关规定责令其暂停招生,或由省级学位委员会撤销其学士学位授权点。

(四)对涉嫌存在抄袭、剽窃、伪造、篡改、买卖、代写等学术不端行为的毕业论文,高校应按照相关程序进行调查核实,对查实的应依法撤销已授予学位,并注销学位证书。

(五)抽检结果将作为本科教育教学评估、一流本科专业建设、本科专业认证以及专业建设经费投入等教育资源配置的重要参考依据。

本章主要内容导图

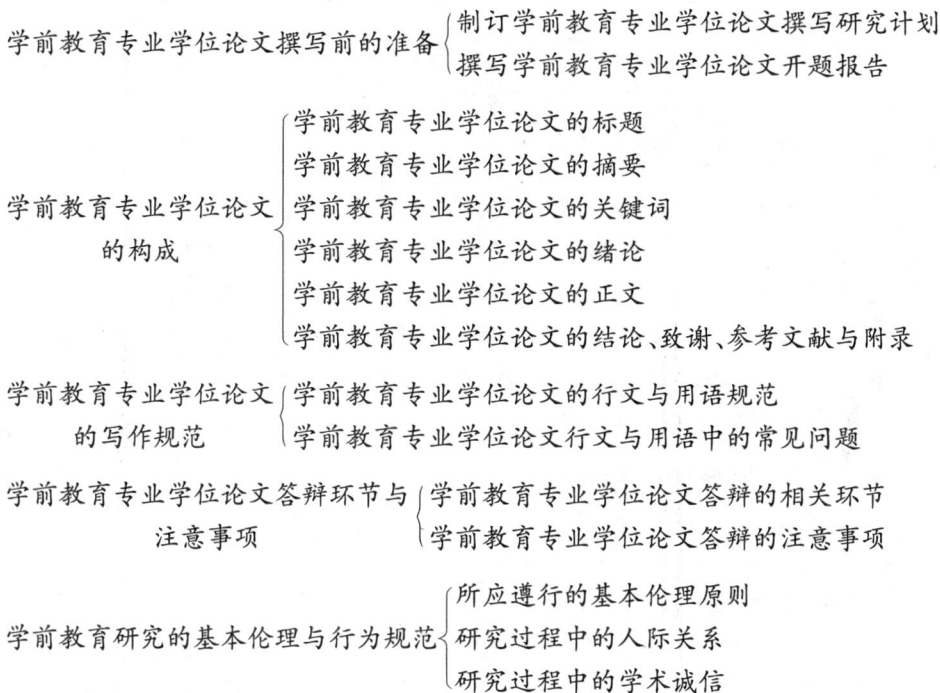

学前教育专业学位论文撰写前的准备 {制订学前教育专业学位论文撰写研究计划
撰写学前教育专业学位论文开题报告

学前教育专业学位论文
的构成 {学前教育专业学位论文的标题
学前教育专业学位论文的摘要
学前教育专业学位论文的关键词
学前教育专业学位论文的绪论
学前教育专业学位论文的正文
学前教育专业学位论文的结论、致谢、参考文献与附录

学前教育专业学位论文
的写作规范 {学前教育专业学位论文的行文与用语规范
学前教育专业学位论文行文与用语中的常见问题

学前教育专业学位论文答辩环节与
注意事项 {学前教育专业学位论文答辩的相关环节
学前教育专业学位论文答辩的注意事项

学前教育研究的基本伦理与行为规范 {所应遵行的基本伦理原则
研究过程中的人际关系
研究过程中的学术诚信

思考与练习

1. 撰写学前教育专业学位论文之初应该做什么准备呢？
2. 学前教育专业本科学位论文有哪些构成要素？
3. 撰写学前教育专业本科学位论文的行文与用语应该注意什么？试举例说明。
4. 在答辩的过程中,应该如何准备？需要注意什么？
5. 研究中所应遵循的伦理原则有哪些？
6. 如何在人际关系处理中维护基本学术规范？
7. 如何在引注和数据资料处理过程中维护学术诚信？

第十章　园本教研

本 章 概 要

　　园本教研是一种以幼儿园实际情况为基础，教师主导，针对保教工作具体问题进行的研究模式，旨在提升教育质量和教师专业发展。与传统教研相比，园本教研更注重实践问题的解决和教师的主动参与。本章介绍了园本教研的概念、发展、特点，还强调了园本教研的园本性、主体性、改进性和开放性四大特点，并探讨了园本教研的评价原则、管理要素和基本组织形式等。

案例导引

　　刘老师是幼儿园的一线老师，在多年参与园所教研活动的实践中，她深深地感觉到，相互尊重的教研活动氛围可以调动教师参与教研活动的积极性，有利于教研活动的深入开展，有利于提高教师的专业素养。

　　刚开始参与教研活动时，刘老师最怕的是园长提问。每当这时她总是低着头，装着写字或思考的样子，生怕园长叫她。如果真的被叫到了，刘老师也张不开嘴，不知从何说起、怎样说，甚至怕说错了难为情。后来，见园长总是以参与者的身份和老师们一起研讨，虚心听取大家的意见，及时鼓励和肯定大家的创见，刘老师才渐渐放松起来，敞开心扉表达自己的观点和见解。在这种充分放松的教研活动中，她敢于求真、求实，敢于大胆而直率地发表自己的意见、坚持自己的观点，敢于提出问题，并寻求共同解决的办法。

　　由于教研活动激发了自己参加教研活动的积极性，刘老师对待教研的心态也变得主动起来，由园长"要我教研"转向了"我要教研"。和刘老师一样，其他教师在教研活动中也都争着说、抢着说，有时还会因为意见不统一而产生激烈的辩论。每次教研活动结束时，老师们都感受到时间过得太快，都有意犹未尽的感觉。

　　园本教研活动开展的主要原则是什么？包含什么内容？园本教研怎样才可以达成上述案例中由老师主动发起的结果呢？本章将逐一讨论这些问题。

第一节 园本教研概述

一、园本教研的含义

园本教研是指立足于幼儿园的实际情况，以教师为研究主体，以教师保教工作中出现的具体问题和保教工作发展的实际需要为研究对象，以改进保教工作为研究目标，以行动研究为主要实施方式，以专业引领为助推力的一种教育教学研究模式。

从上述园本教研的定义中，我们可以总结出四个关于园本教研的观点：

① 园本教研所研究的是本园在保教工作中遇到的各种实际问题，而非纯粹的理论问题。

② 研究的主体是幼儿园一线教师，当然，由教师、幼儿园行政人员及专业研究人员组成研究共同体是更为理想的研究主体。

③ 研究的目的是通过有效地解决保教工作的实际问题，改进教师的保教工作行为，提高幼儿园的办园质量。

④ 研究方法以教育行动研究为主。

反观传统教研，其所持的是"技术性"观念，认为教师只需学习、接受和操作已经存在的先进成品即可。因此，教研活动是以如何让教师更好地完成教学计划为目标，自上而下组织实施的。教研活动的主题一般由上级确定，如园领导、年级主任、教研组长等提出问题并组织研讨，教师在活动中扮演的是从属者的角色，心理感觉是"上级要我研"。其组织形式常常是以年级或研究领域为单位，如年级教研组、语言教研组等。常见的方式是集体备课、教学观摩。活动对具体的教学方法、程序讨论较多，在教育理念的关注、理论的提升上做得较少。由于师资水平有限，专业引领缺乏，教研活动往往只在同一层次教师之间横向互动，难以实现纵向的螺旋提升。因此，幼儿园传统教研活动存在许多共性问题，如重研活动课，轻研一日生活的其他环节；重"研教"，轻"研学"；重教学，轻理论提升；重教研内容、形式、结果，轻教研文化（平等、民主的氛围），制度建设等。

教师不是被动的专业发展者，其知识和信念不能仅通过传递获得，更重要的是要依赖于教师的体验、发现、反思、感悟与内化。园本教研的组织形式多以教师教育实践中所面临的、希望得到指教的问题及问题解决为指向，如幼小衔接教研组、提问有效性教研组、家园合作教研组等，教研组可以随着问题的解决而解体。由"要我研"向"我要研"的心理转变是园本教研最重要的特征。在教研活动中教师要反思怎样使教和学更有意义，要建立交流、分享、互助的教师学习共同体，要有专业研究人员引领教师透过教育现象看到教育本质，促进教研活动的纵深发展。自我反思、同行互动、专业引领是园本教研的主要途径。

教师在行动中研究，通过研究学前教育实践中发生的问题、迫切需要解决的问题来反思和改进自己的教育行为,更能促进教师对自己专业活动的理解与把握。因此,园本不是一个仅强调"在幼儿园"的空间概念,而是一种强调"以园为本",强调专业取向的理念。在一定程度上可以说,参与教研的主动性是区别两种教研模式的关键,出于教师自身需要、满足教师专业提升需求的教研活动最能激发教师的参与热情。传统教研与园本教研的具体比较如表 10 - 1 所示。

表 10 - 1　传统教研与园本教研的比较

	传统教研	园本教研
取向	行政取向	专业取向
路径	自下而上,重理论	自下而上,重实践
关注问题	个别问题	共性问题
组织形式	单一的,依据同质性原则设置组织	多样的,以问题和问题解决为指向设置组织
衡量指标	是否完成上级布置的教研任务	是否解决了实际问题,是否促进了教师行为的改善

二、园本教研的发展进程

"园本教研"这一概念产生于幼儿园课程改革的大背景之下,其提法借鉴了"校本教研",所谓"校本教研"就是为了改进学校的教育教学,提高学校的教育教学质量,从学校的实际出发,依托学校自身的资源优势和特色进行的教育教学研究。为了推进《幼儿园教育指导纲要(试行)》的实施,2006 年 3 月,教育部基础教育司委托教育课程教材发展中心组织开展"以园为本教研制度建设项目",这个项目的目标就是借鉴中小学"创建以校为本教研制度建设基地"项目的工作经验,用五年左右的时间,建立和完善以园为本教研制度,提高幼儿教育质量,在全国建立一批起示范作用的基地和幼儿园。

"以园为本教研制度建设"项目以促进幼儿的发展和教师的专业发展为宗旨,以《幼儿园教育指导纲要(试行)》实施过程中教师所面对的各种具体问题为研究对象,以教师为研究主体,旨在通过研究和解决保教工作中的实际问题,提高幼儿园保教质量,努力把幼儿园建设成为促进教师专业发展的学习型组织。该项目研究关注的是在推行《幼儿园教育指导纲要(试行)》的背景下,教师学习、工作、研究方式的变革,教研活动的有效性、针对性,幼儿园学习共同体的建设,教研文化的营造和教研制度的创新等。自此,园本教研迅速推广。因此,园本教研可以定义为:在幼儿园内开展的,以幼儿教师为研究主体,以幼儿教师在教育教学实践中所遇到的真实问题为研究对象,旨在促进幼儿教师专业发展,提高幼儿园保教质量的研究活动。

园本教研的基本理念可以概括为——"为了幼儿园",即园本教研的目的是提高教师的专业化水平,提高幼儿园教育教学质量,提高幼儿园的办学层次;"在幼儿园中",即园本教研的主体是教师,研究的过程是教师的教育教学实践,教师对自身的教育教学实践不断地加以反思、改进,获得教育教学质量的提高;"基于幼儿园",即园本教研的基点是幼儿园,研究要扎根于本园的实践,以本园教师教育教学中出现的问题为出发点,以解决现存的问题,推动幼儿园保教事业改革发展。

三、园本教研的特点

区别于传统教研活动的园本教研,有哪些特点呢? 在现实中,幼儿园应跳出传统教研统一管理的内容与形式的思维局限,结合幼儿园自身的资源和优势以及实际情况,开展形式多样、内容贴合、实效明显的园本特色教研活动。

(一) 园本性

园本性指园本教研把现实生活中具体的幼儿园作为教研工作研究的基地。幼儿园进行教育教学研究必须以园为本,即要从幼儿园教育教学实践中的问题出发,通过全体教师共同研究,达到解决问题、提高保教质量的目的,即"为了幼儿园""在幼儿园中"和"基于幼儿园"。

①"为了幼儿园",即以解决幼儿园、教师在实施课程、促进幼儿发展和教师专业发展中所面临的问题为指向,选择幼儿园、教师在课程实施中遇到的亟待解决的实际问题,在《幼儿园教育指导纲要(试行)》《3-6岁儿童学习与发展指南》等政策文本的指导下进行研究。

②"在幼儿园中",即幼儿园自身在实施课程中出现的问题,由幼儿园自己提出来,分析研讨,并由自己来解决,改变"等"(等专家指导)、"靠"(靠上级教育行政部门和教研部门部署)的现象。这样就使保教工作过程成了一个研究过程,一个不断反省的、理智反思的过程,从而达到了研究和行动的完美结合,使园本教研收到立竿见影的效果。

③"基于幼儿园",即从本园和教师自身的实际出发,充分发挥幼儿园教职员工的积极性,激活幼儿园的教育资源,适时邀请园外专家、学者参与研究,广泛开展各种创造性的研究,解决课程实施中的各种问题。园本教研追求幼儿园、幼儿、教师发展的和谐统一,让每一所幼儿园都富有特色,让每一个教师、每一个幼儿都富有个性。

(二) 主体性

在传统教研中,教研的主体是专职教研员,教师是在上级教研部门的指导下,按照一定程序完成规定的教育教学任务的具体操作者,教师处于客体地位。但是在实践中,经常会出现教研员主导,教师配合、旁观,有时甚至简单充当被研究者角色的情况。这种教研不能有效地解决幼儿园所面临的突出问题,不能有效地提升教师的专业发展水平和促进幼儿的积极健康发展。

教师是园本教研的主体,教育教学研究是教师的权利和责任。《中华人民共和国教师法》指出,教师享有"进行教育教学活动,开展教育教学改革和实验","从事科学研究、学术交流,参加专业的学术团体,在学术活动中充分发表意见"的权利。《幼儿园工作规程》也规定,教师有"参加业务学习和幼儿教育研究活动"的职责。现代幼儿园不单纯是一个"执行机构""加工单位",而应该是"教育研究+实施"的组织,教育研究应是幼儿园的功能之一。教师不单纯是"执行者""操作者",应该是"教育研究者+实践者",教育研究应该是现代幼儿园教师的职责之一。

我们应该提倡"幼儿园即研究中心""幼儿园教育活动室即实验室"的办园理念。当今,世界教育研究的共同发展趋势是教育研究向基层单位(学校、幼儿园)回归,向教师回归,向实践回归。幼儿园是园本教研的主体,园本教研必须从幼儿园实际出发,围绕幼儿园保教工作中的重要问题,有针对性地开展教研工作,通过解决现实问题为幼儿园发展服务。

幼儿园的每一个教育活动都是研究活动。在教育活动实地情境中,要面对实践中的问题进行研究,不要回避现实生活中对幼儿、对教师和对教育工作产生影响的各种复杂因素,要看得清楚、摸得准确、抓住要害,解决实际中的问题。幼儿园教育改革的过程不是教师按照专家设计的图纸进行施工的过程,而是一个开放的、民主的、科学的探索过程。幼儿园教师应树立"教师即研究者""课堂即研究场"的新理念,破除教育研究的神秘感,通过对幼儿园保教工作的探索、发现、解决、创新,使自己的思想观念、保教行为方式适应幼儿园教育改革的需要。

在园本教研中,教师是主体,专业研究者仅仅是同盟、合作伙伴,专家、学者参与研究时扮演的角色是提供意见与咨询的协作者,而不是研究的主体。也就是说,教师成为以园为本教研的主体,但并不排斥教师与专业研究人员的合作,也并不排斥教师接受专业研究人员的指导。恰恰相反,专业研究者是园本教研不可缺少的重要力量。

(三)改进性

改进性指园本教研直接指向幼儿园教师保教工作过程中的实际问题,并进行研究和实践,以提高保教工作质量,研究着眼于解决实际问题、改善现实。因此,改进是园本教研的重要特征。园本教研解决保教过程中的实际问题,而且在日常的保教工作中进行,提高了保教质量,促进了幼儿更好的发展。同时,幼儿园教师在解决问题的教研过程中进行反思,也促进了教师的专业发展,提升了幼儿园的办学水平。

(四)开放性

开放性指在园本教研中仍然注重借助园外专业研究力量。开放性是园本教研的一个显著特点。园本教研最重要的支持和支撑是专家团队对幼儿园里发生的问题的关注和支持,专家团队是幼儿园发展的重要支持力量。园本教研反对自我封闭,强调合作与开放,在合作与开放中解决幼儿园的问题、发展幼儿园特色。在园本教研中,幼儿园教师是教研项目的主持人,园外的专业研究者是顾问或指导者。幼儿园教师要千方百计争取园外专业研究者,包括大学教师、科研人员、教研员的指导和支持,进而提升本园教研的层次和水平。

技能训练

* *

项目10-1：分小组了解园本教研的概念

1. 实训目标

(1) 加强对园本教研的认识。

(2) 能够针对各种资料确定园本教研的内涵。

2. 实训内容

(1) 针对园本教研查询相关资料，讨论园本教研的含义、发展进程和特点。

(2) 结合已有的研究，汇总分析园本教研的概念。

3. 实训考核

(1) 教师根据完成园本教研有关资料的收集与分析归纳情况，做出评价。

(2) 教师根据草拟的园本教研的概念，做出评价。

* *

拓展阅读

幼儿园教研与幼儿园科研是一回事吗？

关于"幼儿园教研"和"幼儿园科研"这两个概念，张丽老师和王芳老师发生了争执：张丽认为，"幼儿园教研"与"幼儿园科研"本质是一致的；王芳则认为，科研与教研是完全不同的两个概念。你赞同谁的观点？你还有第三种观点吗？说说你的理由。

"幼儿园教研"与"幼儿园科研"的主要联系与区别：

第一，从概念和含义上讲，教研是指对教学常规工作的研究，科研则是以探索教育规律的创造性活动，科研是一种较高层次的研究活动。

第二，从研究对象上讲，教研是一种实践运用研究，科研则是一种探究性与创造性的活动。

第三，从研究内容上讲，教研主要是应用规律，科研主要是发现规律，一个是属于实践的范畴，一个是属于理论的范畴。

第四，从研究目的上讲，教研主要是为日常教学服务，科研则是探索教育工作中新的重大问题。

第五，从研究的过程上讲，教研一般是群众性的无长期计划的活动，研究的时间较短；科研则是系统的研究活动，研究的过程时间较长。

第六，从研究机构的组织系统上讲，教研的基点在教研组或学校（幼儿园），科研的基点在课题组。

第七，从成果的应用范围上讲，教研成果的应用范围往往只适应于一个区域，科研成果可在大范围内进行推广应用。

第八，从参与研究的主体上讲，教研是每一个教师都必须做的事，而科研一般需要由研究型教师来完成。

第九，从参与研究的层次上讲，教研是促进教师知识和能力的"宽"和"厚"，科研则是促进教师素质的"精"和"尖"。

总之，教研与科研密不可分，有些教研题目也可以作为科研课题。教研是基础，科研是先导，以科研带教研，以教研促科研，应当成为科研与教研工作的一个基本思路。

第二节　园本教研的管理要素

微课

园本教研的
管理要素

一、园本教研的评价原则

由于教研活动追求保教工作中现实问题的解决，追求更好地促进幼儿的发展，追求教师以更少的付出获取更好的保教工作效果，因此，教师们每次参加教研活动就会有实质性的收获，也就有了参加教研活动的内在动力。如果教研活动不能在保教工作改善方面有所作为，那么这个教研活动是没有价值的。在复杂的教育情境中，园本教研的开展必须坚持一定的原则与底线，否则园本教研的真正价值和意义就会遭到质疑。因此，幼儿园在评价园本教研的过程中应该遵循以下四个原则：

（一）鼓励性原则

评价是为了改进，是为了将幼儿园教研工作做得更好，因此，要多给教研活动的组织者与参与者以肯定与鼓励，多看到他们的成绩与努力，让他们更有信心和热情去做好各项教研工作。

（二）实话实说原则

评价人只有怀着强烈的责任心，本着客观公正、实事求是的精神去评价教研活动，评价才有实在的意义。对教研活动的评价要让教研活动的组织者与参与者知道他们的教研活动好在哪里、不好在哪里，并且说得有理有据，让听者心悦诚服。当然，指出该教研活动存在的不足时要注意艺术，在肯定的基础上指出不足，指出不足时应对事不对人。

（三）友好交流原则

对教研活动进行评价的目的是相互交流、相互学习、相互启发，因此，评价者要让被评价者感受到自己的善意，这样他们就更容易接受意见，也有利于良好交流气氛的营造。

(四) 实效性原则

对教研活动进行评价要关注它的效果:看它能在多大程度上帮助教师们改善保教工作行为、提高保教工作效率,看它在哪些方面转变了教师的观念。

教研活动评价对教研活动的设计与开展有导向的作用,正确的评价导向对幼儿园的健康发展具有十分重要的意义。我们主张将幼儿园教研活动的评价定格为"效果导向",如果教研活动都着眼于保教工作效率的提高,那么幼儿园教研活动就会减少许多看起来华丽而实际上没有多少价值的做法。总之,幼儿园教研活动评价要轻检查、评比功能,重诊断、指导和激励功能,不断地推动幼儿园教研活动走向规范,走向高效。

二、园本教研的核心要素

一般认为,教师个人、教师集体、专业研究人员是园本教研的核心要素,而教师个人的反思、教师集体的同行互助、专业研究人员的专业引领是进行园本教研的三种基本行为方式。关于园本教研中三个核心要素的观点,目前在幼教界已经得到普遍认可,大家不仅在意识层面关注这三个核心要素在园本教研中的作用,而且也开始在实践层面积极探究各要素的作用及可能存在的问题。

(一) 教师个人自我反思

幼儿园教师个体的自我反思是幼儿园教师以自己的保教行为为思考对象,用批判和审视的眼光对自己的保教工作理念、保教工作行为、保教工作过程、保教工作效果等进行自我回顾和分析的过程。自我反思是幼儿园教师的自我对话,自己挑自己保教工作中的"毛病"。自我反思不是一般意义上的回顾,而是反省、思考、探索和解决保教工作过程中存在的问题,具有研究性质。幼儿园教师在反思过程充分地体现了双重角色性:既是引导者又是评论者,既是教育者又是受教育者。幼儿园教师个体的自我反思具有目的性,带有研究性质,是园本教研最基本的力量。

美国学者波斯纳认为,"教师成长=经验+反思"。没有经过反思的经验是狭隘的经验,至多只能形成肤浅的知识,如果一个教师仅仅满足于获得经验而不对其经验进行深入的思考,那么不管其教学年龄有多长、经验有多么丰富,他都将永远停留在一个"新手型"教师的水准上。可以说,能否自我反思是"教书匠"与"教育家"的根本区别。

幼儿园教师的自我反思从时间维度来划分,可分为教育活动前反思、教育活动中反思与教育活动后反思。

1. 教育活动前反思

教育活动前反思是指教师在进行教育活动设计时的反思,包括对教育活动目标的叙写、教育活动材料的处理、教育活动行为的选择、教育活动组织的设计、教育活动方案的编制等进行反思。教师在进行教育活动设计时,首先要对过去自己或他人的经验进行反思,使新的教育活动设计建立在对过去经验和教训反思的基础上,使其具有前瞻性。

幼儿园教师在反思中能够不断加深对教育活动内容的理解,形成独特的经验,有助于增强教育活动设计的针对性。在教育活动开始前,教师可以通过下述问题进行反思:该教育活动共有哪些方法和策略?这些策略的优点与不足是什么?它们应用的条件和情境是什么?我的活动开展已经具备了哪些条件?有哪些经验可以借鉴?

2. 教育活动中反思

教育活动中反思主要是指幼儿园教师在组织教育活动的过程中,根据教育活动情况及时反馈,灵活有效地监控、调节教育活动,对幼儿的参与、交往,目标达成状态进行反思。这种反思具有监控性,强调解决发生在教育活动现场的问题,使教育活动高质高效地进行,能够提升幼儿园教师对教育活动过程的调控和应变的能力。

教师反思时,应认真做好反思记录。反思记录的内容主要包括:总结成功的经验,查找失败的原因,记录幼儿的情况(表现)。

3. 教育活动后反思

教育活动后反思,主要指教师对整个教育活动过程进行思考性回忆,包括对教师的教育观念、教师的教育行为、幼儿的表现以及教育活动的成功与失败进行理性分析,提出改进意见。教育活动后的反思具有批判性和创造性,它可以开拓幼儿教育的新思路,创造教育的新经验,形成幼儿教育的新模式。

在教育活动后反思中,教师可以问自己下列问题:

(1) 这次教育活动是否如我所期望地发生了什么?

(2) 怎样用学前教育学和学前儿童心理学的理论来解释这次教育活动?

(3) 怎样评价幼儿是否达到了预定的教育目标?

(4) 教育活动过程中改变了原教育活动计划的哪些内容?为什么?

(5) 是否用另外的教育方法会更成功?为什么?

(6) 这次教育活动发生了哪些令我印象深刻、经久难忘的事件?哪些片段值得仔细品味咀嚼?

(7) 这次教育活动是否有些问题一直困扰着我,使我在这几天中一直苦思冥想?我怎样才能找到答案?

根据这些问题,幼儿园教师可以判断自己是成功地达成了教育活动目标,还是需要重新计划或试一试新的教育策略。

教育教学反思是幼儿园教师专业成长的有效途径,因为教育反思能促进幼儿园教师思考,使幼儿园教师更自觉地把教育理论与实践相结合,更理性地认识自己的教育实践,进而促进自己专业素质的提高。所以,幼儿园教师应该努力让自我反思成为自己的一种职业习惯,在自我反思的过程中不断地提高自己的专业水平。

(二) 教师集体同行互助

同行互助是在两个或两个以上教师间发生的,以专业发展为指向,通过多种手段开展的,旨在实现教师持续主动的自我提升、相互合作和共同进步的教研活动。

园本教研不是某个教师的单打独斗,也不只是工作经验丰富、工作成绩突出的优秀教师的成果分享,园本研究强调教师开放自我,加强教师之间以及在保教工作上的专业切磋、协调和合作,使教师们共同分享经验,互相学习,彼此支持,共同成长。幼儿园必须改变教师"各自为战"和"孤立无助"的状况,加强教师之间的对话与交流,让广大教师在同行互助中茁壮成长。

教师同行互助的基本形式通常有专业对话、协作和帮助三种。

1. 专业对话

专业对话是指教师在专业领域里对教学活动涉及的各种问题,与同事们进行交流、切磋和研讨,以达到相互激发智慧、共同发展的目的。专业对话的过程是相互分享、相互促进的过程,是不同观念、做法相互碰撞的过程。一方面,通过专业对话和共同探讨,公共知识会转化为个人的知识;另一方面,通过互动将个人的难题转化为公共难题,借助集体智慧解决个人难题,将会促进教师的学习和实践创新。

2. 相互协作

协作指充分发挥每个教师的兴趣爱好和专业特长,使教师在相互补充、彼此合作互助中完成任务,共同成长。可具体借鉴的形式有集体备课、共同完成教研项目研究、听课与评课等。

3. 结对帮助

这是新老教师之间的合作互助形式,要求保教工作经验丰富、保教工作成绩突出的优秀教师具有带头、示范作用,帮助和指导新任教师,使其尽快适应角色和环境,防止并克服教师出现各自为战和孤立无助的问题。幼儿园应本着"以老带新、以能带新、结对共进"的原则,发挥老教师、骨干教师的作用。每学年一开始幼儿园就应给青年教师配指导老师,让他们共结对子,并对师徒结对听课、指导互学做明确的规定。比如,指导教师每周听徒弟一节课,徒弟每周听师父两节课;每到学期末对指导青年教师有突出贡献的指导教师以及结对共同取得优异教学成绩的教师,给予表彰鼓励,这样可以让青年教师更快成长起来。

(三) 研究人员专业引领

园本教研是基于幼儿园、以幼儿园为单位、围绕本园问题而进行的研究,但它又不局限于本园,参加研究的人员也不完全局限于本园工作人员,还必须依靠园外的专业研究力量。若缺少了专业研究人员的参与,园本教研就常常会囿于同一水平,很难得到理论的提升,从而失去向纵深可持续发展的重要支撑,出现形式化、平庸化的问题。

专业研究人员主要包括各级教研员、科研人员、大学教师等。专业研究人员相对于一线的教师来说,是幼儿教育研究的先行者,有系统的教育理论素养、开阔的视野、前瞻的理念,熟悉国内外幼儿园教育教学改革的发展趋势。专业研究人员参与园本教研,能使园本教研在一定的理论高度进行。

专业引领的实质是理论对实践的指导,是理论与实践之间的对话,是理论与实践关系的重建,专业人员的参与是园本教研走向纵深和可持续性发展的关键;另外,幼儿园教师可以从专业研究人员那里获得直接的指导,习得相关的研究方法和技巧。

专业引领的形式是多样的,有显性的,也有隐性的。教师要养成理论学习的习惯,教师自学理论是一种隐性的专业引领,而幼儿园教师更期盼的是专家以各种形式对教师进行的现实的专业引领。目前,幼儿教育学术理论界和幼儿园教师实践层面都在努力探索实施专业引领的途径和方式,力求做到专家不越俎代庖而幼儿园教师又保持合理的能动性和积极性。专业研究人员指导幼儿园教师,只谈理论太抽象,往往指导不到位;只凭经验,手把手地教,容易越位。因此,必须用适当的形式进行专业引领才能有效地达到目的。专业引领的主要形式有以下几种:

(1)学术专题报告。在幼儿园教育改革中,会不断出现亟须解决的专业理论和实践问题,因此幼儿园可定期邀请相关专家到幼儿园做学术专题报告,用先进的理论来指导幼儿园教育改革,帮助教师开阔视野,更新教育观念,深化教师对幼儿教育的认识。

(2)理论学习辅助讲座。幼儿园可聘请资深幼儿教育改革专家围绕某一幼儿教育理论做辅导报告,提升教师的教育理论水平。

(3)教学疑难问题咨询。专业研究人员可通过网络、电话、座谈等多种形式,解答幼儿园教师保教工作中的疑难问题和困惑,提出解决问题的各种方案。幼儿园教师则通过一次次的聆听和直接对话,在交流中不断构建新的幼儿教育理念。

(4)教育活动现场指导。专业研究人员和一线幼儿园教师合作备课、听课、评课,并对其进行指导,它是专业研究人员对一线幼儿园教师实施的零距离指导。幼儿园可聘请外校的名师和专家,让他们参与一些教师的教学实践活动,为教师提供现场指导,共同反思、体悟、交流,促进教师专业成长。教学现场指导是最直接、最有效、最受教师欢迎的专业引领形式。

(5)网络平台信息指导。现场学习教育专家的观摩课和讲座受时间和空间的极大限制,而网络则消除了限制,很好地实现了向专家学习、请教,同专家交流、对话的可能。如果某一地方举行了大型的教学研讨活动,网络上马上就可以看到相关信息,一些热心者还会把他们的听课实录、课堂语音实录、听课感想发布在网络上。专题网站会把观摩课的视频放在网站上,供大家自由观看。这样教师就可以便捷地观摩到优秀课例,并且教师可以根据自己的需求决定什么时候看、在哪里看、想看谁的视频案例等。教师还可通过网络途径向名师、向专家请教,互动交流或参加在线研修。

(6)共同对某个教研项目进行研究。专业研究人员可参与幼儿园教研项目研究,和教师共同做项目,在做项目过程中和教师共同发展。

专业人员参与园本教研,不仅仅是作为行为的示范者或是先进理念的解读者,更要借园本教研这一平台为教师的专业成长"搭架",促使教师的专业发展从一个水平提升到另一个新的水平,最终让教师学会独立教学、独立研究。

教师个体的自我反思、教师集体的同行互助和园外专业研究人员的专业引领三者之间具有相对的独立性,同时它们又是相辅相成、相互补充、相互渗透、相互促进的关系,只有充分地发挥教师个体的自我反思、教师集体的同伴互助和园外专业研究人员的专业引领的共同作用,并注重相互间的融通与整合,才能有效地促进园本教研高质量开展,促进教师和幼儿的成长与发展。

技能训练

* *

项目10-2：了解园本教研的管理要素

1. 实训目标

(1) 知道园本教研的评价原则。

(2) 掌握园本教研的核心要素和反思的基本方法。

2. 实训内容

围绕保教领域选择一个主题或重要教育事件进行教师个人反思式教研模拟，注意发挥教师个体、集体和专业人员在教研中应有的作用。

3. 实训考核

采用小组自评，教师点评的方式进行考核，根据学生模拟反思的内容及表现等评定等级或分数。

* *

拓展阅读

几种常见的反思方法

1. 反思总结法

反思总结法，指总结反思自己或他人保教工作中的经验与教训。

2. 对话反思法

对话反思法，指通过与同伴交流研讨来检讨自己的保教工作行为，理解隐藏在保教工作行为背后的教育理念，提高保教工作监控能力的方法。

囿于个人的经历和经验的保教工作是狭隘的、封闭的。幼儿园教师要打破保教工作上自我封闭的藩篱，进行同行间的对话，特别是批判性的对话。对话反思法类似于小型专题研讨会，教师可相互观摩并围绕着研讨问题进行相互交流。

3. 教育活动实录反思法

教育活动实录反思法，指通过录像、录音等现代教学手段再现整个教育活动过程，让教师以旁观者的身份反思自己或他人的教育活动过程的方法。观看教育活动实录时，应注意比较哪些地方按原教育活动设计进行了，哪些地方进行了调整，哪些地方失控走样了，为什么会出现这种情况，在相互借鉴中进行自我反思。

4. 教后记反思法

教后记反思法，指把教育活动中感受深刻的细节记录下来，写成教学后记、案例评析的方法。

教后记的内容包括：

① 对教育活动中所发生的事情的个人感想。

② 对教育活动中的问题的质询与观察。

③ 对教育活动有意义的方面所进行的描述。

④ 需要思考的问题和所要采取的措施。

写教后记，"挑剔"教育活动中的问题，可以让教育活动过程中存在的问题充分暴露出来。教师可以通过教后记的撰写与分析，检查自己的观点、想法和感触，以达到自我反省的目的。

教后记反思法重在分析总结，不仅要记下教和学的成功与失败之处，还要有自己的分析、感想、体会、新的认识和改进意见，使其成为今后保教工作中的有益借鉴。

5. 教育活动后备课法

教育活动后备课法，指教师组织完一次教育活动后，根据"自省或他评"所获得的反馈信息进一步修改和完善教育活动教案，进一步明确教育活动改进的方向和措施的方法。

6. 阅读新知法

阅读新知法，指幼儿园教师采取各种手段搜集所要解决问题的信息，通过阅读相关的信息获取与过去不同的想法、判断和观点，为自己所要解决的问题提供新的解释、见解和可能的新方案的方法。事实上，如果幼儿园教师在保教工作中轻视理论，甚至拒绝理论指导下的实践，那么只能是在低层次上进行摸索或重复。幼儿园教师接触到的新知识与原来掌握的知识差别越大，就越能启发他们的思维，帮助他们更新保教工作理念，改进保教工作行为。

第三节　园本教研的组织形式与实践现状

一、园本教研的组织形式

一直以来，专家、学者都很注重对幼儿园园本教研活动组织形式（也称园本教研模式）的探索，园本教研的活动组织形式通常分为三类：分层培养式、大组引领式、分类教研式，如图 10-1 所示。

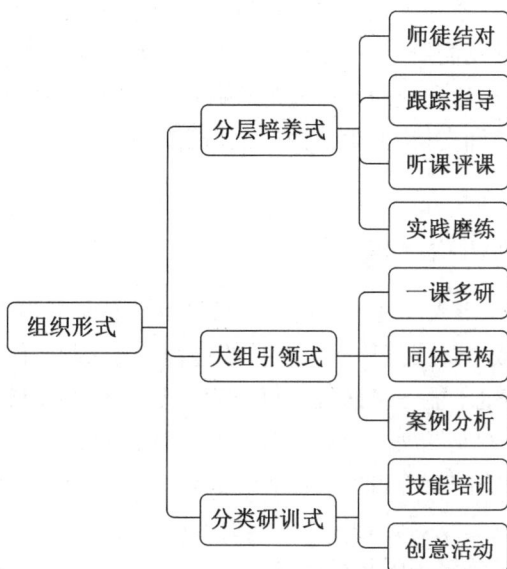

图 10-1 幼儿园园本教研组织形式图

(一) 分层培养式

分层培养式是幼儿园行政管理者对教师群体进行全面分析,在对不同发展时期教师的专业能力全面评估的基础上,寻找每一层次教师发展中的突出问题,有计划地实施分层指导,帮助教师的专业成长增速的一种培养方式。幼儿园从教师参加工作的年限、专业的成熟度等维度把幼儿教师分成"新手型""成熟型"和"骨干型"教师三大层次,相应制定了"适应—成熟—特色"的培养目标,针对每位教师的实际水平,结合个体的专业发展愿景,引领教师制定个人发展规划。在此基础上对教师的规划进行分类统计,并有目的地安排研训活动,主要形式有:针对两年内的新手型教师建立"跟踪听课""一对一师徒结对"等活动,促使新教师较快适应工作岗位;针对工作 5 年以上成熟型教师开展"听课、评课"活动,提高教师教学活动组织与调控能力;为工作 10 年左右成长为骨干型教师的群体创设"实践磨炼"机会,使他们在承担各种比赛任务的过程中不断成熟,逐渐积淀富有个人魅力的教学特色,影响并带动一大批青年教师快速成长。

(二) 大组引领式

大组引领式教研活动是全园性的教研活动,由业务园长或保教主任等带领全体教研组成员结合本园实际有效地开展教研活动。主要任务是探索"一课多研"的形式,研究"同题开课"("同课异构")的组织策略,进行"实录案例分析"式的交流研讨,解决全园教师的共性问题,总结经验,提升认识。

(二) 分类研训式

分类研训是在尊重教师意愿的基础上,鼓励教师从自身的兴趣、需要出发参与不同的教研群体,投入群体实践研究中的一种教研方式。教师个人发展愿望是分类研训的基础,幼儿园在充分满足教师主观愿望的基础上筹建技能技巧培训、创意活动小组等,以满足教师发展的个性化需要。教师还可自发组成环境材料制作组、钢琴弹奏交流组等,利用空余时间进行交流和互助。为满足教师提升专业能力、发展特长的需要,幼儿园应当为活动给予保障和支持,如邀请钢琴教师定期指导,为环境制作组提供新的学习材料等。

二、园本教研的实践现状

1. 多样的活动组织形式促进了不同导向园本教研目标的形成

每位教师的专业成熟都要经历一个漫长的过程,总会从新手期发展到经验期,最后成为一名成熟教师,谁也不能一蹴而就。每位教师在不同的发展阶段心理成熟的程度都是不一样的,对自己专业发展的规划也应该是循序渐进的。为满足教师不同的发展需求,幼儿园为教师制定的培养目标由低到高分别为适应、成熟和特色。园本教研从满足教师专业发展的角度出发,利用多样的活动组织形式来促进不同导向的园本教研目标的形成。"分层培养"是管理团队结合教师的实际现状制定的活动内容和形式,它非常明确地提出了新手教师、青年教师和骨干教师不同的培养目标以及应该参与的各类活动。而"分类教研"则是从兴趣、需要角度出发,给予教师自主选择,自由结伴的空间和机会。教师就会在这种类似"菜单式"的园本教研中,主动挖掘适合自己的园本教研内容,逐渐形成具有个人特色的教育教学风格。

2. "同伴互助"类活动形式已经逐渐凸显效益

如前所述,园本教研有三种最基本的活动方式,分别是个体的自我反思、群体间的互助合作以及专业研究人员的专业引领。个体反思作为园本教研的前提条件,在实践研究过程中无处不在,如教学前对活动方案的设计、对有效提问的思考;教学中对教学过程的调控,教学后对教学效果的总结等。教师就是在对自身整个教学实践不断预测、分析、批判、总结的过程中,逐步提升了反思能力。但如果园本教研仅仅依赖教师个体的"自我反思",其效益是远远不能得到凸显的,它更需要教师群体间的互助合作。因此幼儿园应对园本教研过程中的"互助合作"类的活动高度关注,经常打破时空限制、冲破年龄界限去创设各种互相支持、互为合作的交流方式,以促进教师的共同发展。如有经验教师和青年教师开展"师徒结对"活动;骨干教师对有经验教师进行"跟踪指导";在"实践练兵"活动中,核心小组成员指导骨干教师进行磨课、赛课活动等。在这样"层级式"的互帮互助中,"互助合作"效益会逐渐显现,有利于幼儿园教师专业素质提升,教师队伍快速发展。

3. 园本教研发展仍有许多实践问题

(1)园本教研追求短期效果、忽视终极价值。目前在许多幼儿园里开展的园本教研,重视理论学习,忽视教师的专业核心——教学实践能力的提升,甚至教研活动与园内的教育和教学严重脱节,教研方式重"被动教授",轻"个体专业推动",教研活动的设计者留恋于形式,只是注重形式的"高大上",延误教师专业发展的进程,忽视了教师团队构建学习共同体的整体成长。

(2)教师缺乏主动发展、自主教研意识。众所周知,幼儿园的园本教研是帮助教师提升在日常教学中研究问题、分析问题、解决问题的能力,有效的园本教研活动是提升教师自我教学能力的渠道,在教师的专业和深度发展中起着必不可少的作用。但目前在幼儿园里无论是刚入职的青年教师还是有经验的班主任,都对教研工作并不重视,从根本上保留着带好班、完成本职工作、只管好自己的"一亩三分地"的陈旧观念,缺乏自主发展、自主教研的意识。

(3) 教师自我管理滞后,园本教研评价机制缺乏。园本教研中的教师还存在自我管理意识滞后的问题,在教研中他们长期依赖教研组长和相关的教育专家,这种心理使得部分教师对自身能力缺乏充分的认知,长此以往在教研活动中出现了被动学习的现象。需要教师为主开展的园本教研管理活动多是"能推就推","能靠就靠",这在一定程度上制约着教师的专业自主发展。此外,幼儿园对教师参与园本教研活动的频次和质量都缺乏合理、科学的评价机制,种种原因都在一定程度上限制了教师参与园本教研的主动性与积极性。

技能训练

```
项目 10-3:组织多种形式的园本教研实践
1. 实训目标
掌握园本教研的形式,学习开展多样的园本教研活动。
2. 实训内容
以小组为单位,结合已经学习的园本教研内容,选择教研形式,从园本教研的概念、原则、要素、形式等方面进行模拟尝试。
3. 实训考核
采用学生自评与教师点评相结合方式对各组表现进行考核。
```

拓展阅读

关于学前教育教研转型的再思考①(节选)

近十几年来,我国学前教育事业实现了跨越式发展,并迎来了质量提升的新阶段。学前教育教研不仅要建立完善的体系和制度,还必须在内容和形式上实现深度

---

① 刘占兰.幼儿教育[J].2024(04):4-8.

转型升级，以适应学前教育高质量发展的新要求、新挑战，并在其中发挥更大的作用。从前述国家相关政策文件中，我们已经看到对教研内容与形式的方向性要求，如实践导向、需求导向和内容导向等，再结合近两年有关幼儿园保育教育质量提升的文件要求，我们更能清晰地看到，学前教育教研内容与形式的转型升级已成必然而且非常迫切，学前教育教研的改革不能再囿于形式的花样翻新，而必须深化教研内容，走向聚焦重点任务与核心要素的重构。

......

从内容视角，可以将教研分为三种类型：指向日常保育教育行为改进的常规性教研，指向重点改革任务的专题性教研，以及指向教育过程质量提高的核心要素的探索性教研。

常规性教研以园本教研为主，也可以适当在区县层面进行。因为这类教研解决的是常见问题，通过借鉴和吸纳他人、他园经验，结合自身实际，比较容易找到解决问题的办法和对策。常规教研一般解决的是小问题、简单问题、能自己解决的问题。

专题性教研一般都有重点任务指向，这些任务或问题往往不是在短时间内就能解决的，而是需要集全园之力乃至更广泛的专业力量，经过一段时间的集体攻关才能完成。以"幼小衔接的路径与策略"的专题研究为例，2021年，《教育部关于大力推进幼儿园与小学科学衔接的指导意见》将幼小衔接列为学前教育教研工作的重要内容，并提出了明确要求："建立联合教研制度，各级教研部门要把幼小衔接作为教研工作的重要内容，纳入年度教研计划，推动建立幼小学段互通、内容融合的联合教研制度教研人员要深入幼儿园和小学，根据实践需要确定研究专题，指导区域教研和园（校）本教研活动，总结推广好做法好经验，鼓励学区内小学和幼儿园建立学习共同体，加强教师在儿童发展、课程、教学、管理等方面的研究交流，及时解决入学准备和入学适应实践中的突出问题。"这项专题研究需要协同各层级各方面教研力量集体攻关。

探索性教研是比较复杂的教研形式，类似于课题研究或项目研究，没有现成或可借鉴的路径与策略。如以往曾经进行过的贯彻《幼儿园工作规程》试点、实施《幼儿园教育指导纲要（试行）》试点、以园为本教研制度建设项目，以及前不久启动的旨在落实《评估指南》精神的保育教育质量提升实验区试点等。在当前的幼儿园保育教育质量提升实验区的试点工作目标和任务中，要求"深化幼儿园教育改革，探索提升教师保教实践能力的有效路径，加快建设一支高素质、专业化的教师队伍""聚焦幼儿园保育教育过程，坚持问题导向、实践导向，围绕影响质量的核心要素开展实践探索"。可见，这些实验区要研究的目标、任务的落实，需要以落实《评估指南》为抓手，着力改变教育观念、师幼关系和教育方式，这也正是教研工作要重点聚焦和探索的核心要素。

本章主要内容导图

园本教研概述 $\begin{cases} 园本教研的含义 \\ 园本教研的发展进程 \\ 园本教研的特点 \end{cases}$

园本教研的管理要素 $\begin{cases} 园本教研的评价原则 \\ 园本教研的核心要素 \end{cases}$

园本教研的组织形式与实践现状 $\begin{cases} 园本教研的组织形式 \\ 园本教研的实践现状 \end{cases}$

思考与练习

1. 做好园本教研需要解决好哪些问题？
2. 如何通过园本教研促进教师的专业发展？

参考书目

[1] 范伟达,范冰.社会调查方法[M].上海:复旦大学出版社,2010.

[2] 胡中锋.教育科学研究方法[M].北京:中国人民大学出版社,2011.

[3] 张蓉.社会调查研究方法[M].北京:知识产权出版社,2014.

[4] 李志,潘丽霞.社会科学研究方法导论[M].重庆:重庆大学出版社,2012.

[5] 赵清福,赵玉函.走进课题研究[M].哈尔滨:黑龙江人民出版社,2007.

[6] 刘电芝.教育与心理研究方法[M].合肥:安徽教育出版社,2011.

[7] 风笑天.社会研究方法[M].5 版.北京:中国人民大学出版社,2018.

[8] 张宝臣,李兰芳.学前教育科学研究方法[M].上海:复旦大学出版社,2012.

[9] 陈秋珠,郭文斌.学前教育研究方法[M].西安:西安交通大学出版社,2017.

[10] 徐俊华.学前教育科学研究方法.合肥:安徽大学出版社,2014.

[11] 叶澜.教育研究及其方法[M].北京:中国科学技术出版社,1990.

[12] 陈向明.质的研究方法与社会科学研究北京[M].北京:教育科学出版社,2000.

[13] 杜国莉,张德启.学前教科研方法和研究性学习[M].北京:北京出版社,2014.

[14] 龚冬梅.学前教育科学研究方法[M].南京:东南大学出版社,2017.

[15] 张燕,邢利娅.学前教育科学研究方法[M].2 版.北京:北京师范大学出版社,2014.

[16] 斯丹纳·苟费尔,斯文·布林克曼.质性研究访谈[M].范丽恒,译.北京:世界图书出版公司,2013.

[17] 塞德曼.质性研究中的访谈:教育与社会科学研究者指南[M].3 版.周海涛,译.重庆:重庆大学出版社,2008.

[18] 肯尼斯·博登斯,布鲁斯·阿博特.研究设计与方法[M].6 版.袁军,译.上海:上海人民出版社,2007.

[19] 富勒.问卷调查的设计与评估[M].蒋逸民,等译.重庆:重庆大学出版社,2010.

[20] 罗伯特·波格丹,萨莉·诺普·比克伦波格丹.教育研究方法:定恒研究的视角[M].4 版.钟周,李越,赵彬,等译.北京:中国人民大学出版社,2008.

[21] 德尔伯特·米勒,内尔·萨尔金德.《研究设计与社会测量导引》[M].6 版.风笑天,译.重庆:重庆出版社,2005.